中国电力体制改革研究

RESEARCH ON CHINA'S
ELECTRICITY SECTOR REFORMS

理论与政策

Theories and Policies

冯永晟 / 著

社会科学文献出版社
SOCIAL SCIENCES ACADEMIC PRESS (CHINA)

序　言

电力的重要性，对现代人类社会而言，无论如何强调似乎都不为过。无论是列宁关于共产主义就是苏维埃政权加全国电气化的论断，还是 21 世纪正在经历的科技创新浪潮，都表明人类社会对电力的利用程度代表了文明的高度。即便人们常把信息时代当作当前社会发展阶段的标签，也不可否认，信息与通信技术（ICT）的创新普及首先依赖电气化提升——信息泛在必然以电力泛在为前提。某种程度上，人类对"电"的宏观、微观利用水平代表经济社会潜在生产力的最高水平——而这恰恰对应宇宙的本质，即"能量"与"信息"。这似乎有点扯远了，但也说明，我们"应该"不断加深认识，提升对电力的利用水平。

纵观国外电力产业的发展历程，技术变革与制度变革的交互构成了电力改革的重要议题。从 19 世纪末到 20 世纪 70 年代，电力逐渐成为成熟的通用目的技术（GPT），但一直保持整体的自然垄断特征。相应地，电力产业见证了政府规制的一个演变周期，即政府针对垄断性电力企业的所有权、管理、融资等方面的干预持续增强，缺陷和问题也逐渐暴露出来；当然，这一时期世界形势的巨大变化使不同国家的政府规制表现出明显差异。进入 20 世纪 70 年代，伴随着发电技术、输电技术的进步，在发电环节引入竞争并扩大市场规模成为可能，"重组""竞争""放松规制""私有化"成为这一时期到 90 年代末的关键词。

中国的改革开放恰恰发生在全球电力市场化改革从酝酿到兴起的时期，中国电改与经济发展注定会紧密相连。从 20 世纪 80 年代初到 90 年代晚期，电力改革与发展的关系在磕磕绊绊的探索中统一于以政企分开为核心的国企改革框架之下。2002 年，《国务院关于印发电力体制改革方案的通知》以结构重组的形式完成了电力行业边界的重塑，这创造了之后十多年的改革红利，支撑了中国经济的快速增长。但是，市场建设和政府监管似乎有点乏善可陈，这显然不能适应中国经济不断升级的内在要求。在中国经济探索新常态、逐步明晰高质量发展方向的进程中，《中共中央 国务院关于进一步深化电力体制改革的若干意见》于 2015 年出台，在不断试错修正的过程中，中国电力行业格局发生了明显变化。同时，电力市场化理念更加普及，然而，电力市场距离高质量发展似乎差距仍大。

中国电改之路的复杂之处在于，相比其他国家以往的发展，面临更多挑战：助力摆脱低成本投入增长模式、推动能源结构实现绿色转型、承担应对气候变化的责任、保障能源和经济安全等任务"完美"叠加。同时，中国电改的起点、历史、背景和条件不同于其他国家，决定了电力体制改革的政策体系需要更加深入的研究支撑。

与其他传统垄断产业的改革相比，电力体制改革更加需要理论指导。在一定程度上，这是无论国外还是国内，电力产业都是非市场化"最后堡垒"的原因。在理论准备不充分的条件下，电力市场化改革会"有心无力"。实际上，经济学理论在塑造电力产业的形态方面发挥了重要作用，以诺贝尔经济学奖得主的研究为例，Stigler 对电力规制的研究、Vickrey 对电力定价的研究、Williamson 对组织结构的研究、Tirole 对规制与竞争关系的研究、Wilson 对电力市场设计的研究，都为电改理论体系的完善做出了重要贡献，为电力行业的组织结构、市场设计、监管机制等的政策选择提供了有力指引。

理论先导的作用对中国电改的成功同样重要，电改政策体系的完善需要深入研究的支撑，这是笔者关注电改的重要原因之一。本书是笔者以往研究成果的一个阶段性汇报，既包括基于中国国情的理论探讨，也包括针对政策建议的分析讨论。目的是希望自己的研究能为中国电改的理论发展和政策创新做一些绵薄贡献，书中的内容或可普及一些基本原理，或可论证一些观点，或可为学术争论和政策讨论提供一点思考。

本书所选择的文章只是笔者已有研究成果的一部分，但选择这些而非其他是经过慎重思考的。其中，最重要的一点是，希望本书可以让读者在深入了解细节之前，便可通过主题框架获得有用的信息。所以笔者努力将这些文章统一在有关电改研究的完整体系内。除总论外，本书分为六章，分别对应电改框架、组织结构、市场设计、需求分析、可再生能源及电力与碳，每章包括2~7个小节。当然，各章所含的文章无法涵盖其主题所对应的全部内容，但通过这种设计，读者至少可以从整体上把握电改研究的主要板块；同时，能粗略地看出从理论到政策、从普遍到具体、从经典议题到前沿进展的线条。为此，总论部分对这些议题做了一个简要介绍。

如何细致阅读本书呢？这里不妨粗略地介绍一下大纲。

第二章"电改框架"实际上针对三个困扰中国电改的基本问题展开，一是如何理解市场与政府、竞争与规制的关系；二是如何理解普遍原理与中国实际的关系；三是如何理解市场化改革带来电价上涨的问题。这是笔者约十年前撰写的一份内部报告，对电价上涨的分析，时至今日仍非常具有现实意义。

第三章"组织结构"围绕中国电力市场结构进行了从理论到实证的全面分析，重点针对纵向组织结构：一是提供了理解纵向组织结构选择的论据；二是针对输配分离与输配一体化两种典型改革选项进行了成本比较；三是提供了关于选择售电侧放开改革路径的决策依据。这些研究是笔者在《中共中央 国务院关于进一步深化电力体制改革的若干意见》出台之前进行的，在某种程度上也解释了之后的政策选择。

第四章"市场设计"，笔者本打算列入更多成果，但考虑到整体研究计划和篇幅的协调性，遂转念考虑从自己关于金融输电权的博士学位论文中选取部分内容，展现对这一问题的集中论述。当年论文撰写不到三个月，又因不想依托已有成果，而希望挖掘更有价值的议题，所以从构思选题、梳理文献、完成写作到外审答辩，整个过程十分仓促。自然地，论文中的分析只能算浅尝辄止，深入的探讨至今仍停留在纸上，将论文中的部分内容放入本书，权当自省自勉。

第五章"需求分析"主要围绕居民电力需求特征与递增阶梯定价和峰谷定价的政策效应展开。这篇文章倾注了笔者不少精力，在研究过程中笔者得到了同事的大力支持；其间跟国内专家和国外同行的讨论至今仍令笔者记忆犹新。笔者其他关于居民电力的研究在很大程度上得益于通过此研究而拓展出来的想法。

第六章"可再生能源"围绕可再生能源电力定价理论和政策展开，提出了如何通过完善电力机制促进可再生能源发展的建议。这一研究也是尘封已久，幸得一位领导兼师长提醒才记起。其中的一些分析和建议不可避免地带有时效性，这是因为当时电力市场建设还未实质性起步。即便如此，此后许多公开讨论也都没有超出这篇文章的研究范畴，今时今日仍具有参考价值。

第七章"电力与碳"算是相对较新的研究，主要想表达两个观点：一是电力市场与碳市场需要协同建设，对于这一观点，很多人已经接受，但如何推进仍是一个棘手的问题；二是电价改革需要碳价政策的配合，碳价政策的实施需要理顺电价机制。此外，碳成本传导研究也非常重要，但考虑到笔者的一些研究成果仍未刊发，故本章没有进行讨论。

整体而言，这六章基本涵盖了中国电改的主要方面，但不要就此认为本书为展现中国电改全貌而作。电改本身的复杂性与中国国情的复杂性，决定了本书只能作为更多研究的起点。如果拙作能为读者带来一些启发，那么于笔者而言，已是莫大的欣慰。书中不足之处，也恳请各位读者、同仁不吝指正。

是为序。

冯永晟

2023 年 3 月 22 日

于北京

目 录 ⤵

第一章　总论

电力体制改革是一项系统工程，尤其需要科学的经济学理论的指导，特别是关于市场与政府、竞争与规制的理论。综观世界范围内的电改进程，无不交织着竞争机制与规制机制的碰撞与交互，在电力独特的技术经济特点面前，经济学展现出强大的力量以及自我发展的内在动力。显而易见，电力体制改革和电力市场运行与其他产业的改革和发展存在巨大的差异，技术特性对政策选择和机制设计有着巨大影响。这就决定了，诸多一般性的经济学理论似乎很难直接移植到电力产业上，同时，电力产业的技术进步、演变也不断提出新的经济学议题。所以，本书的出发点就是围绕电力市场改革、建设等展示如何把经济学原理和技术性特征结合起来。

一　理解理论指导

在新规制学派电力市场理论提出之前，大部分研究竞争性电力市场的文献忽略或未能全面考察非市场机制的作用。一些国家的电力市场改革不可避免地面临困惑和难题：为什么旨在促进竞争的市场化改革未能实现预期目标？这背后实际上存在更多亟待解决的疑问：电力市场改革的目标到底是什么？市场机制能否有效实现这些目标？市场机制发挥作用的条件是什么？规制机制能否及其如何应对市场失灵？当然，这些看似一般的经济学问题在电力市场环境中具有突出的特殊性和高度的复杂性，因为经济理论与工程技术紧密地交织在一起。正如新规制学派代表人物、2014 年诺贝尔经济学奖得主 Tirole 所说，他的研究就是要搭起经济学家与工程师之间的桥梁。

综观新规制学派电力市场理论，可以很清楚地看到他们努力将市场机制与规制机制有机结合的一贯研究思路。一方面，新规制学派相信市场机制的力量，同时，其关注点却更侧重于市场失灵，在相关理论文献中，分析"市场驱动"的缺陷往往占很大比重。另一方面，新规制学派认为合理设计的规制机制能够弥补市场机制的缺陷，因此从市场机制缺陷入手往往能找到规制机制的合理位置。同时，对规制机制的设计虽有一般性原则，但更重要的是，必须将基本原则与产业特征结合，绝不能把对一个产业的结论转移到另一个产业上。正如 Joskow 和 Schmalensee（1983）指出的，电力市场的规制放松必定是一种规制和竞争的组合，任何合理的改革方案都要求对电力系统的某些环节加强经济规制。同时，正如 Kahn（1988）指出的，电改是不完美的市场与不完美的规制的结合。

新规制学派电力市场理论对中国正在开展的电力体制改革具有重要的指导意义。长期以来，关于中国电力市场改革的基础理论研究严重滞后，导致理论界和政策界除了存在观点之争外，并未进行深入理论探讨，更谈不上理论创新。中国电力体制改革的方向是什么、路径是什么、如何推动改革这些基本问题迫切需要理论解释。希望本书对新规制学派电力市场理论的介绍不仅能够为中国电力体制改革提供启示，而且能促进国内电力市场基础理论研究改善。

本书相关章节通过非模型化的语言系统介绍新规制学派电力市场理论，并讨论其对中国电力体制改革的启示。由于新规制学派电力市场理论分析基本建立在丰富的数理模型之上，因此抛开模型设定提炼理论含义将不可避免地损失一部分数理严谨性。即便如此，本书还是梳理出了体系完整、逻辑严密的电力市场理论。

二　理解制度背景

电改问题从来不是一个纯经济学问题，而是政治经济学问题。理解制度背景是把握指导理论和选择改革决策的重要前提。竞争性电力市场的建设需要从所有制、组织结构、机制设计、规制政策等方面来系统推进，各项改革的具体政策受多个方面基本制度因素的制约。中国电力体制改革受到基本经济制度、电力产业政策、传统电力体制、国资国企管理体制、财税体制及中央与地方事权划分等的深刻影响，需要从多个方面进行。国企改革红利和市场竞争红利是中国电力产业发展的驱动因素。国企改革红利主导了自 2002 年《国务院关于印发电力体制改革方案的通知》（国发〔2002〕5 号，以下简称"5 号文"）出台以来的电力体制改革进程，但目前已出现减弱趋势。中国电力体制改革进入通过市场竞争红利接续国企改革红利的新阶段。5 号文中的改革方案是以国企改革为本质的一个系统改革方案，但未能确定有效引入竞争机制的实施计划，而 2015 年出台的《中共中央　国务院关于进一步深化电力体制改革的若干意见》（中发〔2015〕9 号，以下简称"9 号文"）虽然确定了建立竞争性电力市场的远期目标，但改革路径存在一定偏差。5 号文与 9 号文相对体现了中国电力体制改革的多元性与专业性。进一步融合 5 号文与 9 号文的改革理念，恰是真正进行电力体制改革顶层设计的关键所在，也是顺利推进以市场竞争红利接续国企改革红利这一中国特色改革路线的必然要求。

自 20 世纪 80 年代初以来，全世界一半以上的国家进行了电力市场化改革。这一世界范围内的改革浪潮以提高效率、降低成本和改善质量为基本目标，形成了与不同制度条件相适应的多种改革路径和市场模式。大致同期，中国开始逐步改革高度集中的传统计划电力体制，并在 20 世纪 90 年代中期推进市场化进程。不过在 5 号文确定的厂网分离等改革措施取得一定成果后，我国对电力市场机制的探索却一度非常缓慢，直到 9 号文出台，新一轮电力体制改革才启动。

新一轮电力体制改革是在理论界和政策界的争议声中推进的。造成这种局面的原因在于，一方面，国内理论界对电力改革问题缺乏深入研究，未能充分理解中国电改的本质和内容；另一方面，发达国家的成功电改经验被作为中国电改的主要借鉴，却常被误读和过度嫁接，反而造成更多认识误区。电力市场化改革有普遍规律，也植根于各国的制度条件，所以全世界没有任何两个电力市场完全一致。尽管我们可以找出类型相近的电力市场，但细节往往差异巨大。实际上，对中国来说有用的国际经验往往来自常被忽视的转型国家。这些国家大多采用过以发达国家经验为基础的标准电力市场模型，但电改的实际效果差异明显，原因即在于电力改革政策与经济转型的协调程度不同。

当然，虽然中国经济转型与这些国家经济转型的性质并不相同，但电力体制改革都是经济转型的一部分。自党的十四大确立了建立社会主义市场经济体制目标以后，电力体制改革开始加速推进。这一改革不仅是为了解决电力行业的发展问题，还是为了适应和支撑我国经济体制转型，这表明中国电改同样是在转型背景下进行的。这就意味着，电改的视角无法囿于电力行业，电改不只是电力行业的市场议题。研究中国电改必须将电力市场建设的普遍规律与中国特殊的制度背景紧密结合起来。

本书中的相关章节会从经济学视角进行系统阐释，对于电力体制改革，必须从制度变革的角度出发，这样才能找到正确的方向和路径。本书首先结合经济理论和国际经验说明构建竞争性电力市场的基本内容，即所有制改革、组织结构重组、市场机制设计、政府规制改革等方面的政策；然后剖析中国电力体制改革所处的特殊制度背景；接下来阐释中国电力体制改革的基本内容，说明国企改革红利与市场竞争红利的权衡是中国电力发展的驱动力量；最后评析比较了 5 号文和 9 号文的改革本质。

三 理解改革影响

电改的影响是多方面的，但似乎最现实、最急迫的是，如何让决策者和社会接受电改给电价带来的影响。中国新一轮电力体制改革已在推进之中，无论政府确定何种改革路径、采取哪些具体措施，改革都无法回避电价上涨甚至是快速上涨的风险。从历史经验来看，无论是成功进行过电力市场改革的国家，还是正在进行电力市场改革的国家，改革进程与电价上涨甚至是快速上涨都是紧密相关的。这种现实已经在国外许多国家出现，在中国也将是一个难以回避的挑战。本书中的相关章节通过对英国和俄罗斯近年来电价快速上涨的问题进行深入分析，提出中国政府看待和应对电价上涨、看待和推进电力体制改革的政策建议。

四 理解结构理论

电力体制改革的基本内涵之一就是对电力产业的组织结构进行适应市场化的调整或重组，其中的关键和挑战在于电网环节。对电网组织结构的选择，理论上历来存在争论。中国电力体制的市场化改革在 2002 年取得重要进展，以厂网分离为核心的改革将不具有自然垄断属性的发电环节与具有自然垄断属性的电网环节分离；为配合构建竞争性市场，我国成立了独立的电力监管机构。但 10 多年过去了，电力体制改革未取得令人满意的进展。原因何在？尽管 10 多年的电力体制改革有明确的指导性方案，即输配分离，但令人遗憾的是，这一方案缺乏对目标、结果、影响及实施情况的系统分析，导致现实推进极其困难。这一方案的理论基础十分薄弱，早在厂网分离政策出台之前，电力体制改革就已经进入政策文件之中，但理论研究在此之前几乎空白，最主要的依据来自 2000 年我国对英、西等国相关情况的考察，以及世界银行的报告。直到张昕竹、冯永晟（2007），张昕竹、冯永晟和马源（2010）等才进行了全面的回答。另外，这一方案反映了决策层对市场化改革方向缺乏顶层设计和系统思维，集中表现在未将结构改革与机制改革结合起来，寄希望于先改结构再建市场，导致结构改革难以支撑竞争机制。还需要指出的是，对国外电力市场改革经验的误读也是造成问题的重要原因。

近年来，理论界和政策界在逐渐反思中国电力体制改革的路径问题。理论界的主要思潮变动可以概括为从结构倒向机制，强调电力定价机制是中国电力体制改革的瓶颈，只有改革电力定价机制，电力市场化才能得到推进。政策界的主要变化则体现在输配分离的退出方面，2013 年，国家发改委出台的《关于 2013 年深化经济体制改革重点工作的意见》只字未提输配分离，而是指出要推进售电侧电力体制改革。

综观两种鲜明的变化可以看出，尽管中国电力体制改革正在从过去 10多年的错误路径中扭转，但路径选择仍悬而未决。症结何在？或许在于对结构改革与机制改革（或设计）的关系的理解上。无论在理论上还是在国际经验上，进行成功的改革，一是要理解结构改革的理论依据（普遍的和国别的），从而准确把握结构改革的界面和方式；二是要明确结构改革应配合什么样的市场甚至能否形成市场，这是定价机制改革的前提。尽管冯永晟、张昕竹（2008）已经提出构建售电侧市场，但是对于我国电力产业应采取何种结构促进售电市场和整个竞争性电力市场形成，国内没有深入的理论研究。本书中的相关章节回答了这一根本问题。

本书中的相关章节沿着纵向结构理论的新分支，即法人分离理论的研究脉络，针对中国电力产业构建理论模型研究三种纵向结构——法人分离、所有权分离①和纵向一体化的配置效率及影响配置效率的各类效应。根据理论分析的结果，本书指出，寄希望于通过输配分离促进电力体制改革的路径行不通，将电网与售电分离以形成完整的电力市场，还原电力商品属性才是根本方向；实现分离的最佳模式是法人分离，而非所有权分离。这些结论同样得到了国际经验的印证。

五　理解现实依据

针对电网的组织结构，现实中均能在不同的国家和制度背景下找到相应的例证，那么在中国我们如何做出判断？很明显，仅依托纯理论的判断是不充分的，最好还能有实证的依据支撑。好在已有的众多研究成果为我们提供了基于中国国情的实证依据。

5号文极大地推动了中国电力市场改革的进程，初步建立起具有市场经济特征的电力市场框架，包括发电侧竞争、独立监管机构等。但之后的几年，电力市场改革进展缓慢，由于种种原因，区域电力市场改革试点被叫停，改革再次面临瓶颈。对于如何继续推进改革，特别是输配体制改革，业界一直存在激烈的争论。从2008年开始，输配体制改革在争论中被提上

---

① 所有权分离（Ownership Unbundling）是产业组织理论中纵向结构的一种基本形式，不同于企业理论中的所有权分离。前者指不同市场主体，特别是上下游企业在所有权上相互独立，不存在任何股权关联；后者则主要指在治理结构中不同类型权力的分离，特别是所有权与控制权的分离。

日程。

总体来看，支持输配分离的观点过分强调输配分离改革的收益，即通过输配分离形成竞争性电力市场，但忽视了输配分离改革本身的成本，换句话说，目前的输配分离方案只基于收益分析，而缺乏系统的成本分析，这必然让人对输配体制改革产生怀疑。本书中的相关章节借鉴以往研究成果，进行了针对输配分离的成本效应分析，通过设定按照 110kV－35kV 和 220kV－110kV 界面分离的两种情景，分别测算输配分离产生的纵向经济损失。结果表明，尽管两种情景下纵向经济损失的构成存在明显差异，但纵向经济损失的总量和比例均非常高，由此证明输配环节的纵向经济损失非常明显。

六　理解路径选择

新一轮电改选择了售电侧放开的路径，即便现实政策对售电侧放开的理解与我们最初主张的含义存在一些差异。本书相关章节探讨了选择售电侧放开的经济依据。

在 2002 年电力体制改革红利已经势弱之际，改革在停滞十余年后再度取得突破的关键在于选择正确的路径。当时，在电力体制改革路径选择上存在输配分离与售电侧放开两种典型观点。它们争论的焦点在于对纵向结构改革的选择上。输配分离主张将电网企业纵向拆分以构建多买多卖的竞争性批发市场；售电侧放开主张在保持电网企业纵向结构基本不变的前提下，放松售电侧市场管制，构建市场准入和多买多卖的电力交易市场。它们的理论争议在于纵向一体化能否与竞争机制相融。

产业组织理论和制度经济学都表明，纵向一体化下的竞争效率未必会低于纵向分离下的竞争效率；而且现实中也存在许多纵向一体化下的竞争模式。这就意味着，对中国电力体制改革而言，输配分离可能并非唯一的选择，也不是最优的选择。针对输配分离与售电侧放开孰优孰劣这一问题的回答归根到底要依靠基于国情的理论研究，就中国现实而言，更重要的或许是定量研究，因此我们建立了比较两种改革路径福利水平的定量分析模型。

本书中的相关章节利用国家电网公司的财务数据，采用计量经济建模方法，在合理假设成本、需求和企业行为之下提取关键成本和需求参数，按照反事实模拟的思路，设定不同改革情形下的电网成本函数，并计算不同情形下的企业利润与消费者剩余。本书基于不同改革路径的局部社会福利水平的结构特征，分析中国电力体制改革的含义。研究发现纵向一体化未必降低社会福利水平，反而会提高社会福利水平，在纵向一体化下引入竞争的售电侧放开会实现比输配分离更高的社会福利水平；以现有体制为基准，输配分离不但会降低社会福利水平，还可能带来企业利润和消费者剩余的双重损失；售电侧放开在保持存量利益不变的前提下会大幅提升消费者剩余，具有一定"帕累托改进"性质。因此，这不仅验证了纵向一体化与竞争机制能够相融，还为中国电力体制改革提供了新的理论依据。本书中的相关章节指出，对重大改革路径的选择应以社会福利水平为判断标准，不能以利益格局调整为导向；输配分离的背后更多的是政府所代表的利益调整诉求，其并非真正以建立竞争性市场为导向；输配分离既非引入竞争的必要条件也非充分条件；售电侧放开是还原电力商品属性的关键环节，无论构建何种竞争性市场，售电侧放开都是必要条件（但非充分条件），而且售电侧放开具有一定"帕累托改进"性质，这对切实推进市场化改革进程具有重要的现实意义。本书中的相关章节强调，必须重视低效行政干预对中国电力体制改革的影响，市场改革与规制改革协调推进是有效解决中国电力体制问题的根本途径。

七　理解金融输电权

金融输电权对中国而言是一个似远还近的问题，在电力经济学中一直占有非常重要的地位。实际上，通过对金融输电权的分析可以对中国电力市场模式的选择进行判断。

在各国电力改革过程中，金融输电权机制得到广泛应用。但与此相对应的是，理论界对金融输电权的竞争效应一直存在很多疑问，认为引入金融输电权会强化市场势力，并对社会福利产生负面影响。由于理论与现实之间存在这样的矛盾，深入研究金融输电权的竞争效应是非常必要的。

从现有文献来看，多数结论是在确定性框架下取得的，这就产生了一个逻辑上的矛盾：金融输电权存在的前提正是不同区域价格差异存在不确定性，如果假设市场总处于确定性状态，那么作为市场主体规避价格波动风险的工具，金融输电权就没有存在的依据。因此，在确定性框架下得出的结论值得商榷。有鉴于此，可以把不确定性引入金融输电权理论中。本书中的相关章节假设电力市场可能表现出阻塞均衡和无阻塞均衡两种状态，并假设市场主体对市场均衡状态存在不确定性。由于不同均衡状态下的均衡价格水平不同，因此市场均衡状态的不确定性代表价格的不确定性。以此为基础可以建立厂商决定电力市场产出水平与金融输电权持有量的动态均衡模型，以为正确研究金融输电权的竞争效应提供新的理论框架。

国外电力市场改革和建设的成功经验无疑为中国正在进行的电力体制改革提供了重要的借鉴。本书中的相关章节从金融输电权入手，分析了四种电力体制改革的基本模式：双边交易模式、电力库交易模式、PJM 交易模式（节点定价交易模式）以及具有混合电力库交易模式与 PJM 交易模式特点的区域交易模式。基于这些分析，本书指出，中国电力市场改革的远期目标应该是建立 PJM 交易模式，但是在中短期内，建立这种模式的电力市场存在许多问题，因此可行的短期目标是形成真正的单一买方市场结构，建立电力库交易模式，但这一点似乎并没有被现实改革政策决策充分理解和应用。

八 理解电力需求

本书中的相关章节所分析的电力需求仅指居民电力需求，而非更宽泛意义上的电力需求。居民电力需求分析，特别是非线性定价下的微观需求分析，一直是需求理论和定价政策研究领域的热点和难点。自 20 世纪 80 年代世界范围内出现电力放松规制浪潮以来，居民电力需求分析成为支撑电力市场化改革的重要理论依据，比如，分析居民如何对电价做出响应。然而，微观需求分析领域长期存在的激烈争论，在很大程度上甚至阻碍电力市场化进程。中国也面临类似问题。近年来，中国在居民电价领域推出一系列改革措施，比如，一些地方进行递增阶梯定价（简称阶梯定价）与分时定价，即递增阶梯定价与日度峰谷定价（简称峰谷定价）的组合；2012年，国家发改委在全国范围内推广居民用电阶梯定价，并计划进一步在全国推广峰谷定价。这一方案引发广泛的学术和政策讨论，焦点集中在阶梯定价及峰谷定价的组合是否能够如政策目标宣称的那样有效鼓励合理用电行为，并在保障基本需求的同时促进公平消费。更进一步，政府的居民电价改革理念是否与电力市场化改革方向保持一致。回答这些问题需要对阶梯定价、峰谷定价下的微观居民用电需求和行为进行深入剖析，这便成为本书相关章节的核心内容。

我们首先解决了非线性定价下需求分析的四个理论难题，包括由非线性定价规则导致的电量与电价间的内生性问题、电力消费的引致性需求特征、用户的复杂异质性特征和多种定价政策的组合特征等，构建了基于广义矩估计的完备结构计量模型，并采用丰富的家庭层面的微观数据，保证实证模型能够真实反映中国居民的用电行为，为科学评估居民电价政策的实际效果提供可靠的理论依据。我们的微观样本来自杭州，杭州是全国率先实施组合定价政策的地区，目前，我国绝大多数地区仅实施阶梯定价，如果未来峰谷定价得到推广，那么剖析杭州的实施效果将对相关决策的制定具有重要的借鉴和指导意义。

我们的研究得到了丰富的结论。与预期结果一致，我们得到了中国居民电力需求价格弹性极低且收入效应微乎其微的基本结论，更重要的是，通过对阶梯定价和峰谷定价组合下的多种微观用电需求特征的分析，我们发现，阶梯定价与峰谷定价的组合并不是有效的，也很难达到促进公平的目标；阶梯定价与峰谷定价的组合中的价格波动的影响极为复杂，极大地提高了规制机构的政策实施难度。本书中的相关章节并未否定非线性定价政策的可能效果，而是强调非线性定价政策效果的释放是有条件的。对中国居民电价而言，在真实反映电力供应的社会机会成本的有效市场资源配置机制出现之前，阶梯定价和峰谷定价的政策空间极为有限。因此，我们主张，把居民电价改革放在电力体制改革的整体框架下审视。

九 理解可再生能源

促进可再生能源发展是我国在很长一段时间内的政策导向，当然，这带来了许多挑战。《可再生能源发展"十二五"规划》已经明确规定了各类可再生能源的发展目标，其中要求 2015 年末，并网风电累计装机容量达到 1 亿千瓦，年发电量达到 1900 亿千瓦时；光伏发电装机容量达到 900 万千瓦，光热发电装机容量达到 100 万千瓦。[①] 有效促进可再生能源电力发展，不仅是一个技术问题，还是一个制度和体制问题。选择有效的政策对顺利实现上述目标至关重要，特别是在可再生能源不具有成本优势的条件下，为可再生能源投资提供足够激励，并使现有装机容量得到充分利用，是一项重要却极其复杂的工作。1978 年，美国的 PURPA 法案确定了促进可再生能源发电的定价政策；2002 年，英国实行可再生能源义务制度，并于 2005 年和 2009 年对其进行修订；世界各国在发展可再生能源方面积累了丰富的经验，其中最重要的一点是，针对促进可再生能源发展，利用市场机制和价格手段进行有效补贴，从而促进可再生能源发电迅速发展。

中国目前已经初步建立起可再生能源电力价格政策体系（时璟丽，2008b），但仍面临许多问题。史丹、杨帅（2012）从价格补贴视角，对补贴政策和实践效果进行综合评述。总体而言，目前，我国对基于可再生能源发电的并网电价的研究无论是在理论方面还是在政策方面都比较欠缺，一方面，对可再生能源定价的基本理论问题认识不清，例如，为什么可再生能源无法执行与传统能源类似的定价方式？为什么需要补贴？其经济依据是什么？支持可再生能源发展的政策机制、目的和效果如何？等等。另一方面，可再生能源定价问题与电力体制紧密相关，这加剧了问题的复杂性。

本书中的相关章节主要回答了关于可再生能源电力定价的基本理论问

---

① 本书中相关章节关注的可再生能源主要指新型可再生能源，包括风能、光伏、光热、潮汐能、地热、填埋废气发电等，而不包括水电。当然，现实中，部分水电项目可能采用本书中相关章节介绍的价格政策。

题，特别是建立有关可再生能源电力并网价格的理论框架，并简要分析目前中国可再生能源电价政策存在的问题及改进措施。

十 理解电碳市场

中国力争在2030年前实现碳达峰，在2060年前实现碳中和（简称"双碳"目标），是党中央为应对气候变化、实现生态文明、推进经济社会系统性变革而做出的一项重大战略决策（高世楫、俞敏，2021）。推进落实"双碳"目标，中国需要科学施策、把握重点、统筹推进（潘家华等，2021）。"十四五"时期是奠定整个经济社会系统性低碳转型体制机制基础的关键时期。

建设碳排放权交易市场（简称碳市场）是中国实现"双碳"目标的重要举措。自2011年以来，我国进行地方碳市场建设试点，全国碳市场于2021年正式启动运行。起步阶段的全国碳市场建设从发电企业开始，包括2225家发电企业和自备电厂。电力行业是中国最大的单一碳排放行业，碳排放量约占各行业总排放量的51%，分析电力行业的碳排放情况展现了以碳市场引导控制发电企业碳排放的重点政策目标。

一方面，电力行业是国民经济的基础性、战略性行业，改革转型压力较大。中国改革开放以来的经济发展与电力行业的改革发展密切相关。电力行业绿色低碳转型将从根本上影响中国经济高质量发展。实现"双碳"目标无疑已经成为自2015年3月开始的新一轮电力体制改革的一项重要任务，但电力市场建设仍受到诸多体制机制症结的困扰。在碳市场从电力行业起步的背景下，电力市场的不完善给基于市场逻辑建设的碳市场带来了很多仍未被国内学术界和政策界充分重视的影响，从而制约碳市场发挥引导发电企业和电力用户行为转变的作用。也就是说，碳市场的建设、碳市场作用的发挥，绝不仅仅取决于对碳市场的设计。

另一方面，电力行业的碳减排任务艰巨，对电源结构、技术路线的重构面临巨大的成本和不确定性，进而带来显著的行业转型成本。这些成本能否带来转型成效，关键看碳规制政策能否进行有力的碳排放约束，并提供有效的绿色低碳投资激励。以煤电为主体的电源结构、以可再生能源为主体的电力系统建设目标，以及"双碳"目标的紧迫性，决定了中国进行的结构性调整在碳规制政策选择上具有极为重要的价值。理论上，基于边际碳减排成本的配置逻辑，碳市场会选择社会成本较低的减排路径，同时，既有国际实践经验在很大程度上支持这一政策取向。但是，电力行业减排适宜选择碳市场机制，并不意味着其会成为唯一的碳规制方式，因此，结合电力减排情况看待碳市场在应对气候变化、实现"双碳"目标中的作用，就非常具有政策价值和现实意义，特别是对于澄清一些误解和争论是非常有帮助的。

同时，值得注意的是，中国电力行业的现实减排路径不同于西方发达国家电力行业的历史减排路径。西方发达国家电力行业减排是在 20 世纪 90 年代电力市场的基础框架和基本机制比较健全的前提下开始的，进入 21 世纪，其依托逐步完善的电力市场设计建立起碳定价机制。而中国的电力市场建设和碳市场建设仍处于探索起步阶段。除了自身设计的问题外，彼此间的关系对各自市场建设的实质推进会产生重要影响甚至决定性影响。因此，两个市场间的基本价格关系、市场均衡关系，以及宏观经济因素，比如对通货膨胀的影响等的考虑，将对基础设计产生系统性影响。

本书相关章节主要介绍如何正确理解电力市场建设和碳市场建设的关系，以及如何实现能源转型和"双碳"目标。

十一　理解电碳价格

电力价格对电力消费引致的二氧化碳排放具有重要影响，因此考察电力价格改革对二氧化碳排放的影响对于协调电力体制改革和应对气候变化具有重要意义。《中国应对气候变化的政策与行动 2015 年度报告》提出，到 2030 年前后，中国二氧化碳排放达到峰值；争取 2030 年的碳强度在 2005 年的基础上降低 60%~65%，非化石能源占一次能源的比重在 20% 左右。实现这一峰值目标主要依靠节能和提高能源利用效率，能源领域的市场化改革将发挥主要作用。2015 年 3 月，新一轮电力体制改革启动，推进市场化进程、改革电价形成机制成为重点。传统的电力定价由政府严格管制，定价水平既不反映生产成本也不反映用电偏好，电价结构严重扭曲，交叉补贴严重，难以促进节能和提高能效。新一轮电力体制改革的目标之一就是理顺定价机制，形成真实反映电力社会价值的价格水平，其中要重点解决的一个难题就是逐步改变工业电价与居民电价之间的交叉补贴情况。

目前，国内对二氧化碳排放的研究重点在于推进碳排放交易机制和碳税的设计，部分研究强调电力行业在控制二氧化碳排放中的主体地位，然而，二氧化碳排放的控制机制与电力体制之间的关系仍未被深入研究。在全面深化改革的背景下，协调不同领域的改革政策仍缺乏稳健的依据。电价改革是否有利于对二氧化碳排放的控制，理顺定价结构、消除工业电价与居民电价间的交叉补贴是否会使二氧化碳排放减少，是亟待解决的难题，也是本书相关章节重点回答的问题。

第二章 电改框架

第一节 电力市场：竞争、规制与投资

在新规制学派电力市场理论提出来之前，大部分研究竞争性电力市场的文献忽略或未能全面考察非市场机制的作用。一些国家的电力市场改革不可避免地面临困惑和难题：为什么旨在促进竞争的市场化改革未能实现预期目标？这背后是因为实际上存在很多亟待解决的疑问：电力市场改革的目标到底是什么？市场机制能否有效实现这些目标？市场机制发挥作用的条件是什么？规制机制能否及如何应对市场失灵？当然这些看似一般的经济学问题，在电力市场环境中却具有突出的特殊性和高度的复杂性，因为经济理论与工程技术紧密地交织在一起。正如 2014 年诺贝尔经济学奖得主 Tirole 所说，新规制经济学视角下的电力市场理论就是要搭起经济学家与工程师之间的桥梁。

本节重点以新规制学派代表人物 Tirole 的电力市场研究为基础，介绍新规制学派电力市场理论的基本框架。虽然 Tirole 关于产业组织、竞争与规制和机制设计等的基础理论文献，比如关于纵向关系、接入定价等的文献常会涉及电力市场，但其"电力"思想还是集中体现在专门研究电力市场的文献中（Joskow，Tirole，2000，2002，2005a，2005b，2006，2007）。综观新规制学派电力市场理论，可以清楚地看出他们努力将市场机制与规制机制有机结合的一贯研究思路。一方面，新规制学派相信市场机制的力量，同时，其关注点却更侧重于市场失灵，在相关理论文献中，分析"市场驱动"的缺陷往往占很大比重；另一方面，新规制学派认为合理设计的规制机制能够弥补市场机制的缺陷，因此从市场机制缺陷入手往往能找到规制机制的合理

位置。同时，对规制机制的设计虽有一般性原则，但更重要的是，必须将基本原则与产业特征结合起来，绝不能把对一个产业的结论转移到另一个产业上。实际上，新规制学派代表人物的思想是一以贯之的，比如 Tirole 的电力市场思想与 Joskow 早期的电力市场改革思想一脉相承。正如 Joskow 和 Schmalensee（1983）指出的，电力市场的规制放松必定是一种规制和竞争的组合，任何合理的改革方案都要求对电力系统的某些环节加强经济规制。

在本节中，我们将分析新规制学派电力市场理论的三个重要议题：竞争性电力市场与规制、电网投资模式与规制，以及电网资源配置、市场势力与规制。在这三个重要议题之下，我们展开了丰富的理论探讨。

之所以专门介绍新规制学派电力市场理论，而不是完整地综述整体的理论进展，是因为这一理论对中国已经停滞多时的电力体制改革具有重要的指导意义。长期以来，关于中国电力市场改革的基础理论研究严重滞后，导致理论界和政策界除了进行观点之争外，并未进行深入的理论探讨，更谈不上理论创新。中国电力体制改革的方向是什么，路径是什么，如何推动改革这些基本问题迫切需要理论解释。希望本节对新规制学派电力市场理论的介绍不仅能够为中国电力体制改革提供启示，还能促进国内电力市场基础理论研究改善。

本节的主要工作是通过非模型化的语言系统介绍新规制学派电力市场理论，并讨论其对中国电力体制改革的启示。由于新规制学派电力市场理论分析基本建立在丰富的数理模型之上，因此抛开模型设定提炼理论含义将不可避免地损失一部分数理严谨性。即便如此，本节还是梳理出了体系完整、逻辑严密的电力市场理论。考虑到中国的现实需求，本节只重点介绍前两个议题，而简要介绍第三个议题（中国在中短期内难以实施输电权制度，本章专门介绍笔者的研究成果）。本节在介绍新规制学派电力市场理论的同时，还穿插一些其他研究者的观点，从而使理论内容更加充实。

本节第一部分介绍竞争性电力市场与规制理论，包括探讨电力市场的最优配置、竞争性市场机制实现最优配置的条件，以及因未满足这些条件而必须采取的规制机制；第二部分讨论电网投资模式与规制理论；第三部分探讨新规制学派电力市场理论对中国电力体制改革的启示。第四部分得出结论。

一 竞争性电力市场与规制理论

从 20 世纪 80 年代开始，放松规制浪潮席卷了许多国家的电力市场，理论界和政策界都对市场机制的作用津津乐道。然而，在现实中却找不到完全自由化的电力市场，即便在英国和美国（部分州）这些被普遍认为竞争程度很高的市场，也仍存在大量规制政策，它们在电力市场发挥重要甚至关键性作用，比如，批发市场的价格上限、容量义务——价格和备用要求等。一般而言，电力市场对规制的需求既来自一般性市场失灵，也来自电力产业的特殊技术特征，因此要具体问题具体分析，而且不同规制手段之间的相互作用会对市场配置产生重要影响。

（一）电力市场的最优配置

作为理论分析的起点，我们首先考察电力市场能够达到的最优配置结果（包括价格和投资）。在一般性需求、供给特征和不确定性信息结构（自然状态）的假设下，社会最优计划者（Social Planner）通过最大化社会总剩余确定 Ramsey 次优配置结果[①]。

第一，Ramsey 次优配置使电厂实现了有效调度，即只有发电边际成本低于状态依存的实时电价的电厂才会被调度。第二，最优配置使用户实现了最优消费。一方面，价格敏感型用户不会被限电，其用电决策受状态依存的实时电价引导。另一方面，价格不敏感用户未被限电意味着价格变化产生的预期边际支出与边际剩余相等；而当其被限电时，市场将实行损失负荷价值（Value of Lost Load，VOLL）定价以反映限电的真实机会成本。第三，最优

---

① 所谓次优，是因为电力市场中必然存在价格不敏感用户，这是电力需求的基本特征，也是模型的最基本假设。只有当所有用户都对价格敏感时，电力市场才会实现完全的最优配置。考虑到电力市场中存在价格敏感型用户，因此次优配置必然是 Ramsey 型的，即不同价格敏感型用户会面临不同的价格。

配置下的发电市场会实现最优投资，因为标准的自由进入条件使企业只能获得正常利润。

（二）竞争性市场机制实现最优配置的条件

接下来的问题是，市场机制能否实现以上最优配置结果。要回答这一问题，不妨从一般性电力市场制度环境谈起。假设电力市场包括批发和零售两级市场，两级市场都是竞争性的。在批发市场中，发电商之间相互竞争，向零售商批发售电。在零售市场中，零售商之间相互竞争，服务各类（零售、商业、工业等）最终用户，其中，有些用户（比如大用户）可以对实时批发电价做出响应，而其他用户则依赖只能显示总用电量的传统电表，因此无法对实时电价做出响应；为保持系统实时平衡，最终用户可能会面临非价格引致的限电；零售商使用输配电网向用户送电，输电业务采用规制定价方式，并与售电业务分离；电网系统的实时运行由独立运营机构负责。批发市场可能是完全竞争的，也可能是垄断竞争的。

在这种制度环境下，竞争性的批发市场和零售市场能够在满足特定假设的前提下实现社会最优配置。这些关键性假设包括：第一，实时批发电价能够准确反映发电的社会机会成本；第二，如果限电则实施有序限电，而且限电期间的发电容量能得到有效利用；第三，售电商面对（所服务用户的总用电量对应的）实时电价；第四，价格敏感型用户不会被限电，而价格不敏感用户则可能被限电，售电商能够对这些用户实施任意形式的限电，也就是说，售电商可与用户签订限电合同；第五，用户具有同质的需求（相同负荷曲线，但电量水平不同）和剩余函数。

然而，这五个假设均非常严格。具体而言，第一，市场势力问题和政府所采取的价格上限及其他规制政策都会使实时批发电价偏离真实的社会机会成本；第二，不同于拉闸限电，电网崩溃会产生系统性的严重后果，因为崩溃期间电厂无法有效出力以满足负荷；第三，如果售电商所服务用户的用电量是由负荷拟合①形成的，那么售电商无法面对实际用电量对应的实时价

---

① 所谓负荷拟合是指对每个用户都按具有相似特征的用户群体的平均负荷曲线计费。

格；第四，配电网的拓扑结构（及现有技术）决定了售电商无法针对单个用户实施精确限电，而只能实施区域限电（Zonal Rationing）或整体断电（Joint Interruptibility），这样，价格敏感型用户就会与价格不敏感用户一同被限电；第五，用户之间的异质性非常复杂，远非电量水平差异所能代表。

（三）市场机制与规制机制

放松假设条件后，竞争性市场中的批发价格和零售价格无法准确地反映资源的稀缺性，从而产生市场失灵，因此非市场机制的作用不可或缺。

1. 实时电价偏离社会机会成本

反映电力系统供电特征的两个基本变量是供应电量和装机容量。电力现货市场围绕电力供需建立，并形成实时变化的电力现货价格。不过电力现货市场极易受到发电商市场势力的困扰，特别是在高峰需求时期，因此国外许多电力市场规制机构实施价格上限（Price Cap）规制。理论上，如果价格上限设定得准确，单纯的价格上限规制就足以有效抑制市场势力，且不会抑制投资，即重新实现前面的竞争性 Ramsey 最优配置。但实际上，价格上限规制在抑制市场势力的同时，往往会降低发电商特别是峰荷发电商（Peaker）的收益，从而扭曲投资激励。这是由于为抑制市场势力，规制机构所确定的价格上限一般低于竞争性价格水平，当然，其有其他考虑，比如，防止峰荷发电商获取稀缺租金，避免 VOLL 定价导致价格畸高等。所以，市场势力和为抑制市场势力而采取的价格上限规制都会令现货价格无法充分调整以反映真实供需关系，从而无法传递正确的经济信号以引导投资，此时，规制机构必然需要其他规制工具。

容量义务—价格（Capacity Obligation-Capacity Price）规制具有恢复投资激励的效果。许多电力市场对售电商进行容量义务—价格规制，要求售电商在承担购买用户所需实时电量的义务之外，承担事前购买充足发电容量的义务，以满足高峰需求和事先确定的备用冗余（Reserve Margin）要求。容量义务—价格规制包括两种形式：一种要求售电商与发电商签订远期合同，确保合同发电容量在高峰时段进入现货市场，这些发电容量所提供的电量的价格既可以由现货市场事后决定，也可以在远期合同中事先确定；另一种要求由系统运营机构作为代表集中签订可靠性合同，即容量合同（Vázquez et al.，2002）。一旦实施容量义务规制，所有需求都要支付容量价格。

这种容量义务—价格规制能够事前补偿发电商因价格上限而造成的收益损失，从而修复投资激励扭曲，因此价格上限规制与容量义务—价格规制的组合就能够实现 Ramsey 最优配置。当然，这一结论要依赖几个假设条件，包括：至多存在三种自然状态（至多存在两种市场势力）；基荷电厂领域是竞争性的；非峰荷电厂能够合格地满足售电商的容量义务并收到容量支付；所有用户都受容量义务约束并需要支付对应的容量价格。这些假设条件相对比较容易满足，因此具有重要的现实意义。而且，即便在现货市场存在事后市场势力问题的条件下，这种规制组合也能实现 Ramsey 最优。

当然，容量义务—价格规制仍面临事前垄断行为和自然状态数量的限制。就事前垄断行为而言，如果由具有垄断势力的发电商而非规制机构决定容量合同的数量水平，那么其很可能会限制合同。就价格敏感型用户而言，价格上限规制与容量义务—价格规制的组合不会对市场势力和最终配置产生任何规制效果。这也就意味着，要保证组合中的价格上限能够对事后的市场势力发挥抑制作用，事前的容量义务的数量和价格都由受到规制的机构规制。就自然状态数量而言，如果具有市场势力的自然状态数量在两种以上，那么容量义务—价格就不再是充分有效的规制工具，因为在多种自然状态和发电技术下，容量支付即便仍能补偿峰荷电厂和非峰荷电厂的预期收益损失，价格上限规制也无法有效抑制峰荷电厂以下的其他类型电厂的市场势力。这时，规制机构在抑制市场势力和避免过度激励峰荷电厂投资之间存在一个艰难权衡，无法向价格敏感型用户传递所有自然状态下的合理经济信号。

2. 系统崩溃、运行备用与可靠性

系统崩溃或电网崩溃的可能性需要系统运营机构安排发电商提供运行备用。从根本上说，系统崩溃不同于其他形式的电力短缺或拉闸限电，拉闸限电时，能够接入电网的电源具有极高的价值（即 VOLL）；而当系统崩溃时，电源就毫无（市场）价值。考虑到容量可得性不确定后，容量稀缺性在调度之后才反映出来，在这种情况下，Ramsey 最优配置结果需要确定最优的备用系数（Reserve Coefficient）或备用率（备用率的边际净收益等于容量约束的影子价格）、最优的需求满足水平［满足需求的边际净收益等于负荷约束的影子价格+（发电和备用共同的）容量约束的影子价格］、最优的投资水平（投资成本等于容量约束的预期影子价格）。

就最优调度而言，无论是否考虑价格敏感型用户，调度区间都可以随预期电力需求的增长被划分为三个区域。第一区域不存在容量约束，所有需求都得到满足，运行备用保持在固定的最高水平；第二区域是备用下降区域，容量约束变紧，运行备用水平下降，但所有需求仍得到满足；第三区域是限电区域，限电条件是可靠性风险率（Hazard Rate）等于 1，运行备用保持在固定的最低水平。就最优投资而言，发电商只能通过后两个区域即备用下降区域和限电区域产生的准租金来回收投资成本。

系统崩溃的可能性使运行备用成为公共品，于是提供运行备用就成为一种公共服务。由于电力系统使用者都将可靠性视为外生环境，因此谁也不会主动提供运行备用，可靠性服务必然面临典型的"搭便车"问题——完全依靠市场来提供运行备用无法实现充分的可靠性。再一次地，规制成为弥补市场失灵的可能政策选择，为了达到合理的可靠性水平，规制机构要求系统运营机构必须根据单位负荷按事先确定的比例（或要求售电商根据用户的需求）购买备用容量，负荷必须为事先确定的运行备用付费。

现在的问题是这种市场机制与强制备用率规制的政策组合能否实现最优投资。如前所述，第一区域无法提供回收投资成本的准租金，因为市场存在出清价格。在第三区域，即限电区域，若容量投资增加，限电负荷减少，被满足的电力需求的价值（即 VOLL）与对应的发电成本之差就构成了回收投资成本的准租金。给定备用率，拍卖机制可以有效实现这部分准租金的配置，以回收发电商的投资成本。然而，第二区域的问题比较复杂。在缺乏价格敏感型用户需求的条件下，市场供给曲线和需求（电量加备用）曲线都是垂直的，备用率的微小变动会导致市场价格发生巨大变化——市场价格面临从边际成本到 VOLL 的巨大区间，从而形成一个"刀刃"问题。这就使这一区域的投资激励难以通过拍卖机制来实施，从而必须给予系统运营机构更多自由裁量权。但实际上，系统运营机构能够在几乎不影响可靠性的前提下，将价格降到边际成本水平。这对投资激励具有重要意义。除此之外，确定运行备用缺乏时要考虑系统运营机构的自由裁量行动，因为这个问题的解决依赖网络的拓扑结构。比如，如果电力系统中水电丰富，那么系统运营机构就相对地不会过分担心运行备用的小幅下降。

总之，通过运行备用市场机制与强制备用率规制的政策组合来实现可靠性的分散（市场化）供给存在较大难度，因为备用价格对系统运营机构的微小错误或自由裁量行动极为敏感。

3. 零售价格无法充分反映稀缺性

上述第三个假设到第五个假设都与零售市场紧密相关，因此本节在统一的零售市场分析框架下讨论零售竞争与规制的关系。考察零售竞争首先要考虑需求侧的特殊性，即最终用户无法对批发市场中的实时价格做出响应，原因有三：第一，由于缺乏实时电表而缺乏响应，因此如果电表只能记录一段时间内的总用电量，那么用户便缺乏根据实时价格调整用电量的激励；第二，由于交易成本而缺乏响应，即使可以实时掌握用电量，对小用户而言，因监测电价实时变动并不断调整优化用电行为而产生的交易成本也会非常高；第三，由于执行能力而缺乏响应，即使用户希望调整用电行为，也可能心有余而力不足，因为用户会受到配电网的拓扑结构和特征的约束。

在这种情况下，零售价格可能无法充分反映由实时批发价格所传递的稀缺性信息，从而产生三种可能的零售市场失灵情况。第一种发生在消费者一侧。当消费者因缺乏实时电表而只能记录总用电量时，由于消费者的用电量即便集中于峰段，也不会比在峰、谷段均匀消费时产生更多电费，那么消费者就会在峰段过度消费而在谷段过少消费。需要注意的是，由于缺乏实时电表而缺乏响应会导致市场失灵，由于交易成本而缺乏响应不会导致市场失灵。第二种发生在零售商一侧。如果零售商的客户的用电量无法被实时掌握，那么零售商在批发市场的购电价格就只能根据预期用电量而非实际用电量来确定。第三种则是所谓的整体断电（Joint Interruptibility）问题。

（1）采用传统电表的同质消费者。作为比较的基准，首先要分析 Ramsey 社会计划者所能实现的最优配置。传统电表使消费者面临道德风险问题。相对于实际电价引导的消费，消费者在峰段消费过多而在谷段消费过少实际上搭了实时电价结构的"便车"，因此垄断的零售市场只能实现次优配置。在这一配置下，Ramsey 价格是不同时段的加权平均实时价格，并产生 Ramsey 次优消费模式。如果不限定垄断售电商进行线性定价，那么二部制定价就能够进行这一次优配置。①

零售竞争能否进行这种次优配置？零售竞争面临两种可能的制度环境，一种是网业分离，电网企业不参与电力交易；另一种是网业不分，电网企业可以参与电力交易。无论何种制度环境，竞争性零售商的批发成本都根据其用户的负荷拟合消费量计算。在这一条件下，与 Ramsey 价格相比，实现零售商收支平衡的平均批发成本电价要依自然状态和需求函数特征而定。同时，零售竞争会使竞争性均衡价格等于平均批发成本价格。因此，除特定情形外，零售竞争无法实现 Ramsey 配置结果。

总之，若电价结算按负荷拟合处理，那么零售竞争会迫使售电商在有可能实施二部制定价的条件下采取线性定价方式。这样零售用户面临的边际电价就既可能高于 Ramsey 价格，也可能低于 Ramsey 价格。从某种意义上讲，零售市场的竞争将垄断下的次优配置（Second-Best，只有消费者"搭便车"）变成了一种劣优配置（Third-Best，消费者和售电商都"搭便车"）。

---

① 二部制定价下得到的结论同样具有一般性，即便垄断售电商能够采取更复杂的定价方式，所得的配置效果也不会优于二部制定价。

（2）采用实时电表但缺乏响应的同质消费者。理性的同质消费者采用实时电表，即便无法对实时电价做出完美响应，也会有效利用这些价格信息，对跟踪实时电价、调整用电行为的交易成本和所能节约的支出进行权衡。当然，消费者即便愿意跟踪实时电价，也可能无法做出响应，因为他们面对的自然状态和所要支付的价格是相关的。但是无论消费者的信息结构是外生的，还是存在获取成本，只要消费者根据实际消费量支付实时批发价格，电力市场就能够实现 Ramsey 配置，而且零售竞争可以实现这一配置。

需要注意的是，零售商的定价规则会对配置产生重要影响。如果消费者采用实时电表但不执行实时定价而执行单一定价（Uniform Pricing），那么配置效率低于 Ramsey 配置水平；在单一定价范围内，如果零售商不执行非线性定价而执行线性定价，那么配置效率会更低。

（3）消费者异质性不会影响基本结论。考虑消费者异质性后，在负荷拟合（传统电表）情形下，零售竞争仍会使零售商采取线性定价方式，无法实现 Ramsey 配置。零售商不会面临逆向选择问题，因为平均批发成本电价与用户类型无关。

在实时电表情形下，零售商不会面临逆向选择问题，因为在最优配置下，批发价格会被全部转移给用户，零售商在所有自然状态都会实现收支平衡，其利润水平不受用户负荷曲线的影响。也就是说，消费者异质性不会影响竞争性配置结果。

在实时电表情形下，如果限定零售商执行单一定价，那么零售商就面临逆向选择问题，需要对用户进行竞争性甄别。全部转移批发成本一般不再是最佳策略，零售商需要根据消费者的负荷曲线来决定如何服务用户。这时，零售竞争无法实现最优配置，即便是在单一定价所能实现的各种配置中，也达不到最优水平。

（4）安装实时电表的投资激励。为强化用户对实时电价的响应，竞争性的零售商会积极为传统电表用户提供设备改造升级服务。根据用户类型的差异，有的用户会安装带通信设备的实时电表，有的用户则安装不带通信设备的实时电表（不同的设备投入成本不同）。相对于 Ramsey 基准水平，负荷拟合下的零售竞争会达到前一种类型的 Ramsey 投资水平，并扩大后一种类型的投资规模（高于 Ramsey 水平）。因此，零售竞争会使实时电表总投资高于 Ramsey 水平，考虑到负荷拟合下零售竞争产生的低效率，这一投资水平是社会最优的。从另一角度看，对电表投资提供补贴也就缺乏根据。

（5）整体断电问题。面对整体断电问题，一般而言，限电对应网络上的一个节点，即一定地域范围内的所有用户。在零售竞争背景下，限电区域内可能存在多个售电商竞争，而且限电用户的偏好不同。这就意味着，价格敏感型用户可能与价格不敏感用户一起被限电，售电商无法根据不同用户的偏好来进行差别性限电。系统运营机构只能根据限电区域内的所有用户对可靠性的整体支付意愿来做出限电决策。

如果电力用户只包括工业用户和零售用户，且零售用户由单一零售商垄断，那么系统运营机构（Ramsey 计划者）可以利用标准的公共品机制来决定不同区域的优先权，并用这一信息来实现次优配置计划目标。不过，零售竞争在发现用户对可靠性的支付意愿方面存在较大问题，因为售电商会隐瞒其所服务的消费者对可靠性的偏好，并希望搭其他售电商的"便车"。而且，这种情况下的零售竞争均衡价格还是等于平均批发成本价格，零售竞争无法实现 Ramsey 最优配置。

（四）现实的竞争性电力市场

电力市场最优配置无疑是市场化改革的基本方向，同时，更重要的是，理解有效建立竞争性电力市场所需要的条件，即存在哪些市场失灵。电力和电网的特殊性质及由此决定的系统可靠性要求、实时掌握用电量和消费者实时响应所面临的困难、精确限电所面临的约束，以及系统运营机构所具有的自由裁量权等，都使竞争性的批发和零售市场机制难以实现有效的资源配置。

二　电网投资模式与规制理论

总体来看，电网投资模式分为两种：一种是完全由市场驱动的电网投资，即商业投资（Merchant Investment）模式；另一种是受到严格（激励）

规制的电网投资，即规制投资（Regulated Investment）模式。两种模式各有利弊，Hogan，Rosellón 和 Vogelsang（2010）提出混合的投资模式。Tirole 的理论重点考察了商业投资模式所依赖的严格假设，分析了电网的物理特征和经济特征对投资模式的影响，强调单纯依赖市场驱动的激励无法实现有效投资。

（一）商业投资模式的制度背景与基本含义

商业投资模式以自由竞争、市场准入、多元产权，以及输电服务的市场定价为基本特征（Hogan，1992；Chao，Peck，1996；等等）。作为对投资电网容量的回报，商业投资者会获得电力容量的产权，以获得按节点价格差计算的阻塞收入、回收投资和运营成本。支持这些基本特征的关键制度背景包括：实施节点定价或节点边际定价制度、独立系统运营机构（Independent System Operator，ISO）运行实时平衡市场、配置输电容量、形成节点价格、电网所有权功能与系统运营功能分离。

商业投资模式要求电网所有权功能与系统运营功能分离主要基于三个方面的考虑。第一，商业投资使电网所有权结构多元化，即便不同所有者能建立一种合作组织来运营电网，也无法避免固有的目标冲突，特别地，这一组织会面临复杂的治理问题（Hansmann，1996）。第二，如果电网所有者的收益与阻塞租金直接相关，那么系统运营机构可能会利用自由裁量权操纵所有者获得的租金，其通常通过持留输电容量来增加电网所有者获得的阻塞租金。第三，电网所有权功能与系统运营功能分离可能有助于解决发输配售完全一体化下存在的一些问题。

虽然多数研究电网投资模式的文献未区分电网投资类型，但商业投资不可能适用于所有情况。总体来看，电网投资分为电网升级（Network Deeping）和电网扩张（Network Expansion）。电网升级以现有网络为基础，在网络实体和系统运行方面都与现有电网所有者的网络密不可分。对于电网投资，在位电网所有者进行的投资最高效，这是因为，第一，在商业投资背景下，分散的所有权会带来严重的激励问题，而且电网设施的异质性会提高激励的难度，即便能设计出有效的激励机制，制定和执行激励合同也仍是问题；第二，电网升级产生的新容量在初始所有者和新投资者之间进行配置时会面临严重的团队道德风险问题，从而难以制定有效的第三方投资者接入政策；第三，商业投资者掌握的关于电网升级需求的相关信息，显然要少于初始所有者。因此，商业投资模式只可能适用于电网扩张。

Hogan（1992）、Bushnell 和 Stoft（1996，1997）的研究已经表明，在特定条件（除 Nodal 定价外，还包括无规模经济、阻塞权满足可行约束、电力批发市场无市场势力、合理的产权界定、完备的竞争性远期市场、充分的信息等）下，所有获利的电网投资都是有效投资。这个很强的结论将棘手的电网投资问题转变为只需要一个以产权为基础的市场机制就能够完全进行简单配置的问题。这一理论的"迷人"之处在于强调，只依靠自由竞争和市场准入就能够有效引导电网投资，所有投资风险和成本都由投资者承担，而且不需要面对规制垄断模式下的规划和规制问题。但问题在于，这个结论所依赖的假设太强了。

（二）电力批发市场与电网投资

商业投资依赖 Nodal 定价的准确性，进而依赖电量市场的完美性。但现实中，不完美的电力市场特别是批发市场无法向商业投资者提供准确的价格信号，比如市场势力、价格上限规制以及系统运营机构的自由裁量权等。

1. 电力批发市场中的市场势力

电力批发市场中的市场势力会使节点价格偏离有效水平，导致电网投资面临过度激励或激励不足的情况，具体取决于市场势力的分布结构，我们可以通过一个两节点模型来具体说明。如果电力输入受限区域的电厂具有市场势力，那么输电容量增加会产生两种效应：第一种，垄断厂商会使用市场势力，持留更多发电容量，从而提高电力输入受限区域的电价；第二种，电力输入受限区域的电量消费水平会因输电容量的扩大而提高。在一般性的 Cournot 行为假设下[①]，第一种效应会强于第二种效应，最终会使垄断厂商获

---

① 在电力输入受限区域，垄断厂商与输电容量之间实际上构建了一个双寡头 Cournot 格局，只需要假设垄断厂商的反应曲线向下倾斜即可，即当输电容量（及输电量）增加时，垄断厂商会降低发电量。

得更多的阻塞租金，从而过度激励电网投资。如果电力输出区域的电厂具有市场势力，那么电力输出区域价格的提高会减少阻塞租金，从而使电网投资激励不足。

2. 政府的价格上限规制

现实中，无论是出于抑制市场势力的考虑，还是供求关系紧张导致市场无法出清，规制机构往往会针对电量价格进行上限管制。当价格保持在上限水平时，即便市场势力能够得到有效抑制，真实的价格信号也已经被扭曲，因为支持投资的租金主要出现在短暂的时间内，相应地，投资激励严重不足。

3. 系统运营机构的自由裁量权

单纯的电力市场无法（在系统可靠性约束下）对快速变化的供求条件做出实时响应，从而成为一个不完备市场（Wilson，2002），因此系统运营机构必定需要用一些强制管理措施代替市场价格以平衡供求，并自由裁量应对运行备用缺乏或稀缺（供求趋紧）时所做出的响应的准确性质。正如Patton（2002）所表明的，当供给紧张时，系统运营机构往往会压低市场出清价格。因此，市场价格传递的投资信号必然受到系统运营机构自由裁量权的扭曲。

综上，无论 Nodal 价格由于何种原因偏离有效水平，投资激励都无法面对正确的经济信号，而且，阻塞租金集中的时间段恰恰是价格最容易扭曲的时间段。

（三）电网投资性质、策略行为与电网投资

支持商业投资的研究几乎均假设电网投资不存在沉没成本或资产专用性，不存在规模经济或投资不可分性。显然，这一假设与电网投资的真实性质相去甚远，特别是电网扩张投资往往具有不可分性，也就是说，随着输电容量的增加，新线路的平均成本递减（冯永晟、马源，2008；Baldick，Kahn，1992）。

1. 事后阻塞租金与增量社会剩余

电网投资的不可分性会使电网输电容量出现一次性跃升，而非连续增加，这就造成事后阻塞租金少于增量社会剩余。由于电网投资减少了阻塞租金而增加了社会剩余，商业投资者只能得到部分事后阻塞租金，而非全部增量社会剩余，因此，商业投资者面对的投资激励便会不足，商业投资无法达到有效水平。自然地，如果将所有增量社会剩余都给予商业投资者，那么投资激励会得到修复。但相应的激励设计既需要关于供求曲线的完备信息，又得考虑如何实现商业投资模式衔接，这并非易事。

2. 先发制人的占位博弈与电网投资

电网投资的不可分性和投资机会的稀缺性会在商业投资者之间形成占位博弈（Pre-emption Game）。面对稀缺的电网投资机会（比如输电走廊有限），商业投资者会采取先发制人的策略，通过率先沉淀小额投资以先占输电通道，后续再追加投资，从而阻止竞争对手进入，这时，即便其他商业投资者的效率实际更高，其也已经丧失了投资机会。因此，有效投资容易错失时机。此外，从社会福利角度来看，一次性完成所有投资比分阶段投资更优，这是因为如上所述，增量社会剩余多于事后阻塞租金。商业投资者的占位博弈使一次性投资策略缺乏成本优势，最终，投资规模可能过小。

类似地，占位博弈存在于电网商业投资者与电厂投资者之间。对本地电力市场而言，输电投资（远方的电）与电源投资（就近的电）之间存在替代或竞争关系。但由于电网投资的不可分性使电网设施的审批和建设周期均较长，而电厂的审批和建设速度快得多，因此，电网投资极易受到电厂投资者先占行为的不利影响。这时，即便电网投资项目的社会效益更高，也仍无法实现。

3. 后发制人的消耗战博弈与电网投资

与占位博弈中的替代关系不同，电网商业投资者之间可能存在互补关系，从而产生后发制人的消耗战博弈。具体而言，每个商业投资者都希望对方先行动，再确定自己的投资线路，这样就会使自己的投资线路成为整条输电线路中的"瓶颈"部分，从而获得全部阻塞租金；相反，若自己先投资就会被其他投资者"算计"，将得不到任何租金。这表明，尽管商业投资模式给予投资主体自由决策权，但损失了电网投资者之间的协作经济，从而影响最佳投资时机和有效投资水平。

4. 科斯定理是否能解决上述问题

根据科斯定理，电网投资不可分性带来的上述问题可以通过利益相关主体之间的事后谈判（科斯谈判）得到充分解决，但实际上，科斯谈判可能会因面临许多难题而无法达到有效结果。比如，谈判必然产生交易成本，谈判主体多，交易成本就高；谈判主体面对不对称信息会提出过高要求，从而导致谈判破裂；在未来谈判者（电力投资者、用户代表）缺位时，其利益无法在谈判中体现；谈判胜方的权利不具有非排他性，无法防止"搭便车"行为；谈判败方会设法"贿赂"胜方，即便这种行为能够实现事后的有效性，但事前也会扭曲投资激励——败方的有效投资会被抑制。理论上，将科斯谈判从事后挪到事前，即签订长期合同会避免这些低效率行为，但这样会带来新的问题，比如前面提到的相关谈判主体缺位问题，以及长期合同的进入壁垒效应等。

总之，科斯定理难以有效解决因电网投资特征和商业投资模式而产生的策略性投资行为和投资低效问题，而更加集中的决策过程（相对于分散化的市场）能够通过激励机制，促进激励相容，避免这些不利影响。

（四）输电容量的权利界定与电网投资

针对商业投资的分析往往假设输电容量非随机，可以明确定义，但实际上，输电线路的真实容量不仅取决于温度等外生环境因素，还取决于系统运营机构在定义和实施系统安全约束时行使的自由裁量权，以上两方面因素均影响实时潮流分布。此外，即便运行良好的系统也会面临随机故障的冲击。真实容量的随机性使商业投资模式面对一些难以有效解决的问题，比如，如何确定配置给现有投资者的输电权数量？新投资造成事前配置的输电权数量与事后系统的真实容量不一致，使阻塞收入出现不足或盈余，对此应如何补偿不足和分配盈余？相关办法如何影响投资和系统绩效？等等。商业投资模式定义的非状态依存，即固定输电容量权及相应的剩余配置规则难以有效激励投资，即便用下述调整方式也无法修复投资激励。

1. 阻塞收入不足或盈余的处理与电网投资和使用

考虑到自然状态的不确定性后，输电权数量可能被定得过高或过低，因而阻塞收入可能出现不足或盈余。输电权的配置对投资激励的影响取决于补偿收入不足和分配收入盈余的方法。最直接的方法是让所有用户分摊收入差异的税收（补贴）法。不过，税收（补贴）法难以提供正确的投资激励，即便是一次性总税收（补贴）也仍会带来扭曲：输电权定得过多会造成过度激励，定得过少会造成激励不足。

如果确定合理的从价税（补贴），那么只要调度是有效的，最终用户的电网使用行为就不会受到输电权数量的影响，因为有效调度表明在每种自然状态下，节点的含税（补贴）价格都意味着线路得到了有效利用。不过，这种税收（补贴）制度比较复杂，需要针对每种自然状态设计相应的税收（补贴）。

2. 商业化剩余的分配与电网投资

即便转变思路，不是通过处理阻塞收入的不足或盈余，而是通过分配商业化剩余来修复投资激励，商业投资模式也仍然存在问题。

在非状态依存输电容量权定义和等比分配规则下，如果权利的分配不反映期望容量，那么投资激励很可能被扭曲：新投资者获得的权利份额过低，而无法激励投资。因此，固定输电容量权下的分配规则需要根据期望容量确定。即便如此，商业投资仍难以提供有效激励。利用金融领域的资产定价模型就可以得到根据相对收入份额（而非绝对数额）分配商业化剩余的规则。从这一规则可以看出，传统的固定输电容量权和简单的等比分配规则忽略了电网投资中的多样性收益。由于新投资线路提供的避险或保险功能强于现有线路[1]，即当输电容量稀缺时，新投资线路的容量贡献份额相对更高（相对于按期望容量计算的固定权利份额），那么按期望容量计算的固定权利份额会导致对这类投资的激励不足。

3. 环流特征下的输电容量权界定与配置

考虑环流特征后，输电容量权的定义和配置会面临更多难题。第一，难

---

[1] 从理论上讲，有些线路的可用性与影子价格的协方差绝对值小于现有线路的可用性与影子价格的协方差绝对值。比如，如果一个经常面临恶劣气候影响的地区要在现有输电通道基础上增加新线路，那么地下的直流输电线就要优于架空的交流输电线。

以定义新投资形成的容量及相关金融权利；第二，系统局部故障对系统容量、市场价格的影响会更加复杂，众所周知，新增容量可能会降低社会剩余，单条线路容量与系统容量可能无关等；第三，微小的投资不再具有"边际"特征。

Hogan（1992）提出，在双边交易合同的所有可行物理组合（不违反电网约束）集中，可以定义具体的"容量/权利"组合，并（初始）分配给各类市场主体，所分配的权利就成为持有者拥有输电容量的产权，其可以在二级市场流通。当出现新投资时，可行双边交易集的边界以及点对点"容量/权利"组合的分布形态都会发生变化，于是新增投资就可以转化成增量输电权。这些分析建立在三个基本假设之上：第一，不考虑可行双边交易集参数的不确定性，于是可以明确定义初始可行双边交易集及其边界变化；第二，可行双边交易集本身不随外生变量变动；第三，可行双边交易集的前沿变动不会使任何原来可行的"容量/权利"组合变得不可行。

但无论是在理论上还是在实践中，以上假设均难以成立。第一，可行双边交易集定义面临不确定性。系统运营机构在定义和进行安全约束时行使的自由裁量权会影响实时潮流分布和系统故障风险；而且，定义可行双边交易集时需要选择潮流模型（对真实网络的近似），不过模型反映的"可行"与实际的"可行"会存在差异，特别是当无功和电压约束非常重要时，这种情况更为明显。第二，可行双边交易集及对应"容量/权利"组合会受外生环境变量影响。当然，只要描述出可能的自然状态，Hogan 的基本结论就可以扩展到状态依存的情形，但这种扩展需要考虑大量可能状态并定义大量状态依存型权利。在这种情形下，交易成本过高、市场厚度不足、二级流通市场存在市场势力等问题都会影响这一制度的有效实施。第三，显而易见，除非在放射性网络中，否则电网扩张必然产生新的可行配置并使部分原本的可行配置变得不可行。

在具有环流特征的电力网络中，只有状态依存型输电权才能提供合理激励，非状态依存型输电权无法反映新增投资的状态依存价值；而且，商业投资模式依赖竞争性的二级输电权市场，因此，定义和实施清晰的、一致的容量产权制度极其困难。由于难以定义产权制度，商业投资模式难以像"看不见的手"那样引导有效投资。

（五）所有权和运营权的相容激励与电网投资

商业投资模式依靠阻塞租金回报投资者，这就要求阻塞租金的确定和度量必须是公正的。同时，由于真实输电容量具有随机性，输电容量权数量的确定（及由此决定的阻塞租金）必然依赖系统运营机构的自由裁量，因此，在商业投资模式下，为避免利益冲突，系统运营功能更可能独立于其他功能，特别是电网所有权功能。但是，这种分离会产生另一个严重问题：团队道德风险。因此，商业投资模式由于忽略了 ISO 面临的激励问题而扭曲投资激励。

电网的所有权和运维功能与系统调度和可靠性决策是相互依赖的。电力系统的产出（电力服务）既取决于由所有者负责的线路质量、维护状态和容量充裕度等（这是物理基础），也取决于系统运营机构的电网管理质量（要保持电网的可靠性和安全性）等（这是使用方式）。由此带来的团队道德风险会使各主体的责任难以明确，比如，系统故障和市场异常的产生既可能是由于实体网络的物理缺陷，也可能是由于运营调度的决策不当。具体而言，系统故障既可能归咎于线路疏于维护，也可能归咎于调度失误；较高的电力价格既可能是由过度保守调度导致的异常波动，也可能是实施最优调度的合理结果。[①]

因此，系统运营机构面临的激励是一个重要问题。比如，假设系统运营机构倾向于采取保守调度策略，即更担心系统故障的风险——系统故障带来的惩罚高于更多输电量带来的收益。于是，ISO 会更加鼓励进行电网投资，因为更多输电容量会降低 ISO 的风险。在这种情况下，ISO 对新增线路的使用并不充分，这就使容量约束的影子价格高估新增投资的价值，最终造成阻

---

① 商业投资者之间也存在潜在团队道德风险。只有当商业投资者保留所拥有的电网产生的阻塞租金时，商业投资激励才能更好地与公共利益保持一致。那么，当输电线路的容量分属不同所有者时，相同的容量价值可能会通过电网各组成部分的多个所有者采取不同质量规格来实现。于是，解决这一团队道德风险问题实际上就变成了在不同所有者之间配置容量和阻塞租金的问题（见前文的分析）。

塞租金过度激励商业投资。这表明，不考虑 ISO 面临的激励问题，就无法合理分析商业投资模式，当然也就无法合理分析规制投资模式。

总之，如果电网所有权功能与系统运营功能分离，那么所有者和系统运营机构之间必须建立起一整套激励相容约束机制来避免以上低效率行为，但这一工作的难度非常高。相反，电网所有权和系统运营的纵向一体化会避免这些激励问题，而且如果电网所有权能够与发电和售电环节都分离，那么这将是一种更好的组织结构。

（六）远期市场、规制承诺与电网投资

如前所述，商业投资模式更适用于电网扩张，这类投资的周期往往很长，因此关键性投入，比如融资、时机和审批等，均可能面临较大的不确定性和风险。

1. 融资便利性与融资风险

商业投资者需要承担较高的长期风险，为了获得融资，其会分流一部分风险。其中一种方法是与发电商和售电主体签订长期合同，让发电商和售电主体既承担价格波动的风险也承担合同风险。但是这种长周期的远期合同的市场还不完善，会使商业投资者面临融资困难的情况。

2. 短周期投资项目的可信度

如前文对占位博弈的分析，电力输入受限区域的电厂投资者会利用建设周期短的优势，挤掉电力输入受限区域与电力输出区域之间的电网投资项目。而且，如果电网投资的大部分沉淀成本集中在建设开始阶段（比如 2 年后）出现，那么即便商业投资者投入了前期（前 2 年内）成本，一旦竞争性电源开建，电网投资者就会取消投资。如果商业投资者事前预期竞争性的电源项目，而且该电源项目很可信，那么其甚至不会进行任何投资。

3. 规制的不确定性与机会主义

政府和规制机构对电网投资项目的营利性具有重要影响。比如，规制机构首先会影响到电网投资项目审批的成功率。对于电网建设，规制机构还会考虑如何确定配置给商业投资者的输电容量权、如何确定现货市场的价格上限、如何确定 ISO 的激励，以及如何推动商业投资与电网投资并存的项目，这些会影响到商业投资者的长期收益，特别是规制机构的政策变化可能会使电网投资面临较大的收益风险。

当然，在短期内，相对稳定的规制环境（在规制机构的任期内，规制者会考虑其权威和信誉）会在一定程度上制约规制机构的机会主义行为。但规制机构的长期承诺未必对商业投资有利，因为规制者会更替，规制政策会变化。这也即易受规制政策影响的长期投资往往是由国有企业或受成本加成规制的公共事业公司承担的原因。

（七）现实的电网投资模式

从现实考虑，我们不可能仅依靠竞争性的商业投资模式来为电网基础设施提供有效投资，以支撑竞争性的电力批发市场。实践中似乎应该采取一种折中的态度：既要设计出能够激励受规制电网企业实现有效投资和运营的规制机制，又要在商业投资效率更高时，鼓励进行商业投资，并将两种投资模式的共同收益传递给消费者。

三 对中国电力体制改革的启示

新规制学派电力市场理论对中国电力体制改革的理念具有重要的影响。

（一）电力市场化改革需要理论指导，已不能"摸着石头过河"

在5号文推动厂网分离与主辅分离领域取得显著进展后，中国电力体制改革在关键领域（市场交易、电网治理、政府监管体制等）再无实质性进展。造成这种局面的因素是多方面的，其中缺乏深入的理论研究无疑是最基本的因素之一。实际上，5号文透露出的改革思想主要来自国外电力体制改革的经验和教训，及国内多家机构办电以及改革试点的经验。[①]

国外的真实情况是电力市场化的成功改革均由理论创新肇始。智利电力市场化改革由主张放松规制和私有化的一群"芝加哥男孩"（经济学家）推动；塑造现代电力市场组织结构的思想源自 Joskow 和 Schmalensee

---

① 至少从笔者所掌握的文献来看，在2002年之前，像"输配分离"等具有全局性影响的重大判断缺乏任何理论研究的支撑，对中国电力产业适用性和可行性的研究更是空白。

（1983）；电力竞争的核心机制建立在 Bohn（1982）等的电力现货市场理论基础之上；输电容量资源配置机制的重大变革则来自 Hogan（1992）——被认为最成功的 PJM 竞争性电力市场的每次制度创新都有先进理论的指导。

正如 Tirole 所主张的，针对一个产业或一个国家的分析结论绝不能转移到另一个产业或国家，其电力市场理论同样秉承这一理念，这恰恰是把经济理论与电力改革政策、实践紧密结合的典范。所以，真正的国际经验与教训应该是不要过分地倚重国际经验和教训，进一步地，电力体制改革已不适合"摸着石头过河"，没有深入的理论研究就无法理解电力的复杂技术特征与市场化的资源配置机制有效结合的方式，也无法建立适合国情的新型电力体制。

在关于中国电力体制改革总体目标的讨论中，理论界和政策界似乎在建设竞争性电力市场上达成了一致意见，困难和分歧主要来自推进方向和路径方面，即应该改哪些内容，以及先改哪些，后改哪些等。实际上，这些问题最终仍归结到如何理解"竞争性电力市场"上。Tirole 的理论让我们能够更加清晰地认识电力市场及电力市场化改革的性质和特点。

（二）电力市场化改革应改革激励机制而非调整利益格局

市场化改革要改变低效的电力资源配置机制，通过竞争和规制改变市场主体的激励机制，提高成本效率、配置效率和动态效率。遗憾的是，在有关中国电力体制改革的争论中，公平诉求的声音似乎远远高于效率诉求。许多市场主体（特别是发电企业）所希望的是在现有利益格局下扩大自身市场份额，而非进行资源配置方式的根本变革，因为相对于电力竞争产生的不确定性，发电企业更愿意保持单一买方下的稳定性。同时，由于中国电源结构以煤电为主且发电用煤份额不断提高，因此煤炭产业的公平诉求也会传递到电力产业，同样地，其希望的也是扩大稳定份额，而非看到电力竞争。[①]

这并非否定公平的重要性，而是强调从改革的事后意义上看，提高效率

---

① 许多国家的改革实践表明，竞争性电力市场会压低投入要素的价格，特别是煤炭的价格。

与促进公平具有高度一致性，比如，成本低的电厂得不到优先调度，VOLL
很高的用户被限电，社会价值很高的电源和电网投资得不到批准，都意味着
潜在的高效率市场主体受到不公平的对待。因此，改变电力资源配置机制在
提高效率的同时也必然会满足公平的诉求。但是，公平的诉求所驱动的电力
改革方案往往容易沦为利益再调整的方案，难以朝着促进竞争的方向改善激
励机制。[①]

诚然，激励机制的调整必然导致利益格局变化，但改革着眼点是放在激
励机制上还是利益格局上，对应的改革路径大不相同。对非完全竞争结构的
效率评价取决于市场主体是否面临有效激励。比如，电网基础设施无论纵向
拆分还是横向拆分都会改变自然垄断属性。即便假设拆分改革不会产生任何
额外成本（比如，纵向经济、协作经济损失），拆分后的运营和投资激励是
否会改善也仍是问题，由大电网变成小电网是否会改变垄断性质、小电网使
用市场势力的激励是否小于大电网、监管机构监管多个电网是否比监管单一
电网更有效率等问题被以利益调整为导向的改革方案所忽视。

在 2002 年厂网分离时，厂网的结构拆分与竞争性电力市场建立就未能
同步。[②] 正如 Bohn，Golub，Tabors 和 Schweppe（1984）所指出的，发电侧
竞争应在现货电力批发市场中引入，但中国的所谓发电侧竞争仅仅是有限的
投资竞争，竞争性电力交易无从谈起，时至今日，问题依旧存在。之所以出
现这种情况，是因为改革决策者一直把改革问题理解为利益的再平衡——
"利益集团" 说极有市场。但问题在于，拆掉 "利益集团" 后，决策者要依

---

①　反之，改革如果以公平为主要驱动力，则会面临两个难以克服的困难：一是改革方案难以
　　成形出台；二是改革方向和路径容易扭曲。从利益分配的事前角度讲，"公平" 的认定极
　　其困难，利益相关主体很难达成一致意见——阿罗不可能定理发挥几乎无法抗拒的作用。
　　无论采取何种公共决策机制（民主投票或者独裁），认定 "公平" 都要面对巨大的反对力
　　量。而且公平驱动改革往往难以保障效率，比如，长期固定的低电价政策在居民用户看
　　来 "最公平"，但扭曲了用户消费决策和发电商的运行投资决策，最终将损害社会福利。
　　公平驱动型改革最终无法保障公平且易受平均主义和其他政治顾虑的影响。
②　当然，各区域进行的竞争性电力市场试点可以看作协调推进结构改革与机制设计的尝试和
　　努力，遗憾的是，这些试点虽然类型各异，但本质上均是在现有体制下针对不同交易规则
　　的 "试验"。这些试验被控制的条件过多，难以真正触及支撑市场交易的激励机制，几乎
　　不可能成功。

靠什么来维持利益平衡的局面，又如何防止旧利益集团重生或新利益集团兴起？更关键的是，靠什么来维持效率和社会福利？所以，以利益调整为导向的改革方案治标不治本。

电力体制改革治本就要从激励机制入手，由此产生的改革路径完全不同。简单来说，建立竞争性电力市场就是要促进交易竞争；在市场已经存在众多发电企业的条件下，在售电环节与电网环节进行必要的结构重组（未必是所有权拆分）；改革重点在批发市场的设计和规制上——针对"垄断"对症下药。而输配分离或横向拆分等观点的主要效果是把单一垄断变成垄断链或把全局垄断变成区域垄断——利益平衡的背后是"垄断"低效的持续存在。

总之，重在利益调整的结构拆分既非电力市场实现有效激励的必要条件，也非充分条件。除非能证明在现有组织结构下，市场主体面临的激励再无改善空间，否则结构拆分不宜成为首选方案。而且，电力市场的结构拆分的成本巨大（冯永晟，2010）。Tirole 指出，拆分主体之间可能存在紧密的技术经济联系，能够让它们激励相容的机制更为复杂且难以实施。寻求已有结构下的激励改善空间，或许是更加合理、更加经济和更加稳健的改革路径。

（三）市场化改革与规制改革是同一枚硬币的两面

中国电力体制改革确定的基本目标之一是打破垄断，但对这一目标的理解一直存在分歧，这直接导致市场化改革误入歧途，具体体现在以下两个方面。第一，中国电力体制的垄断问题非常复杂。在中国，电网企业的垄断几乎代表整个电力市场的垄断——除发电外的各种商品（或服务）都是电网企业的内部业务；电网企业"垄断"所有用户，并向其提供单一服务（用电服务）。因此，毫无疑问，打破垄断就是打破电网企业的垄断。但这似乎仅能表明垄断主体是电网企业。垄断作为一种基本市场结构，是针对一种商品（或服务）而言的，这一点却被许多观点（有意无意地）忽略了。其结果是，将打破垄断与拆分电网企业画上了等号。但真实情况并非如此。

首先，从垄断的种类和性质来看，并非所有垄断都适合拆分。总的来看，电网企业拥有三种垄断：对电网资产的垄断；对电网运营的垄断；对电力交易的垄断。前两种属于自然垄断，无论是纵向拆分还是横向拆分，都不会改变其经济属性，因而打破垄断无从谈起。电力交易从技术经济特征上讲不具有任何垄断性质，不应该被电网企业垄断——市场化就是要形成多买多卖的竞争性结构，从而成为打破垄断的突破口。

其次，从三种垄断之间的关系看，现有电网治理结构面临效率与问题并存的情况，拆分改革难以做出有效权衡。一方面，当电网治理结构有必然性和合理性时，电网企业垄断三种职能，实际上面临"剩余索取者"的强激励，在电网发展水平低、电力产业发展不平衡的历史背景下，这极大地促进了电力产业和国民经济的快速发展。另一方面，电网企业的两大收益来源（电网投资收益和电力交易收益）因此混同，电网投资长期搭电力交易的"便车"。① 输配分离和调度独立等电网企业拆分方案既会破坏原有的高效激励机制，也无法解决"搭便车"问题，只不过改变了相同问题存在的领域。

第二，中国电力体制的问题源于规制机制的低效。Tirole 的理论表明，单纯的竞争性电力市场既存在一般性的失灵，也存在电力产业特有的失灵，它们遍布电力交易、系统可靠性、电源和电网投资等各个领域。从这个角度讲，中国现有电力体制在缺乏市场效率的同时，也规避了市场失灵，那么在建立竞争性市场的过程中，市场的出现必然伴随着市场失灵，忽略这一点，就无法协调改革规制机制，从而无法有效释放市场竞争的效率。

目前的电力体制改革观点过分聚焦电网的垄断问题而忽略竞争性电力市场中交易双方的势力问题，特别是电厂的市场势力。那么即便我们假设拆分能够有效打破电网垄断（限制电网势力向电力交易环节延伸），但这能解决电力交易中的市场势力问题吗？从国内发电侧的市场集中度和区域市场分割情况来看，潜在的市场势力问题非常严重。② 更重要的是，市场势力的表现

---

① 于是，电网企业内部不可能有动机厘清输配成本，从这个意义上讲，核算输配成本仅是被动的选择。

② 当然，反垄断制度也要发挥重要作用，反垄断对规制是一种补充，并非替代，而且，目前来看，中国的反垄断制度建设还比较滞后，难以有效发挥作用。

形式非常复杂，受多种因素影响，除网络拓扑结构、市场主体布局等客观条件外，还包括主体的策略性行为、市场交易模式、阻塞管理制度等。特别地，市场交易模式和阻塞管理制度均是由规制机构做出的重要改革决策确定的。因此，除非规制改革能够协调推进，否则竞争性市场的改革根本无从谈起。

总的来看，中国电力体制改革的问题是由市场缺失和规制低效共同导致的，在一定程度上，规制低效甚至决定了市场缺失，因为长期以来，中国电力产业具有强烈的政府干预特征，而且主要是行政干预而非经济规制。

综上，中国电力体制改革必须理解垄断问题的本质，明确规制改革对于竞争性电力市场的重要作用。针对自然垄断环节，拆分只会增加改革成本和风险，相应的改革思路只能是加强经济规制；针对非自然垄断环节，即电力交易，则要通过合理的结构重组形成竞争性电力交易市场；针对竞争性电力市场中必然产生的失灵问题，规制机构必须创新规制方式以保障市场效率释放。因此，推进中国电力体制改革，必须在构建竞争性电力市场的同时推动规制改革。遗憾的是，电力监管体制建设严重滞后并制约市场化进程，由规制低效产生的问题尚未得到充分关注。规制效率取决于规制机制（及相应的制度环境），这涉及规制方法的选择、不同规制方法的配合，以及规制的权威性和独立性等。这些问题在以拆分为主要内容的方案下被垄断问题掩盖，所以即使拆分成功，真正的市场化也仍难以成功实现。

（四）售电侧体制改革应首先促进批发竞争而非零售竞争

一般而言，竞争性电力市场包括批发市场和零售市场。[①] Tirole 的电力理论虽然并未直接涉及电力体系的构建顺序，但清楚地表明，电力市场竞争的关键在批发市场，因为判断零售市场是否适合引入竞争及零售竞争的效率水平，均取决于零售市场能否把批发市场的稀缺性信号和竞争收益有效传递给消费者。

中国电力体制改革已经基本确定要促进售电侧体制改革。遗憾的是，国

---

① 尽管理论上这种划分并非绝对，但在现代电力产业中，发电商向最终用户（特别是中小用户）直接售电还面临技术约束和交易成本。

内理论界和政策界尚未准确理解售电侧的含义。有一种代表性观点认为，售电侧改革即放开零售市场准入，通过引入竞争性零售商促进零售竞争——零售商向电网企业竞争购电，并就服务用户展开竞争。但无论是从理论上还是从经验来看，这种竞争模式在中国都不可行。

美国和英国的电力经济学家在 21 世纪初展开了一场关于零售竞争的争论：一方以美国的 Joskow（2000）为代表，认为零售竞争的价格空间非常有限，主要传递现货批发市场的价格，零售商间的竞争领域主要在于如何向最终用户提供更好的增值服务；另一方以英国的 Littlechild（2000）为代表，强调零售价格竞争的重要性，指出 Joskow（2000）忽略了远期合同市场的作用，认为零售商在远期市场仍有很大的价格竞争空间。

考虑中国电力体制的实际情况，两方的论据均不支持中国首先推动零售竞争。首先，电力零售侧缺乏价格竞争空间。（1）在缺乏竞争性批发市场的前提下，零售竞争传递的信号仍然是规制价格，无法反映系统资源的真实稀缺性。（2）众所周知，终端电价结构面临交叉补贴的问题，价格竞争即便存在，也是一种针对优质用户（工业用户）的局部竞争。（3）中国电价水平整体偏低，市场厚度是否支持竞争本身就是疑问，更可能的是，放开后的零售市场仍将回归到垄断状态。其次，电力零售侧缺乏电力交易远期市场和契约环境。（1）零售竞争是在零售市场中用契约关系取代层级治理体系，在其他环节保持管制的前提下，这是在（竞争收益最低的领域内）构建孤立的竞争性市场交易机制，其设计本身就是巨大挑战。（2）即便机制能够设计出来，其能否实施和实施效果也难以保证。

针锋相对的两方的论据都不支持中国引入零售竞争，这表明中国远不具备进行零售竞争的条件。零售竞争的可行性和效率取决于竞争性的批发市场和整体的契约环境，这些才是中国电力体制改革需要推进和完善的。因此，售电侧改革是要放开电力市场交易，打通从发电到用户（或用户代表、售电企业）的价值链，还原电力的商品属性，形成批发加零售的市场体系，实现批发竞争。是否推进零售竞争，要视竞争性批发市场和其他制度环境的

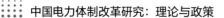

相关情况而定。

（五）构建电网管理体制应有新的思路

为了保证电网的有效投资和电力系统的可靠运行，电网管理体制应该在投资模式和调度体制改革上有明确的认识。

1. 投资模式的选择

讨论中国的电网投资模式，必须明确现有模式产生的积极效果和固有缺陷。一方面，现有电网投资模式确实促进了电网的快速发展，这对于保障电力供应和促进潜在竞争具有重要作用；另一方面，电网投资的资金利用效率确实不高，并存在电网过度投资和扭曲投资结构（比如过分关注高技术水平的投资项目及海外投资等）的问题，这可能扭曲电源投资。自然地，理想的改革模式应该是在保留积极效果的同时弥补缺陷。

如前所述，投资模式总体包括规制投资模式和商业投资模式。但是这两种投资模式的实际应用背景与中国的情况不同，因为它们均建立在竞争性电力市场基础之上。中国现有电网投资模式是缺乏竞争性电力市场支撑的规制模式。因此，中国电网投资模式的缺乏本质上仍要归结于缺乏竞争性电力市场，具体可以从以下三个方面分析。

第一，从加强投资规制来讲，电网投资低效率的原因之一是电网企业面临较低的成本约束和绩效考核，但是改革对资金利用效率的监管，涉及国有资本管理运营体制的改革，这在一定程度上超越了电力体制改革所能决定的范畴。

第二，从促进商业投资来讲，在缺乏竞争性市场的前提下，中国的商业投资不同于理论上的商业投资，主要表现为吸引民营投资进入原本由国有资本垄断的投资领域。关键问题是投资激励来自哪里，这有两个来源：一是政府确定的规制回报率，但正如 Tirole 所指出的，规制承诺会增加这些投资的风险；二是在位电网企业的收购预期，但由此引致的投资是否具有效率又成为一个疑问。

以上两个方面均是在现有电力体制下提高投资效率的直接手段，但都治标而不治本，从根本上说还是需要建立能够提供准确投资信号的电力市场机制。所以，在现有体制下推进商业投资实现利益再分配的意味非常明确，但效率水平难以保障。

第三，从促进市场化改革来讲，无论何种投资模式，若能受到准确的市场价格信号（反映电网容量的稀缺性）引导，那么都有存在的空间。因此，改革电网投资模式最终要归结到将电网的所有权功能与电力交易功能分离，防止电网投资收益与电力交易收益混同，这是改革电网投资激励的关键一步。

考虑到中国已有的电网规模（及由此决定的投资类型）和传统体制（规制模式），规制投资模式很可能仍是主导模式，但商业投资的空间将扩大。当然这仍有待深入研究。

2. 调度应该独立吗？

国内一种典型观点是调度不独立会强化电网企业的垄断地位。但是正如前文所分析的，问题是电网企业对市场交易功能的垄断。一方面，调度独立无助于放开市场交易，至少不会直接有利于市场交易（因为规制要发挥关键作用），反而会强化电网企业对交易功能的保留动机。另一方面，在市场交易放开的前提下，继续放开调度缺乏理论和实践支撑。在理论方面，Tirole 明确指出，除非能在调度机构和电网企业之间设计出有效的激励相容制度，否则拆分可能产生更多问题。在实践方面，即便被认为竞争程度极高的英国电力市场也未将调度权与电网企业分离，欧洲大陆国家普遍如此；美国虽然相对普遍地设立了 ISO 和区域性输电组织（RTO），但这与其历史形成的电网所有制格局紧密相关，ISO 和 RTO 是在尊重私有产权的宪法原则下扩大电力市场范围的特殊制度设计，并不具有普遍的适用性。

调度独立如果实施，那么要取得预期效果还取决于解决两个方面的问题。第一，如何确定独立调度机构的定位和职能范围，及其面对的激励机制；第二，如何协调调度体制改革与市场交易模式的选择。

就第一个问题而言，独立调度机构有三种定位：营利性机构、非营利性机构和受政府规制的下属机构。从美国的经验来看，其规制改革方案并未硬性确定调度机构的定位，但是从其政治传统来看，非营利性机构的选择更容易获得政治支持，从而被普遍接受。即便如此，调度机构面临的激励问题也无法回避，这背后需要强大的监管能力予以支撑。对中国而言，非营利性机构的定位是否合适仍有待深入研究。无论如何，推进调度独立都避免不了新机构成为具有强大谈判能力的又一垄断者的可能。它与只保留电网资产的电网企业，以及市场交易主体之间的关系极为复杂，特别是职能范围的界定将是一大难题，规制机构能否设计出并有效实施激励相容机制，将是极大的疑问。

就第二个问题而言，调度独立唯有配合市场交易模式改革才有意义，否则调度独立仅会增加协调成本。在美国电力市场中，ISO 和 RTO 在竞争性的现货市场和电网容量资源配置等方面发挥关键性作用。但在中国，所谓调度独立不过是电网短期管理职能的简单转手。这种转手能否促进模式的创新仍是疑问，特别地，没有竞争性交易市场的发展、新市场交易模式的建立和短期网络阻塞管理方式的变革，转手的唯一好处将仅仅是有利于现有电力产业中的利益再分配。

总之，正如新规制学派电力市场理论所指出的，调度权与所有权的一体化可能是最理想的组织结构，但中国电力体制改革对这一点的忽略恰恰说明，中国的指导思想仍是利益再调整型机制，而非改善激励机制。

四　结论

新规制学派电力市场理论具有丰富的内涵，强调市场机制在资源配置中的决定性作用，并注重分析市场机制充分发挥作用的条件，Tirole 特别强调推动市场化的经济理论与电力产业的特殊技术特征之间存在复杂的关联，这种关联对竞争性市场的效率会产生重要影响，并由此形成了对高效率规制的需求。因此，就改革角度而言，建立竞争性市场与完善规制是不能分割的。

第二节　如何理解中国电力体制改革
——市场化与制度背景

自 20 世纪 80 年代初以来，全世界一半以上的国家经历了电力市场化改革。这一世界范围的改革浪潮以提高效率、降低成本和改善质量为基本目标，形成了与不同制度条件相适应的多种改革路径和市场模式。大致同期，中国逐步改革高度集中的传统计划电力体制，并从 20 世纪 90 年代中期开始推进市场化进程。不过在 5 号文确定的厂网分离等改革措施取得一定成果后，我国对电力市场机制的探索一度非常缓慢，直到 9 号文出台，新一轮电力体制改革才重新启动。

不过新一轮改革是在理论界和政策界的争议声中推进的。造成这种局面的原因在于，一方面，国内理论界对电力改革问题缺乏深入研究，未能充分理解中国电改的本质和内容；另一方面，发达国家的成功电改经验被作为中国电改的主要借鉴，却常被误读和过度嫁接，反而造成更多认识误区。电力市场化改革有其普遍规律，也植根于各国的制度条件，所以全世界没有任何两个电力市场完全一致。尽管我们可以找出类型相近的电力市场，但其中的细节往往差异巨大。实际上，对中国来说有用的国际经验往往来自常被忽视的转型国家。这些国家大都采用过以发达国家经验为基础的标准电力市场模型，但电改的实际效果分化明显，原因即在于电力改革政策与经济转型的协调程度不同。

当然，虽然中国经济转型与这些国家经济转型的性质并不相同，但电力体制改革都是经济转型的一部分。在党的十四大确立了建立社会主义市场经济体制目标以后，电力体制改革开始加速推进。这一改革不仅是为了解决电力行业的发展问题，还是为了适应和支持我国经济体制转型，这表明中国电改同样是在经济转型背景下进行的。这就意味着，电改的视角无法囿于电力行业，电改不只是电力行业的市场议题。研究中国电改必须将电力市场建设的普遍规律与中国特殊的制度背景紧密结合起来。

本节就是要从经济学视角进行系统阐释，对于电力体制改革，必须从制度变革的角度出发才能找到正确的方向和路径。本节首先结合经济理论和国际经验说明构建竞争性电力市场的基本内容，即所有制改革、组织结构重组、竞争性市场机制设计、规制改革等方面的政策；然后剖析中国电力体制改革所处的特殊制度背景；接下来阐释中国电力体制改革的内容，说明对国企改革红利与市场竞争红利的权衡是中国电力发展的驱动力量；再接着评析比较了 5 号文和 9 号文的改革本质；最后得出结论。

一 构建竞争性电力市场的基本内容

电力市场化改革就是令市场在电力资源配置中发挥决定性作用，准确地发现电力的社会价值，引导市场主体有效生产、有效消费和有效投资。电力难以大规模、经济性地存储，必须依托电网连接电源与负荷，生产和消费必须在同时完成，系统必须保持频率和电压稳定以保证电能质量。电力商品是多种服务实时组合形成的复合商品，电力成本的变化受众多随机变量影响，具有时变性，必须依靠集中的系统运营机构才能准确且有效地发现。这些特殊性质决定了，普通商品市场的竞争逻辑无法直接嫁接到电力市场。即便在最理想的假设条件下，充分的双边交易也难以发现真实的电力成本，也就是说，生产者和消费者即便直接见面，可以选择任何交易模式，也无法令市场价格达到有效水平，即市场价格无法等于系统边际成本[①]，甚至无法实现市场出清。因此系统运营机构的角色和功能在电力竞争中具有关键性作用。其作用就是代表市场供求两侧有效地发现系统边际成本，并令市场价格等于这一系统边际成本。如果系统运营机构能够有效发挥这一作用，那么即便市场无法出清，也仍会实现特定均衡，这是效率和福利最大化的结果。

因此，"市场价格等于系统边际成本"这一有效竞争的基本经济原理在电力市场中具有完全不同的表现形式，必须由系统运营机构代表所有市场主体进行电力边际成本定价，令市场价格等于系统边际成本，从而实现效率和社会福利的最大化。而问题的难点在于电力市场竞争不会自发形成，竞争的引入和维持必须依赖系统科学的改革政策。从经济理论和国际经验来看，这些政策至少需要涉及以下几个方面（Hunt，Shuttleworth，1996；Chao，Huntington，1998；Newbery，1999；Joskow，2003，2008；Kessides，2004；

---

① 当然，不同市场主体面临的系统边际成本可能并不相同。

Griffin，Puller，2005）。

（一）所有制改革

所有权本身是对企业与市场边界的划定，所有制改革是支撑竞争性电力市场的基础之一。在世界范围的电力市场化浪潮出现之前，各国电力行业均被认为是自然垄断的。各国电力市场针对自然垄断的治理方式并不相同，有的采用国有化方式，有的采用管制方式。随着电力行业技术经济特征的变化，发电领域的自然垄断属性消失，进行国有化的国家发现，继续维持国有化已经难以适应效率和社会福利水平提升的要求，于是私有化方式成为重要改革措施。国外各电力市场普遍存在过国有企业，其或多或少具有不同程度的私有化特征。

国外电力行业私有化的前提是国有电力企业的低效率。国有电力企业经营并非以市场为导向，往往面临扭曲的经营激励，容易追求高成本的政治性或政策性目标，比如，促进就业、落实宏观政策、承担再分配职责，支持国内一次能源和装备制造业发展等，这就导致国有电力企业往往存在成本高企、效率低下、服务落后的问题。就国有资产的运营角度而言，国有资产的利用效率非常低，而其融资约束却非常宽松，极易造成国有资产隐性流失。因此，国有电力企业往往容易成为政府财政的负担，从而成为私有化改革的对象。

当然，电力私有化在不同国家的实施程度并不相同。只有长期保持国有化电力市场的国家才能采取比较彻底的私有化措施，比如，英国的英格兰和威尔士对整体电力行业进行了私有化，同时，很多国家仍保持国有传统，比如，瑞典仍保持电网环节的国有化，法国仍保持整个电力系统的国有化。在私有制占主体的电力市场，改革的起点和重点往往并不是私有化，比如，在20世纪80年代初时，美国私人投资的发电容量占总发电容量的比例约为80%，且结构分散。在联邦制国家，各级政府对私有制的要求不一样，这在美国和德国均表现得非常明显。对发展中国家而言，电力行业的私有化程度更是差异巨大。像英国这样的进行极端私有化的国家比较少，多数国家表现为通过授权经营或绿地投资的形式允许私人资本进入传统的国有投资领域，所以，我们经常看到国有资本和私人资本在电力市场中共存。

国有资本和私人资本在电力行业中普遍共存反映出私有化本身并不是提升社会福利水平的充分条件，单纯的私有化并不会产生经济收益（Parker，Kirkpatrick，2005），其效果取决于私有化之后的规制框架，而这又取决于政治和社会制度，因此，行之有效的规制是私有化成功的关键。规制制度的建立依赖特定的制度资源，当这些制度资源缺失时，电力市场改革是很难有效推进的。因此，所有制改革必须配合组织结构、竞争和规制政策的变革才能发挥效果。

（二）组织结构重组

电力竞争的引入必须依赖特定的组织结构。正如 Joskow 和 Schmalensee（1983）在其经典著作中所指出的，不同的组织结构会产生不同的交易关系，从而带来不同的交易成本和效率水平。塑造电力行业不同交易关系的组织结构主要包括以下几个方面。

1. 纵向组织结构重组

不同于其他商品市场，必要的电力行业纵向组织结构重组是引入电力竞争的先决条件。在成熟的市场化改革中，纵向组织结构重组主要是将竞争性环节（发电、零售）与自然垄断环节（电网）进行某种程度的分离。推动分离的主要因素来自技术经济特征的变化，特别是发电技术的进步和互联电网的出现，这使发电环节的自然垄断属性逐步减弱。分离的模式主要包括财务分离、功能分离、法人分离和所有权分离等。当然，关于是否分离以及分离模式的选择在很大程度上取决于政治因素（冯永晟，2010，2014a；张昕竹、冯永晟、马源，2010；张昕竹、冯永晟、阙光辉，2010）。

2. 横向组织结构重组

行之有效的竞争性电力市场都需要进行必要的横向组织结构重组。横向组织结构重组是在一定市场范围内形成足以支撑有效竞争的企业数量，从结构上抑制市场势力问题，实现公平竞争。横向组织结构重组除包括必要的拆分外，还必须实现：一方面消除市场进入壁垒，保障市场自由公平准入，这往往与所有制改革相结合；另一方面维持竞争性的横向市场结构，这必须有反垄断制度的配合。需要注意，电力行业的横向组织结构重组对市场势力的影响远比传统行业复杂，一般意义上的市场集中度指标，如 HHI 可能会产生误导。受电源类型、网络拓扑结构、电网调度模式，以及许多随机因素影响，在一个看似竞争充分的市场中，单台机组甚至可能具有巨大的市场势力。横向组织结构重组与市场化改革的覆盖范围紧密相关（Borenstein，Bushnell，1999；Borenstein，2000）。

3. 系统运营机构的功能与定位

多数成熟的竞争性电力市场对系统运营机构的定位和功能进行了改革，有的市场成立了 ISO 或输电系统运营商（TSO），有的则深度改革对电网企业的规制机制。ISO 是在电力系统的横向扩张过程中产生的，随着系统规模的扩大，电网所有权结构不断分散，因而，协调不同所有者之间的利益关系成为系统运营机构"独立"的动因。当电网的历史所有关系比较单一和清晰时，ISO 存在的必要性大大降低，此时，电网所有权与运营权的一体化是更有效的制度安排。

无论是 ISO 还是受规制的电网企业，电网作为支撑竞争性电力市场交易的公共平台，必须对市场交易具有利益中性，但这不意味着系统运营功能和市场交易组织功能的分离，而是要求系统运营功能与市场交易组织功能有合理的、明确的分界。一般来说，系统运营机构的核心交易组织功能集中于现货交易。根据资源禀赋条件、电源结构、系统可靠性等因素，系统运营机构对市场交易的干预可能扩展至远期，常见的是扩展至日前阶段（Hogan，1992；Barker，1997；Wilson，2002；Joskow，Tirole，2005a）。

（三）竞争性市场机制设计

电力市场设计是一个极其复杂的问题，竞争性电力市场交易不会自发出现，需要遵循规律、系统思维、顶层设计，由于内容丰富，这里仅列举几项主要政策选择。

1. 批发竞争与零售竞争

无论是从理论上还是从国际经验来看，为构建竞争性的电力批发市场和辅助服务市场，支撑电力供求的实时平衡、进行稀缺输电容量的有效配置和支撑电网的安全可靠运行都是竞争性电力市场的核心内容。竞争收益主要产生于建立在系统层面的批发市场。至于是否需要引入零售竞争一直存在争论（Joskow，2000；Littlechild，2000；Joskow，Tirole，2006）。不过基本达成共识的是，若批发竞争不到位，零售竞争便无效率；即便批发竞争到位，是否需要引入零售竞争仍取决于一些技术因素和制度因素。

2. 现货市场与远期市场

理论上，现货市场即实时平衡市场（基于系统操作所允许的最短时段），只有这一市场才能向市场主体传递由系统运行产生的准确信号。[①] 由于面临现实约束和实际需要，许多市场中现货价格的计算周期并非基于最短时段，而是较长时段，比如日（比如，英格兰和威尔士早期的电力库）甚至周（比如，巴西）。这种日前或周前市场的本质是对实时市场的近似，其性质自然是现货市场。比较接近纯理论意义现货市场的例子是澳大利亚。而在另一类以美国标准市场为代表的实时加日前的设计中，实时与日前则有明确的理论性质区分，即实时市场是现货市场，而日前市场属于远期市场。不过，在政策实践中，由于系统运营机构在日前市场中有大量干预操作，因此它们常被统称为现货市场。只是这种定义的混用给许多国内研究者带来了困扰。实际上，所有现货市场的理念均是同源的，各国具体设计存在差异是基于系统特点及制度条件。现货市场的主要功能是发现电力的真实价值，但由于系统负荷的波动性特征，市场主体往往面临价格波动风险，同时整个市场易受市场势力影响，因此，远期市场对于现货市场的效率具有重要意义，既可以帮助市场主体规避价格风险，也可以平抑市场势力（Bohn，Caramanis，Schweppe，1984；Schweppe et al.，1989；Green，1996；Green，Newbery，1992；Höffler，Kranz，2015）。

3. 双边交易与集中交易

双边交易与集中交易是众多交易模式中的两种极端情形或大致分类标准。由于双边交易与集中交易在交易组织中会产生不同交易成本、竞争程

---

① 理论上，"现货市场"严格指实时市场或与实时市场近似的市场，本书遵循这一定义。

度、流动性、透明性和灵活性，时间越接近实时运行，集中交易相对于双边交易的成本就越低，竞争程度就越高，流动性和透明性就越高。时间提前的跨度越大，比如提前几周、几月或几年，那么交易主体对合同灵活性的要求就越高，从而双边交易就成为理想模式。当然，为了节约交易成本，远期交易可以通过标准化的期货或期权来实现。集中市场实际上是一种拍卖，这种机制设计必须满足激励相容条件，准确揭示发电商的成本特征和用户的需求偏好，以支撑系统的最优调度，因而拍卖机制的设计成为电力市场最为复杂的一环。现实中，这种拍卖机制既可能是单向拍卖也可能是双向拍卖。在电能交易中，常见的是双向拍卖，而一些辅助服务只能进行单向拍卖。（Bower，Bunn，2000；Wilson，2002）。

4. 纯电量市场与"电量+容量"市场

这种机制选择是为了保障系统容量的充足性。纯电量市场依靠部分调峰时段的高价格来帮助发电商回收投资成本；在容量机制下，发电商的投资成本则通过容量电价回收。纯电量市场下的现货价格波动往往比容量市场更剧烈，但健全的金融交易可以有效规避大部分价格波动风险。从国际经验来看，设计良好的容量市场有利于提高电源结构的多样性，丰富需求侧的响应资源，但设计和实施难度相对较高（Hogan，2005；Cramton，Stoft，2006；Cramton et al.，2013）。

5. 输电容量资源的优化配置

这涉及电力和辅助服务的现货市场是否会采用节点边际定价模型。节点边际定价模型能够体现阻塞和网损的边际成本，有效配置有限的输电容量，从而传递准确的输电价格信号。在实践操作中，区域定价具有操作简单的优势，从而成为常见的政策。与节点边际定价模型紧密相关的是，电网的投资模式是建立在输电权制度上的商业投资模式，进行管制投资。尽管仍存在争论，但一种共识是纯粹的商业模式不足以支撑有效的电网投资（Hogan，1992，1995；Joskow，Tirole，2000；Hogan et al.，2010）。

（四）规制改革

从国际经验来看，放松规制并不是放弃规制，而是对一种规制的改革。

电力竞争对高效规制的需求只增不减，除了一般性市场失灵外，电力技术特性产生了特定的规制需求，比如现货市场的价格上限管制等。

1. 竞争性电力市场下的规制需求

电力市场规制内容丰富，这里只考虑两类最重要的监管。由于电网是电力竞争的基础设施平台，因此针对电网的规制至关重要。总的来看，电网规制包括传统成本加成规制和激励性规制。需要说明的是，与直观感觉不同，从传统成本加成规制到激励性规制的跨越并不复杂，二者的信息需求非常相似，都需要准确的资本和运行成本信息，以测算关键的财务指标，确定定价基础和折旧政策等，因此二者的关系是一种互补关系而非替代关系。就这个角度而言，电网规制的难点并不在于具体规制政策的选择，而在于电网成本信息的充分披露。当然，在信息披露到位的基础上，有效的成本监管还有赖专业的规制能力。

竞争性电力市场必然面临市场势力的威胁，因此对市场势力的侦测、识别和抑制政策同样至关重要。电力商品的非储存性、电力需求的低价格弹性、输电容量的有限性、区域内的高市场集中度等因素都会促进电力市场势力的发生。市场势力对市场运行和社会福利可能造成严重损害，比如，美国加利福尼亚州电力危机；同时，针对市场势力的改革政策也是推进电力市场化改革的重要动力，比如，英国从电力库到新电力交易制度（New Electricity Trading Arrangement，NETA）模式的转变。正因如此，几乎所有市场化改革都成立了专门的电力监管部门以负责对市场势力问题的监督和应对。当然，这并没有降低解决市场势力问题本身的难度，特别是如何判断高价格的合理性的难度（Green，Newbery，1992；Jasmsb，Pollitt，2001；Joskow，2001，2007；Joskow，Tirole，2007）。

2. 发展中国家的规制低效

发展中国家往往面临更为复杂的规制改革任务。由于历史原因，包括中国在内的许多政府的行政管理长期替代经济管制，基础性成本加成管制长期缺位。因此，对于发展中国家而言，电力行业的改革往往需要伴随政府管理方式的改革。一般来说，发展中国家的政府管理常常面临公共资金成本较高、审计核算制度落后、规制俘获问题突出、"九龙治水"或政出多门、融资软约束或享受补贴以及政府规制承诺或政策稳定性问题等。很明显，这些问题在中国的电力管理体制中均存在（Gilbert，Kahn，1996；Bacon，Besant-Jones，2001；Jamasb，2002；Zhang et al.，2005）。

（五）改革保障机制

改革的过渡机制对于竞争性电力市场的顺利构建具有重要作用。从各国改革实践来看，改革过程往往不会一帆风顺，出现许多意外的问题，因此提前预测并做出预案便非常重要。实际上，国外电力市场化改革均有重要的过渡制度安排，比如，结构拆分改革后的长期回顾协议，零售竞争下的价格冻结或保底服务，以及"老人老办法"（Grandfathering）政策等。不过，最有力的保障来自决策层的政治决心，改革势必出现波动，因此改革定力至关重要，英国、新西兰、澳大利亚和美国得克萨斯州的经验都值得借鉴。

二　中国电力体制改革的制度背景

各国具体的电力市场化政策往往不会覆盖以上所有方面，而是有所侧重，造成这种差异的原因在于各国的制度条件不同。对中国而言，电力体制改革的内容也会因特殊的制度背景而具有鲜明的中国特色。认识到这一点对于我们理解中国电力体制改革具有重要意义。

（一）社会主义的基本经济制度

以公有制为主体、多种所有制经济共同发展的社会主义基本经济制度，决定了中国公有制经济必须在关系国计民生、国家安全的基础性、战略性行业或领域占据主体地位，这也决定了中国电力市场化改革赖以存在的所有制基础与外国不同。作为关系国计民生的基础性、战略性行业，电力行业的市场化改革必须以巩固和完善社会主义基本经济制度为根本前提，即必须有利于维护公有制经济的主体地位。这就意味着，电力体制改革必须保持国有经济的控制力。

保持国有经济的控制力并不代表国有经济在电力市场化环境中具有不平等的竞争优势，而是要求电力国企对行业的长远发展更多地发挥"稳定器"作用，而不像民营资本那样具有纯粹的逐利性，从而给市场运行和行业发展带来较大波动和风险。一方面，国有经济的控制力并不意味着国有企业在发输配售各个环节都占有绝对优势，而只需在自然垄断环节发挥主导作用。另一方面，国有经济的控制力并不代表国有企业在竞争性领域只进不退，这包括两方面含义：首先，从改革设计角度来看，竞争性环节中过高的国企比重应有所下降，并优化电力国有资本配置；其次，从市场运行角度来看，国企应实施劣汰机制，以提升企业效率。

（二）"电力要先行"的产业政策

自改革开放以来，中国电力行业的迅速发展得益于国家推行的以"电力要先行"为基本策略的产业政策。在这种产业政策的指导下，随着国家的重工业化进程，国家资源通过产业政策的引导大量向电力行业聚集，从而促进了电力行业迅速扭转羸弱局面，并有力地支撑了经济社会的快速发展。因此，对中国而言，电力市场化改革首先必须扭转指导电力行业继续发展的基本策略，即从产业政策向竞争与规制政策转变。

这一转变并不是完全抛弃"电力要先行"的基本策略。由于电力的技术特性及对国民经济的"供血"作用，电力行业仍要保持先行态势，但"先行"的含义必须适应市场化的要求。改革开放后的相当长时间内，为了增强电力行业对国民经济的"供血"功能，服务中国的工业化进程，"电力要先行"的产业政策得以出台，从而具有两个时代特点：一是侧重"量"的增长，即重规模、轻质量；二是忽略"价"的引导，即重计划、轻效率。这种发展思路客观上助推了中国经济 40 多年来的快速稳定增长，同时带来了巨大的体制转型压力。

在电力市场化背景下，理解"电力要先行"的侧重点就要转移到体制机制"先行"上，其含义是：电力行业是国民经济的基础性和战略性行业，电力行业内部的有效资源配置，是电力资源在国民经济中实现有效配置的基本前提；科学设计的电力市场既能引导电力行业可持续发展，又能保持电力市场对国民经济可持续发展的有力支撑作用。因此，"电力要先行"的发展策略仍需要坚持，其含义要随着全面深化改革的大趋势而不断深化，核心则是从以产业政策为主导向以竞争与规制政策为主导转变。

（三）庞大且集中的传统电力体制

虽然世界各国的电力行业传统上实施垄断体制，但许多企业在区域范围内进行私人垄断，中国的电力体制是公有制完全控制下的高度集中的计划体制，而且，这一体制的地理覆盖范围极为庞大，在世界上绝无仅有。具体而言，中国高度集中的电力计划体制有三个特征：一是高度的纵向一体化，即发输配售均由国家所有；二是高度的横向一体化，即在幅员辽阔的国土上，分散的电力系统均属于国家所有；三是政府直接指令性管理，即所有电力资源的投资、生产、分配决策均由国家行政命令直接下达。

中国对如此大体量的、集中计划式的电力行业进行体制改革，在国际上并无先例参照。一些看似相近的国际电力市场改革不完全具备这些特征。纵向一体化机制虽然常见，但在很多国家中，一体化机制分布于不同区域的电力公司，其中很多是私人企业。在国家层面存在高度一体化机制的，比如法国等，其体量也与中国不可同日而语；即便是转型经济体俄罗斯，由于采取了激进式的社会转型方式，其电力体制改革的起点与中国截然不同。

庞大且高度集中的传统电力体制决定了激进式的"休克疗法"不可行，改革成本和风险极大，俄罗斯电力市场化改革的艰难起步和曲折历程足以成为前车之鉴。中国电力市场化改革需要同整体经济体制改革一样，采取渐进式策略，这就决定了中国电力体制改革必然是分阶段进行的，而且各阶段的侧重点有所差异。比如，在20世纪90年代中期以前，改革主要针对过于僵化的计划体制，调整政府的管理方式；从90年代中期到21世纪初，组织结构成为改革重点，除纵向的厂网分离外，这一时期出现过"1+6"的横向拆分方案，只是考虑到当时国家重点电源项目开发和全国联网设想，横向拆分方案未获中央支持；至2002年以后，行业内部竞争机制的引入开始成为重点。只不过改革进入这一阶段后，整个行业的现实状态和发展形势都发生了巨大变化，这给电力体制改革提出了许多新问题，竞争机制的构建踯躅不前。

（四）独特的国资国企管理体制

如果说传统的"电力要先行"策略是过去政府发展电力的"思想"，那么国资国企管理体制就是落实这一思想的"推手"。国资国企管理体制经历了一个不断改革的过程，在2003年国资委成立之前，国资国企管理体制一直存在资出多门、管理混乱、政企不分的问题。整体上看，这一阶段的国资国企管理体制经过了一个先放活再规范的过程，顺应了电力行业努力调动多方办电积极性的大方向。在国资委成立之后，国资国企管理体制不断改进，国有企业的内部治理结构不断健全，从而促使包括电力国企在内的所有国企进入一个较快的发展阶段。即便如此，国资国企管理体制仍存在很多问题，特别是国资管理权力的边界一直未得到很好明确，从而导致政企不分的问题未得到彻底解决。

中国电力行业的国有资本一直占据优势地位，几乎全部电网资产和大部分发电资产都归国有。这种格局之所以长期存在，是因为传统的国资国企管理体制，以及财政、金融等制度为电力国企提供了有力的激励：一方面，国资委对国企的绩效考核和对国企负责人的政绩考核等成为电力行业快速发展的强制动力；另一方面，国资注资、财政贴息、优惠信贷等制度或政策均为国有企业提供了融资支持。这既扭曲了国有企业的最优经营目标，也助长了国有企业相对于非国有企业的竞争优势。因此，在一定程度上，中国电力行业的发展就是电力国企的发展，电力体制的改革就是电力国企的改革。

传统国资国企管理体制为电力国企提供的激励是一种外生于电力行业的激励，针对特定历史条件下的电力短缺，有助于解决投资不足的问题，但当行业供求关系处于合理范围内时，这种外生激励将扭曲市场竞争，抑制经济效率和社会福利水平提高，因此，中国的电力市场化改革，就是要将电力行业发展的外生激励内化，即让电力国企根据电力市场信号进行投资经营决策，这决定中国电力体制改革与国资国企改革必然深度融合。

（五）财税体制改革及中央与地方事权划分

电力市场化改革的另一面就是政府不断减少对电力企业和行业发展的直接干预，中国电力行业最早的改革就是改变中央财政集中办电体制。进一步，政府逐步收缩直接干预的过程，就是政府事权和财权的调整过程，而财税体制改革和中央与地方事权划分，对电力行业的发展和改革一直具有重要影响。

1994 年进行的分税制改革，统一了税制，确定了中央和地方税种划分，奠定了中央财力权威，但未触动政府间事权和支出责任划分，时至今日，中央与地方的事权划分仍未实现规范化和法制化。这给电力行业带来两个方面的影响：一方面，随着中央财力权威的确立，以两大电网企业和五大发电集团为代表的中央电力企业获得了有力支持，发展迅速；另一方面，代表地方利益的地方政府与中央政府和中央企业之间的利益协调愈加困难。由于电源的开发运营和电网的建设运营，以及电力资源的配置主要或几乎全部由中央电力企业负责，而作为二次能源，电力依托的一次能源、资源却均位于地方，这就造成在计划体制下，电力行业的成本收益在中央和地方间的分配不公。

许多地方特别是资源禀赋丰富的地方，受经济利益的驱动，十分希望调整电力行业的利益配置格局。这也就成为新一轮电力体制改革的一个背景，然而自 2002 年以来，电力体制改革一直未能与这一方面的改革实现很好的衔接。近年来，中央一直采取"打补丁"的方式来实现对地方利益的照顾，比如通过资源税改革和下放部分投资审批权来调动地方的积极性。但这些改革均未能与该轮电力体制改革相呼应。在资源税改革中，无论是增加地方收入还是减轻地方资源类企业负担，都有赖于观察长期效果；2014 年火电投资审批权的下放，则导致地方进行火电投资激励，其在火电装机容量已经明显过剩且电力需求明显不足的背景下仍逆势而上，迫使中央不得不于 2015 年出台政策约束地方的火电投资。由此可见，电力体制改革必须有赖于财税体制改革的推进和中央与地方事权划分的规范化和法制化，否则中央与地方的利益纠葛很难彻底厘清，电力体制改革也很难顺利推进。

三　中国电力体制改革的内容

中国电力体制改革是在电力市场化改革的一般规律与中国的特殊制度背景相结合的情况下进行的。中国要建立竞争性电力市场，必须从所有制、组织结构、机制设计、规制等方面的改革入手，必须以中国特色的制度背景为出发点来确定合理的改革政策。为此，中国电力体制改革必须围绕促进电力竞争处理好"三大关系"和"一个权衡"。

（一）国有企业与政府的关系

处理好国有企业与政府的关系，是中国特色电力行业所有制改革的一个要求。不可否认，电力行业自 20 世纪 90 年代以来的大发展与电力国企的贡献密不可分。但我们也要注意到，电力国企的贡献需要通过二分法进行分析。一方面，国有企业战略布局的调整带来了国有资本配置效率的提升，国资管理体制的改革提升了国有资金的利用效率，现代企业制度的确立和改进促进提升国有企业的生产率。另一方面，国有企业面临的经营激励与市场化改革的要求仍不一致，其享受的融资软约束和隐性补贴助长了低效问题，目前，虽然针对电力国企的 A-J 效应研究尚未出现，但理论界的普遍共识是，国有企业的过度低效投资冲动明显。而且，国有企业的不合理竞争优势容易挤压民营资本的市场空间。

因此，电力体制改革必须将国有电力资本的市场运营与电力国企的治理紧密结合起来，既要改革国有电力资本的管理与运营方式，又要切实给电力国企"断奶"，健全现代企业制度，使之成为真正的与政府分开、自负盈亏的市场主体。在理顺电力国企管理体制的基础上，也要适度提升电力国企上缴利润的份额，充分践行国有企业本质。从这个意义上讲，虽然中国电力体制改革不必推进私有化，但仍可以通过改革国资考核方式、国资运营体制，以及中央和地方两级国有控制权的变化等方法来推进电力行业的所有制改革。

（二）国有企业与市场的关系

国资国企管理体制改革的目的就是要把国有企业推向市场，令其充分地参与竞争，更好地进行竞争，因此，电力行业所有制改革要服务于竞争性市场的构建，具体而言，即通过组织结构重组和市场机制设计来构建竞争性电力市场。

1. 国有企业与组织结构重组

纵向组织结构重组。目前，整体而言，除少数试点地区外，电力行业在发电侧之外仍保持一体化的纵向结构，国有电力企业垄断了电网和售电环节。而作为竞争性环节，售电环节与自然垄断环节的输配电网的一体化仍是当前引入有效竞争的结构障碍。因此，下一步的改革需要进一步推进自然垄断环节与竞争性环节分离。在推进分离的策略上，通过局部成立售电企业或放开部分用户的方式，并无法实质推进网售分离，反而会为双轨制的长期存在提供结构基础。无论是从理论上看还是从国际经验来看，售电侧必然要实现系统层面的结构拆分，但在拆分手段选择上，基于效率和成本的考虑，法人分离要优于所有权分离。由于改革成本和风险巨大，输配分离不宜成为针对电网存量的拆分手段，而且随着智能电网技术的发展，电网的扁平化发展趋势日益明显，输配之间的技术差异更加模糊，输配分离的可操作性极低。

横向组织结构重组。虽然 2002 年厂网分离之时，五大发电集团的区域布局考虑了各集团在不同省区市的市场集中度问题，但随着时间推移，不同集团非常默契地在不同地区形成了各自的势力范围。此外，各地方电力国企往往是本地的优势企业，而且许多地方在推动地方国企的兼并重组，从而可能进一步提高市场集中度。以上各方面均会给潜在的市场竞争造成障碍。从构建竞争性电力市场角度来看，适度降低发电领域国有企业的比重，是顺利引入竞争的必要条件，否则市场势力问题将十分严重。从市场竞争的可持续性来看，国有企业的最优规模将由市场决定，而不必要求延续原有规模，这恰恰是市场配置对计划配置的替代，与国资国企管理体制改革的方向并行不悖。

2. 电网企业功能与市场机制设计

电力组织结构重组的核心问题还要落到输配管理体制及电网企业的功能定位上，而这除与电网的结构重组紧密相关外，还与电力市场机制设计紧密相关。从技术意义上说，电力市场化改革就是对电网企业的改革，因为电网是电力市场的基础，电网运营机构设计是电力市场设计的核心；从制度意义上说，电力市场化改革同样是电网企业改革，电网环节的制度设计从根本上决定了整个电力市场的架构。

鉴于市场机制设计的高度复杂性，本节仅从两个方面阐述几个简要观点。首先，针对电网企业。电网企业宜采取受规制的自然垄断模式，调度不宜独立，因为电网所有权与调度运营权的一体化是一种更高效的组织形式；在系统层面将电网的售电环节进行拆分，是建立电力批发市场雏形的结构基础。其次，针对竞争性市场。电网企业应是推进现货市场建设的主体；现货市场建设应以电网企业采用现货定价为起点，现货定价需配合优序调度协调推进①；结合各地实际情况，集中式的电力库模式宜作为初始的现货市场模式；允许市场主体参与避险的远期双边交易。中短期内，考虑到整体市场供求形势，中国电力市场宜采取纯电量市场模式，对于输配电价，仍采取成本加成定价方式，并适时引入激励性设计。

（三）政府与电力市场的关系

中国政府在电力体制改革过程中的角色和功能转变，既面临一般电力市场化改革的要求，也面临中国特有的问题。一般性问题主要包括行业信息披露制度不健全、政府的直接干预过多导致规制俘获等，是政府需要在新一轮电力体制改革中解决的。随着电力行业所有制改革、结构重组和市场机制设计，政府需要健全信息披露制度，减少对电力企业的投资、定价的直接干预或审批，提高经济规制能力，特别是加强对电网环节的定价规制，以及对调度和结算的监管；同时要防范电力市场失灵，健全针对市场失灵的规制手段。此外，阻碍中国电力体制改革进程的重要问题还包括缺乏统一的、强有力的领导协调机构，导致政出多门、政策不确定性高等，这需要引起高度重视。

当然，在众多问题中，最具中国特色的也是最核心的问题是政府如何界定电力商品。由于中国长期实施计划电量制度，理论界和政策界的许多观点

---

① 常被研究者所忽视的是，现货定价与现货市场并非同一概念，现货定价理论原本是为一体化的电力企业设计的，只是现货定价能够完美地适应电力竞争。从另一个角度看，电力竞争能够为现货定价提供最真实有效的输入信息。

认为电量即商品，改变由政府确定电量的方式，转而由市场主体自行谈判或竞争电量就是在建立电力市场。这里需要说明的是，电力市场是围绕电力商品设计的，竞争性电力市场的本质就是通过价格信号来引导系统运营，因此不涉及改进系统运营效率的"电量"分配与竞争性电力市场没有丝毫关系，本质上仍属于计划范畴。政府推进电力市场建设，首先要明确何为"电力"商品，否则可能导致的结果就是，计划电量放开但不被放弃；"竞争市场"竞争但不是市场。

政府与电力市场之间关系派生的另外两种关系也会深刻影响中国电力体制改革的内容，即政府与政府之间的关系，以及区域与区域之间的关系。比如，当中央确定的改革政策与地方的改革需求不一致时，如何协调；地方政府之间的"改革竞争"问题，即如何通过降低电价来承担产业转移和吸引投资的问题；由历史的跨区输电项目导致的不同地方的市场建设协调问题如何解决。凡此种种都在增加改革的难度。

（四）"国企改革红利"与"市场竞争红利"的权衡

政府在市场化过程中不断削弱直接干预的同时，引入新的改革红利以推动电力行业发展。理论上，在这一过程中，市场竞争应该持续增强，然而，自 2002 年改革以来，市场竞争的引入程度非常有限，反而是电力国企的发展状态与电力行业的大发展紧密相关。这就带来一个有意思的问题。理论上不乏研究认为电力国企效率低下，从而成为改革对象，比如，Sioshansi 和 Pfaffenberger（2006）指出，电力国企缺乏改善服务质量和促进技术创新的激励，在许多快速增长的经济体中，这种激励的缺乏会导致投资不足，最终导致电力长期短缺和出现系统可靠性问题。另外，这种长期现象与中国电力的发展趋势相悖，中国在 20 世纪 90 年代之前确实由于历史原因经历了长时间的全国性电力短缺，但在 1997 年进行了全国性电力平衡、经过短暂的区域性缺电后，电力供应持续充足，并逐渐过剩。因此，中国电力行业的快速发展不是由理论上的"市场竞争红利"带来的，反而是由现实中的"国企改革红利"带来的。

这并不意外，从前文的分析中已经可以看出，在中国特殊的制度背景下，国有企业改革一直是电力体制改革的重要组成部分。从历史脉络来梳理会更加清晰，如果将20世纪80年代中央财政办电制度的终结宽泛地看作市场化进程的开始，那么到目前为止，电力市场化的大致路径可以概括为中央政府直接办电—地方政府参与办电—国有企业代表政府办电—政府管理国有企业办电—政府委托国有企业办电。这个过程正是国有企业不断确立市场主体地位和提升企业效率的过程，而且，时至今日，政府仍在探索如何更好地通过委托代理机制办好包括电力国企在内的国有企业。

虽然电力行业出现了大发展，但利益格局开始出现固化特征，特别是国有企业垄断问题突出，政企不分问题也仍未得到彻底解决，国有资本的利用效率不高，抑制社会资本进入，而且，国有企业的投资冲动对电力行业的产能过剩造成明显影响。在这种情况下，国企改革红利正在相对减少，造成这种变化的根源恰在于前文已经分析过的国有企业存在的问题。解决这些问题的根本途径在于让国有企业真正面对市场竞争或进行有效规制，因此，构建竞争性电力市场同样是促进国有企业发展的一种方式。正是从这个意义上讲，电力体制改革需要释放新的改革红利，即"市场竞争红利"。

当然，"国企改革红利"与"市场竞争红利"的权衡并不是现在才出现的，其是中国电力市场化进程的主要驱动因素。综观整个改革过程：开始时，政府直接办电效率低下，必须构建遵循经济规律的市场主体，因此电力国企得以建立；然而，这类国有企业具有明显的政企不分特征，抑制效率提升，因此政企分开成为改革重点；之后，在政企分开的同时，需要让国有企业面临真正的竞争性市场环境，因此改革市场环境成为必要，这是当下正在推进的改革。因此，当前电力体制改革的方向包括两个方面：一是构建包含电力国企的竞争性市场环境；二是提高对国有企业的监管效率。也就是说，中国已经进入通过"市场竞争红利"接续"国企改革红利"的新阶段。

四 从5号文到9号文

5号文在中国电改进程中具有里程碑式的意义。这不仅是因为它提出了厂网分离、主辅分离和独立监管等重大改革政策，还因为它顺应了整体经济体制转型的浪潮，正式确立了中国电力市场化改革的独有特色，即"国企改革红利"与"市场竞争红利"的"双红利"路径。

（一）对5号文的回顾

1. 5号文的背景

从20世纪90年代至21世纪初，正是中国经济体制改革目标明晰的阶段，党的十四大明确了建立社会主义市场经济体制的目标，各领域的市场化改革如火如荼地推进。在这一背景下，对于长期被视为国民经济基础和短板的电力行业，在早已认识到激发多元主体活力有利于促进电力发展[①]的基础上，电力改革的诉求也到了迸发的时刻。

电力改革的推进首先得益于当时广泛推进的国企改革。直到20世纪90年代中期，中国仍基本由政府直接办电，在中央层面由电力工业部负责，在地方由各级电力局负责。得益于其他行业的国有企业改革经验与教训和中央不断清晰的国企改革思路，特别是党的十四届三中全会确立的"转换国有企业经营机制，建立……现代企业制度"标志着国企改革进入制度创新阶段。这也促使电力行业在少走弯路的情况下，实现了办电主体由政府向企业的转变。1997年，国家电力公司正式挂牌[②]，在经历了一年多的双轨运行后统一完成了形式上的政企分开[③]。同时，这一改革还得益于财税体制的重大变革。

总体而言，这一阶段初步划分了电力行业中政府与企业的边界，在整体经济体制加速改革的轨道上，电力改革搭上了经济体制改革的"快车"。当然也要注意，日后许多电力市场化改革的难题的出现是因为当时缺乏对电力市场化的系统研究。

2. 5号文的性质

实际上，在国家电力公司成立之时，"厂网分离"的改革思路就已大

---

① 这些经验主要来自20世纪80年代地方办电、集资办电的经验。

② 实际上，1996年12月7日发布的《国务院关于组建国家电力公司的通知》（国发〔1996〕48号）也可被视为国家电力公司成立的标志。

③ 实际上，国家电力公司仍承担许多政府职能，甚至仍扮演国有资本的出资人角色，当然，这与当时的国资管理体制仍不健全有关。

致成形。[①] 一方面，这是为了顺应 20 世纪 80 年代以来的调整电源投资的各项改革，并照顾地方利益[②]；另一方面，这是为了扭转长期存在的"重发轻输"的电力行业局面，我们可以看到，国家电力公司确定的经营目标之一就是推进全国联网。所以说，当国家电力公司成立时，后续的改革已经箭在弦上，只是当时要使各项改革政策更加具体化，还有赖于国企改革各领域政策的协调推进。

从这个意义上讲，5 号文的发布可谓水到渠成。实际上，20 世纪 90 年代中期到 21 世纪初这一段时间里，国企改革的广泛深入为国家电力公司的改革做好了充分的准备。《"九五"企业管理纲要》《国有大中型企业建立现代企业制度和加强管理的基本规范》等指导国有企业建立现代企业制度的文件不断理顺国家电力公司的治理结构，且运行效果良好。随着国有企业战略布局调整，以及这一阶段国企改革"三年脱困"目标的顺利实现，电力体制获得了非常宽松的改革空间。同时，伴随而来的主辅分离改制分流也相应地在电力体制改革中找到了位置，只不过后来的形势发展表明，电力体制改革中的主辅分离与整体国企改革的主辅分离应有不同侧重点。同时，国有资产管理体制改革也在酝酿之中，并贯穿了 5 号文的落实过程，这为日后电力行业的大发展提供了有力支持。

此外，中国与国际社会的不断融合也为中国借鉴国际电力市场改革经验提供了契机。国际经验对 5 号文的最大影响是明确提出"打破垄断、引入竞争"的朴素市场化理念。之所以称其"朴素"是因为 5 号文对垄断和竞争的认识仍不到位，对引入电力竞争的路径和方式也主要是对国外模式的模仿，比如，几个区域市场对"竞价上网"试点的探索。当然，5 号文并未讳言国际电力市场改革的经验与教训对其制定的影响，实际上，虽然彼时对很多国际经验的理解并不到位甚至完全错误，但幸运的是，这无碍于内生于整个经济体制转型的改革动力。

---

① 比如 1998 年 8 月 2 日《经济日报》头版头条文章《开拓电力市场亟待体制改革》就已经明确提出要进行电网和电厂分离。

② 1997 年前后，国家电力公司覆盖的区域和发电容量大概只占全国的 65%。

所以，5号文虽涉及电力体制改革，但本质上是在电力行业中进行的一次深刻的国有企业改革。其名称中的"电力"更多地体现了电力行业对国民经济的重要性及迫切的发展改革诉求。当然，这也是因为电力行业已经是市场化改革起步时间较晚的行业之一。

3. 对5号文的简要评价

如上所述，5号文本质上以竞争为表、以国企为里。其改革的重点在于理顺政府与国有企业之间的管理关系，这属于国有企业内部的层级关系调整；但对于传统的企业内部层级关系是否会被市场契约关系所代替，5号文仅进行了原则性的表述。从这个意义上讲，当时的改革无法建立起真正的市场，实际上，世界银行曾向中国提出基于标准模型的改革建议，但基于国际经验的试点无一成功。

5号文的出台是顺改革大势而为，但对如何建立竞争性市场，我国仍缺乏清晰的框架。实际上，在当时，打破垄断并不具有实质意义，因为国家电力公司自成立之初就已经确定了厂网分离的方案，也就是说，垄断的国家电力公司原本就是一种过渡性设计。所谓打破垄断，更多的是针对政企不分的传统体制而言。重要的是，在整个改革过程中，国有企业对电力行业的控制力都未曾被要求削弱，反而被要求增强。

这里我们仅简要评价5号文中涉及电力重组的核心政策。首先，厂网分离和主辅分离在形式上是为了促进竞争，实际上是顺应自20世纪80年代以来地方积极性的释放，助推国有企业改革。5号文中的相关内容与国外对厂网分离的变革诉求存在天壤之别，国内的厂网分离根本上是因为需要顺应计划体制下已经多元的投资主体结构，并调整有限的国有电力资本的投资方向。长期以来，为扭转电力不足的局面，国内和国外投资集中于电源领域，对电网领域的投资相对薄弱，厂网分离本质上是为了服务于国有电力资本的战略布局调整和促进配置效率的提升。国外的厂网分离则基于电源的技术特征变化，特别是以燃气轮机联合循环（CCGT）为代表的发电技术的出现，导致机组层面的规模经济性大幅下降、发电侧的自然垄断属性减弱，因而引入竞争成为更好的政策选择。有意思的是，时至今日，中国发电侧的技术经济特征仍未表现出任何与国外同类的特征①，由此可见，当时对国外厂网分离的所谓经验借鉴仅是一种无意的巧合。

其次，缺乏实权的独立监管无法支持竞争，改革的形式意义大于实际效果。实际上，无论是在身份上还是在职权上，电力监管委员会在运行的十年间都处于十分尴尬的地位。电监会定位为一个事业单位，而不是具有监管权力的职能部门；相应地，其不可能具备涉及价格和投资规制等的核心权力。

（二）对9号文的剖析

9号文及配套文件的主要贡献在于确定了"管住中间、放开两头"的体制架构，并确定了促进电力市场建设的路径及主要工作，然而在改革路径上却存在一定偏差。

1. "管住中间、放开两头"的体制架构

"管住中间、放开两头"并非9号文初创，从酝酿到落实约有10年时间，最初是国家电网公司为应对输配分离的可能实施而做出的应对策略。其基本逻辑是，在5号文确立的基本体制下，电力行业发展保持了良好势头，为了延续这一发展趋势，需要完善机制规则。这一策略具有合理性，主要体现在要求加强针对电网自然垄断环节的规制，而这正是政府规制长期缺位的环节。不过"放开两头"带有一定的模糊性，具体而言，放开配售电业务虽带有一定的所有制改革性质，但这对于分离竞争性环节难有实质性贡献；在自然垄断环节与竞争性环节没有有效分离的前提下，放开竞争性环节电价难有实质性效果；放开发用电计划，则是以保留计划权力为前提的放开，难以动摇计划电量制度的根基。

9号文及配套文件对自2002年以来电力行业所有制结构和组织结构的充分认可，决定了此轮改革不会有对所有制结构、组织结构和规制机制进行深入改革的政策，特别是对输配体制的研究仍处于初期阶段，这决定了此轮改革是在既定利益格局下进行的调整。

2. 变型的计划电量制度

虽然9号文及配套文件提出要建立由现货市场和中长期市场组成的电力

---

① 背后既受到国有企业投资偏好的影响，也受到我国固有的富煤资源禀赋的影响。

市场的远期目标，但实现路径设计出现偏差。9号文提出要逐步放开发用电的计划电量制度，但"放开"的策略决定了计划电量制度无法被"放弃"。逐步放开计划电量制度要求政府缩小对计划电量的干预范围，把政府决策限于"优先"购电和发电领域，但这一权利保留足以保持整个电量分配制度的计划本质。其根源在于，这种放开计划电量制度并未承认电力的商品属性，而仍把电量作为商品。这就与构建竞争性电力市场的目标难以协调，也扭曲了相关改革政策，使相关配套文件均为打造变型的计划电量而服务。

首先，输配电价的核算和落地均非常艰难。受制于缺少结构重组的配合和专业成本规制的能力，独立输配电价的改革注定只能艰难推进。第一，电网企业的成本规制长期缺位，导致行业监管部门与电网企业间信息不对称的情况长期存在；第二，由于电力行业的高度专业性，成本的监审难度非常高；第三，独立输配电价政策的权威性难以落实，地方的自由裁量权仍旧较大。问题的根源在于中央部门、电网企业和地方政府的三重博弈。总之，在电网环节与竞争性环节未实现有效分离的前提下，进行单纯的会计核算的难度非常高。

其次，售电侧改革可能埋下隐患。新的电量分配方式为售电公司提供了潜在收益空间，这一空间来自发电侧给出的上网电价让利和电网环节让渡的权力租金，也就是说，这些均来自既定体制下的收益转移，而不是来自机制创新。要持续推进这种意义上的售电侧改革，在于持续存在降价空间，然而，既定利益的转移是有限的，随着时间推移，其不稳定性将凸显。如果形势发生变化，那么购电成本的上升与用户销售价格的刚性必然将挤压这种形式的售电公司。可以预见，售电公司的倒闭和电网企业的兜底将不可避免。

此外，成立相对独立的交易机构也主要为了服务电量的再分配。在竞争性电力市场下，交易机构的效率取决于监管，所有制并不会对其产生实质性影响。如果这一交易机构服务于变型的计划电量分配，那么各方利益主体必然十分关注这一交易机构的所有权结构。因为各利益相关方都清楚，决定电量分配的力量不是竞争，而是所有权。

（三）深化改革以接续红利

9号文及配套文件的特点是在未明确电力商品属性的前提下，以放开传统计划电量制度的名义，进行了计划电量的再分配尝试。9号文及配套文件的出台正值电力行业进入产能过剩和需求减弱的时期。在这一背景下，通过各种方式的远期直接交易调整传统的计划电量制度，对于部分市场主体承接利益转移、争取优势地位具有助力作用，因此成为地方决策者所青睐的政策手段。这种新型计划电量制度抛弃了完全平均主义的做法，转而使用一些带有竞争色彩的手段，在一定范围内能够提升电量分配的效率。不过如前文所述，这并非电力竞争。而且，这种电量分配方式依附于传统的电力调度体制，受到传统调度体制的约束，规模难以扩大，这也就从技术上决定了其必然只是少数市场主体受益的歧视性安排（冯永晟，2016）。

这种变型的计划电量分配的最大影响在于，就整个系统层面而言，对于能够进入且通过这种电量分配方式获得利益并生存的企业是不是最有效率的企业，是不是系统运营所需要的企业，以及是不是改善能源结构所需要的企业，电量分配制度本身是无法决定的，这取决于这一制度的设计者，也就是说，最根本的配置力量仍然来自计划。此外，这种设计难以保证电量价格的准确，更无法提供长期投资的合理信号，且易受市场势力的影响，因此很难将电力体制改革维持在市场化方向上。

相比于5号文，9号文丰富了电力市场建设的基本内容，但在政策落实上采取了保守的改革路径。从性质来看，5号文是覆盖所有制改革、结构重组、机制设计和规制改革的全方位改革方案，旨在改变电力行业的发展方式；而9号文则着力于进行涉及市场规则的尝试，主要是为了调整传统体制下的利益分配格局。造成这种差异的原因在于，此轮电力体制改革将视角局限于电力行业内部，而未与深层次的体制改革相结合，这在导致国有企业改革红利难以持续释放的同时，也给市场竞争红利的释放带来了障碍，因为诸多改革政策在根本上缺乏由相关体制改革所带来的激励转变。

为进一步深化电力体制改革，必须将电力体制改革与国资国企管理体制改革、财税体制改革与政府管理体制改革紧密结合，将电力发展的指导思想切实转移到依靠市场优化资源配置的道路上来。目前，9 号文确定的改革内容着力探索行业内的竞争性市场构建，同时也要认识到，5 号文确定的电力体制改革框架仍具有指导意义。两个电力体制改革方案分别侧重体现了改革的多元性和专业性。缺乏多元性的体制变革，市场竞争难以公平、可持续和有效率，目前，诸多旨在构建竞争性电力市场的专业改革政策的效果难以维系。因此，未来要进一步寻求电力体制改革多元性和专业性相融合的顶层设计方案。总体而言，要通过国资国企管理体制改革，彻底改变国有企业参与电力市场的激励，将电力国企参与电力市场的基本激励从行业外转移到行业内；要通过财税体制改革和政府管理体制改革，理顺政府参与电力市场改革与运行的方式；电力市场模式和监管体制的选择须与多元体制改革政策相配套。唯此可以保证电力市场化改革能够"不忘初心，继续前进"。

五 结论

本节建立起了系统的理论框架以剖析中国的电力体制改革问题，既展示了电力市场化内容的丰富与复杂，也强调了中国电力体制改革的特殊性。中国电力体制改革与国际电力市场改革相比有共同性，如同样涉及所有制改革、结构重组、机制设计和规制改革等方面，但独特的制度背景决定了中国改革的具体表现形式完全不同于其他国家。

国企改革红利与市场竞争红利共同存在于中国电力市场化进程中，但在不同阶段，其相对贡献存在差异。在 2002 年之后的较长时间内，国企改革红利一直是推动中国电力行业发展的主要因素，随着形势的变化，在新一轮电力体制改革背景下，通过市场竞争红利接续国企改革红利已成为改革的主题。

5 号文确定的改革本质上属于国有企业改革，虽然它没有在市场建设上取得突破，但相比 9 号文提供了一个系统完整的改革方案。在 9 号文确定的改革路径下，关键性体制改革内容未得到有效体现，难以保证电力体制改革正确还原电力商品属性，从而使当前的市场建设试点表现为对传统计划电量制度的调整。

5 号文与 9 号文分别相对体现了电力体制改革的多元性和专业性，并共同体现了电力体制改革的复杂性。目前，改革进程中面临的种种困难，恰恰反映出中国电力体制改革仍缺乏统驭全局的顶层设计方案，未能准确把握以市场竞争红利接续国企改革红利的主线。不过，随着改革的推进，经验与教训的积累将使我们不断看清电力体制改革的方向与路径，从这个意义上讲，进一步融合 5 号文和 9 号文所共同体现的改革理念，进行科学系统的顶层设计恰是电力体制改革取得成功的希望所在。

第三节　英俄电力市场改革中的电价上涨
——对中国电力体制改革的启示

中国新一轮电力体制改革已在酝酿之中，无论政府最终确定何种改革路径、采取哪些具体措施，未来改革都无法回避电价上涨甚至是快速上涨的风险。无论是成功进行过电力市场改革的国家，还是正在进行电力市场改革的国家，改革进程与电价上涨甚至快速上涨都是紧密相关的。本节通过对英国（1978~2012 年）和俄罗斯（2001~2012 年）电价快速上涨的问题进行深入分析，提出中国政府如何看待和应对电价上涨，以及推进电力体制改革的政策建议。

一　英国的电价上涨问题

（一）英国的电力市场改革与电价上涨

尽管英国电价上涨主要集中在 2003~2012 年，但了解改革背景对于理解价格上涨问题十分有帮助，因为英国的电价波动趋势大致与英国电力市场采用不同模式的阶段相符。基于改革进程，从 1978 年开始，英国的工业电价和居民电价的变化趋势大致分为三个阶段，1978~2012 年英国（最终）销售电价的变化趋势如图 2-1 所示。

第一阶段，1978~1990 年属于电力市场化改革之前的阶段，电价持续上涨。英国电力市场在此阶段保持了高度纵向一体化的垄断结构，且发电成本受煤电比例较高且煤价较高的影响持续增加，从而导致销售电价保持上涨趋势。

第二阶段，1990~2001年属于英格兰和威尔士电力库改革时期，这一时期的改革主要是对原有一体化电力公司进行结构重组，重点是实行股份制和进行私有化，经过改革，电力部门的发输配售实现了比较彻底的所有权分离，形成了竞争性的市场结构，并开始放开大用户的选择权。伴随着结构重组和私有化这些重大举措，英国电力市场的电源结构出现了相应的重要变化，特别是联合循环燃气机组大量替代高成本的燃煤机组，反映在最终销售电价上是居民电价保持稳定且工业电价出现缓慢下降。

第三阶段，2001~2012年，英国开始实施新电力交易制度NETA模式，这一时期的改革主要针对英格兰和威尔士地区的电力（批发）市场交易，推行以双边合约交易为主，辅以不平衡电量交易的新制度安排；2005年，这一新制度安排被推广到市场化进程相对落后的苏格兰地区，并进一步完善，形成了统一的英国电力交易与输电制度（British Electricity Trading and Transmission Arrangements，BETTA）。在这一阶段的改革中，销售电价出现了拐点，大约在2003年，电价开始出现快速上升势头。

目前，电价的上涨仍在持续，根据2013年12月底的统计，2013年第三季度，工业电价（不含气候变化税）同比上升3.9%，居民电价同比上升5.7%。从纵向比较来看，相比英国实施NETA模式之初，工业电价和居民电价均已翻番；从横向比较来看，2010~2012年英国的平均电价是德国的2倍。

有意思的是，在被认为市场势力严重、价格波动剧烈的英格兰和威尔士电力库改革时期（1990~2001年），居民电价非常稳定，工业电价不升反降；但在实施NETA模式后，电价一路高升。即便如此，实施NETA模式时期被普遍认为比进行英格兰和威尔士电力库改革时期更有效，这是英国电力市场改革的进步。

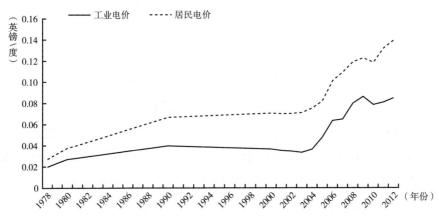

图 2-1　1978～2012 年英国（最终）销售电价的变化趋势

资料来源：IEA Electricity Information 2001—2013，OECD。

（二）英国十年来电价上涨的原因

2003～2012 年，英国电价上涨的主要原因包括以下几个方面。

第一，天然气价格持续走高。英国电力产业的电源结构中，天然气约占
1/3。但英国本土缺乏资源，既需要大量进口 LNG，又缺乏长期合同保障。
英国的天然气价格与国际石油价格挂钩，这些因素导致英国的电力价格极易
受天然气成本的影响。由于天然气市场属于国际化市场，易受国际政治形势
影响而波动剧烈，"9·11"事件和伊拉克战争发生后，油价持续攀升，到
2008 年达到最高点，从图 2-1 中可以看出，此时英国电价也达到最高点。
尽管受到 2008 年国际金融危机影响，之后，英国电价有所下降，但是利比
亚冲突再度提高原油价格，将英国电价推向新高。

第二，气候与低碳相关税负持续增加。英国于 2001 年在"气候变化计
划"中提出实施气候变化税（Climate Change Levy）以提高能源利用效率和
促进节能投资。气候变化税的计算依据是使用煤炭、天然气和电力的数量，
税率自 2011 年 4 月起从 0.0047 英镑/KWh 逐步提高至 0.00485 英镑/KWh，
这促使电价上涨。此外，2013 年，英国政府在欧盟框架下的碳税基础上再
引入一项强制碳税，从而进一步推高电价。

第三，市场机制存在固有缺陷。在 1990 年开始进行的英格兰和威尔士电力库改革下，发电商的市场势力问题严重，而且电网安全运行必需的辅助服务无法得到合理的体现，虽然 NETA 对此做出一定的修正，但未从根本上解决问题，特别是在引导投资建设电网、推动调峰电站建设上，NETA 及后来的 BETTA 均未进行显著的改进，输电阻塞问题日益严重。即使是在市场势力不严重的情况下，再调度机制安排也会推高电力价格。

第四，政策风险制约电力投资。英国于 2015 年举行大选，电力企业面临的政策前景并不明朗，就当时情况而言，无论是谁赢得选举，电力部门的政策风险都会上升，从而使当前及未来一段时间内的电力投资被推迟或取消。这种情况已经加剧了电价的波动性，且未来仍会持续。此外，除电力投资项目被延期或取消外，政策风险的上升还使电力企业安全融资或再融资的成本增加，从而推高电价。

（三）英国应对电价上涨的措施

针对 2003~2012 年的电价持续上涨，英国政府秉持自由市场原则，未采取任何直接干预价格的措施（因为法律规定，政府监管部门无此权力），而是从完善市场机制和政府职能的角度，确定了继续深化改革的方向。

英国政府在 2012 年推出以"电力市场改革"为核心的《能源改革法案（草案）》，启动了新一轮的电力市场改革，决定全力发展低碳电力，其中，核电、可再生能源和普及碳捕获与封存技术成为重点发展对象，并抑制燃煤电厂的发展。但体现在这一改革方案中的电价上涨治理思路仅仅是尽量保持增量稳定，而非价格水平的稳定或下降。

实际上，到 2035 年前，英国的电价不可能保持稳定或下降。21 世纪第一个 10 年，英国能源行业处于更新换代的关键时期，到 2035 年前，英国发电厂中有 1/5 将因达到服役年限陆续关闭，而整个国家的能源需求却在持续攀升，预计 2050 年前的能源需求将翻一番，因此英国必须尽快更新、新建包括电厂在内的能源基础设施。通过高价格吸引投资是基本思路。

同时，英国也注意到电价上涨可能产生极端不利后果，因而此次改革又再度赋予政府干预市场价格的权力，以配合市场机制有效发挥作用。

二 俄罗斯的电价上涨问题

（一）俄罗斯的电力市场改革和电价上涨

2008 年，俄罗斯进行了在世界银行指导下的大规模的电网重组改革，将俄罗斯电网的配电网部分移交给 MRSK 的各子公司，将输电网部分移交给俄罗斯输电公司（FGC）。此次重组将一个大电网公司拆分为一家大型输电公司（FGC）和一家大型配电公司（俄罗斯配电公司，IDGC）。随着结构的变化，俄罗斯同步推进了针对电网部门的定价和监管改革，实行新的资产基数规制政策（Regulatory Asset Base，RAB）。

实际上，2001~2010 年，俄罗斯电价一直保持上升态势，但以 2008 年电网重大重组为节点，前后两个阶段的电价变化趋势具有不同的特点（如图 2-2 所示）。

第一阶段：2001~2008 年，电网处于纵向一体化模式发展阶段，电价稳定上涨。

第二阶段：2008~2010 年，电网彻底拆分，电价进入快速上涨期。

需要注意的是，尽管俄罗斯电价在 2001~2010 年总体上在上涨，但俄罗斯电价在国际上仍处于极低水平，按 2011 年价格计算，俄罗斯电价水平仅为 OECD 国家平均电价水平的 38%，为 OECD 欧洲国家平均电价水平的 27%。

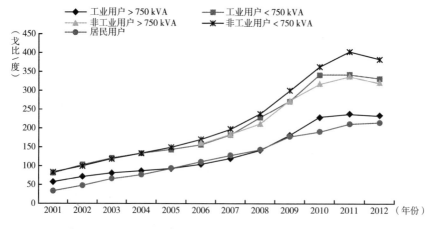

图 2-2　2001~2012 年俄罗斯（最终）销售电价的变化趋势

（二）俄罗斯电价上涨的原因

促使俄罗斯在 2008 年电网重组之后电价快速上涨的原因如下。

第一，零售市场存在市场势力。俄罗斯从 2006 年就开始在零售市场引入独立售电商参与市场竞争，并建立义务供电商（Guaranteeing Suppliers）制度；零售用户被区分为可竞争用户（工商业用户）和管制（居民）用户。竞争只针对可竞争用户，管制用户只能由义务供电商服务。尽管近年来独立售电商的市场份额在不断上升，但义务供电商在零售电力市场中仍具有绝对优势。义务供电商的垄断地位增加了它们滥用市场势力的机会，从而进行各种形式的加价，导致最终用电价格上涨，这成为电价上涨的主要原因。

第二，资产基数规制政策仍不完善。资产基数规制政策并未确定能够保持电网有效运营和投资的规制定价水平，拆分后的两家公司对 RAB 的反应程度出现明显差异。FGC 表现出更高的运营和投资效率，但是 MRSK 未受到 RAB 的有效激励，运营和投资效率远低于预期。结果电网价格显著上涨，进而推动最终电价快速上涨。同时，面对电价快速上涨，在电网方面，这增加了可竞争用户对管制用户的补贴，进而进一步增加了可竞争用户的价格压力。

第三，2008 年输配分离改革过于激进，损失了大量纵向经济和协作经济。纵向经济和协作经济的损失体现在，输电网公司作为单一企业，相对更容易受到 RAB 规制；配电网公司的业务通过分布于各地区的子公司开展，子公司数量众多、业务复杂程度较高，但能够将不同子公司联系起来的输电网络又不在自己的控制之下，因此内部治理面临很大困难，从而对 RAB 不敏感。

第四，2008 年输配分离改革缺乏市场机制配合。2008 年重组之后，许多市场运行规则，比如，批发市场接入、合同标准、计量结算、用户转移和断网标准等方面，特别是定价方式和价格管制方面，都缺乏明确规定，从而给供电企业留下大量操作空间，使其能够获得相较原来 3~4 倍的超额利润。

（三）俄罗斯应对电价上涨的措施

面对电价上涨，俄罗斯并未改变市场化改革的根本方面，主要采取了三方面的措施。

第一，采取直接干预措施，针对最终电价实行 15% 的上限管制。但价格上限管制措施仅是过渡性的，无法长期维持，而且在国内存在争议。进行管制后，大量电力企业的利润空间被大幅压缩，它们仅能回收运营成本，处于收支平衡的边缘。许多电力公司因欠费过多而失去义务供电商的地位，它们的地位被 MRSK 相应的子公司取代，这进一步强化了 MRSK 的垄断地位。

第二，2012 年再次对输配电网进行重组后，俄罗斯放弃了输配分离模式。2012 年 12 月 22 日，俄罗斯总统普京签署关于俄罗斯电网股份公司的法令，对 FGC 和 MRSK 再次重组，意图通过法人分离模式重拾纵向经济与协作经济，提高电网的整体管理效率，这一重组改革已经于 2013 年完成。

第三，进一步完善市场机制。俄罗斯计划进一步完善 RAB，也就是俄罗斯国内所谓的"RAB 重启"；同时准备在零售市场实施"标杆竞争"模式，在批发市场推动双边交易模式改革。

三　对中国的启示

英国被公认为电力市场化改革最为成功的范例之一，俄罗斯是正在推动电力市场化进程的国家，本章对两国电力改革进程中电价上涨问题的分析带给中国的启示不仅体现在电价上涨这一直观现象上，还在于电力体制改革的深层问题上。

第一，降低电价并非改革目标，不能把降低电价作为评判改革成功的标准。市场的职能不是保持低电价，而是通过电价波动引导高效率的生产、消费和投资。中国电力体制改革的目标是确立电力的商品属性，使市场在电力资源配置中起决定性作用。在电力市场中，电价必然有升有降，低价格表面上有利于消费者，但会导致资源浪费和影响可持续发展，最终损害消费者福利。英国的经验表明，如果市场运行良好，价格能够反映真实的经济信号，那么消费者能够接受价格的持续上涨。对于中国而言，让价格回归到正常水平（长期边际价格），是改革应该完成的任务。

第二，气候变化已经成为推动电价上涨的重要因素。在当前能源安全和气候变化问题严峻的条件下，电力产业的系统成本有持续提高的必然趋势，这是因为环境保护力度加大和高成本清洁能源所占份额将逐步增加。人为扭曲这一趋势，既不利于电力安全和能源安全，也与国际经验相悖。中国面临的环保和气候变化压力与日俱增，尽快通过电力价格反映当前与未来电力的真实成本（包括环保成本和气候变化成本）已刻不容缓。

第三，结构重组与机制设计是构建良好市场模式的前提。英国的经验表明，结构重组与机制设计的有效配合是电力价格正常波动和引导资源合理配置的基础；俄罗斯的教训表明，如果结构重组过于激进或进行机制设计时没有配套政策，那么电力价格会出现异常波动。因此，推动结构重组与机制设计是应对电价波动的根本路径。

第四，寄希望于通过规制定价改革来解决价格问题治标不治本。在缺乏市场环境的条件下，通过调整政府定价方式，如阶梯定价和峰谷定价等，无法从根本上缓解电力供求压力和改变需求特征，而且，在目前的定价特征下，提价将是一个漫长的过程，根本无法适应中国电力需求增长的形势，因此，根本路径仍在于推动市场化改革。

第五，市场化改革是根本方向，政府直接干预是必要补充。市场化改革并不否认市场的固有缺陷，因此，合理有效的政府干预能够指导抑制电价失控，保护消费者利益。英国的改革动向和俄罗斯的实践经验都表明了这一点。

第六，保证一次能源供给是维持电价稳定的重要途径。对电力产业而言，一次能源供给成本的变动是电价变动的外部冲击因素，最大限度地降低这种不利影响是所有市场都必须关注的问题。对中国而言，一方面要继续理顺煤、电关系；另一方面要明确未来的电源发展结构。特别需要强调的是，大规模引入天然气发电的方法并不可行，也不稳妥。

四　结论

总之，在中国电力体制改革进程中，电价上涨是必然的。其中既有对正常水平的回归，也可能有不合理因素的作用。改革就要最大限度地发挥市场的合理作用，同时消除不合理因素，因而政府监管必须调整到位。当价格上涨过快时，政府必然面临较大压力，但根本应对之道还是要继续深化电力体制改革，而非停滞不前，更非倒退。

第三章 组织结构

第一节 纵向结构与配置效率——中国电力体制改革：方向与路径

本节沿着纵向结构理论的新分支，即法人分离理论的研究脉络，通过针对中国电力产业构建理论模型来研究三种纵向结构，即法人分离、所有权分离和纵向一体化的配置效率及影响配置效率的各类效应。根据理论分析的结果，本节指出，寄希望于通过输配分离促进电力体制改革的路径行不通，而将电网与售电分离以形成完整的电力市场，还原电力商品属性才是根本方向；实现分离的最佳模式是法人分离，而非所有权分离。这些结论同样得到了国际经验的印证。

本节内容安排如下：先对相关理论文献进行简要综述，并阐述主要进展和现有不足，说明本节构建的模型的创新性；接着建立起进行纵向结构效率比较的分析模型，并对结论进行讨论；然后分析模型的政策含义，并探讨其对中国电力体制改革的启示；最后得出结论。

一 文献综述

本节理论建模的思想来自研究纵向组织结构中的一个较新的分支——法人分离理论。所谓法人分离模式是指处于上下游的属于同一所有者，但都是独立经营主体的纵向结构模式。关于法人分离的理论文献在 21 世纪初才出现，Cremer，Crémer 和 Donder（2006）认为其发表的报告是这一领域最早的理论文献，近年来，这一领域迅速成为研究热点，已经取得了许多重要成果。法人分离理论关注的核心问题是，与传统的所有权分离和纵向一体化相比，其是否会改善市场效率。针对这一问题，不同研究者采用不同判断标准和分析方法，所得的结论既有相互印证的方面，也有不同的方面。目前来看，在为数不多的相关研究中，多数是纯理论研究，实证研究较少，主要原因在于问题较新和获取数据受限。本节构建的理论模型的最大贡献是在弥补现有研究的明显缺陷的基础上，建立起一般性分析框架。

（一）现有研究的进展

法人分离理论主要用配置效率和投资效率（或动态效率）比较纵向结构，其中配置效率是最主要的判断标准，因为价格变化往往是评判各国相关市场特别是电力市场改革情况的主要依据。在现有主要文献中，除 Cremer，Crémer 和 Donder（2006）专门研究了投资效率外，Bolle 和 Breitmoser（2006），Höffler 和 Kranz（2011a），Bauer，Bremberger 和 Rammerstorfer（2010），Höffler 和 Kranz（2011b）等都比较了配置效率，其中，Höffler 和 Kranz（2011a）还研究了投资激励问题。

这类研究主要采用经典产业组织理论的研究方法，通过假设不同纵向结构、成本和需求条件，以及市场主体的行为方式来研究不同市场结构的效率表现。尽管思路一致，但不同文献的建模背景、纵向结构设定、包括的影响因素及具体假设都存在明显差异。普遍地，这类文献的假设限制性较强，使结论的稳健性和不同结构之间的可比性较低，这也正是 Cremer，Crémer 和 Donder（2006）所坦承的问题。

尽管存在此类问题，但现有文献最大的贡献在于，给相关产业的改革方案更多政策选择。它们强调在某些情况下，在所有权分离和纵向一体化这两种传统纵向结构之外还存在第三种纵向结构，而且，从理论上讲，这有可能实现更高的配置效率或投资效率。

首先，法人分离相比其他两种纵向结构（从改革角度来看，主要与所有权分离对比）具有更高的配置效率。Bolle 和 Breitmoser（2006）利用 Cournot 模型研究了决定法人分离和所有权分离下均衡价格的必要条件，并发现在大多数的情形下，法人分离的价格均低于所有权分离的价格。他们的逻辑是，价格取决于上游的边际成本、所有权分离下的管制接入定价（平均成本加管制收益，高于边际成本）和法人分离下的管制低效（管制接入定价之外的加价）。[①] 他们分别利用寡头垄断和边际竞争模型验证了，由这三个因素决定的必要条件在一般情形下都会使法人分离下的价格更低。Höffler 和 Kranz（2011a）进一步从改革角度提出了一个重要观点：法人分离是介于纵向一体化和所有权分离之间的中庸之道或黄金法则（Golden Mean），在强有力的监管下，法人分离的产出水平会高于其他纵向结构。[②] 他们的逻辑在于，与纵向一体化相比，法人分离可以避免上游企业对下游竞争者的破坏行为（Sabotage）；与所有权分离相比，上游企业可以策略性地增加下游市场的总产出，从而提高社会福利水平。这种效应被称为"下游扩张效应"，当下游市场实行价格竞争时，其会非常显著。Höffler 和 Kranz（2011a）的前提是法人分离能够有效分离上下游企业的利益，并假设上游企业只最大化自身利润，但现实情况可能并非如此。于是，Höffler 和 Kranz（2011b）考察了上下游企业"互相关心"的情形，并提出了另一个重要观点，即所有权分离未必能够保证独立性，其他方式完全可以用来确保独立性，特别是带有严厉罚款的监管机制。他们的逻辑是，通过所有权分离来提供独立性，会损失对下游总产出的激励，即损失一些下游扩张效应。当然，两个研究均强调严格监管对法人分离的重要性。

其次，法人分离相比其他两种纵向结构具有更高的投资效率。Cremer, Crémer 和 Donder（2006）专门研究法人分离和所有权分离下的网络投资激励问题。他们发现，法人分离下的福利水平高于所有权分离，上游企业拥有的下游企业越多，福利水平就越高，且结论非常稳健。他们的逻辑是，网络投资若不受合同保护，那么上游企业在进行网络投资时就不会考虑下游企业

[①] 在所有权分离时，下游企业面临的接入定价仅仅是管制定价；而当法人分离时，与上游企业属同一所有者的下游企业面临的接入价格是上游的边际成本，但竞争者面临由管制接入定价和管制低效共同决定的较高价格。

[②] Höffler 和 Kranz（2011a）把法人分离定义为关键性投入品必须由具有自主经营权的独立法人控制，但下游企业可以拥有该法人实体，而且下游企业对该法人利润具有索取权，不过不得干预上游企业的业务；其把 Cremer, Crémer 和 Donder（2006）定义的情形称为反向法人分离。

的利益，因而所有权分离会损害社会福利；而允许上游企业拥有下游企业会减少这种损失。Höffler 和 Kranz（2011a）发现各种纵向结构的投资效率会因投资类型不同而存在明显差异，对于旨在降低上游边际成本的投资，法人分离会提高激励；对于容量投资，尽管这有可能降低激励，但通常会提高福利水平；对于可靠性投资，各种纵向结构都需要依赖合同设计和合理监管。

当然，研究法人分离的文献也不全都认同法人分离效率更高。首先，有人认为认定法人分离是否具有效率优势取决于分析的视角和考虑的因素。Bauer，Bremberger 和 Rammerstorfer（2010）利用模拟方法发现，数量竞争和价格竞争会产生不同的结论，而且市场集中度与市场价格之间存在重要权衡，因而选择纵向结构必须考虑竞争程度的影响。Nikogosian 和 Veith（2011）的文章是为数不多的实证文献，他们认为法人分离只有在完全防止非价格歧视时才会有效，而法人分离本身并不能消除非价格歧视，因而他们实际上强调了严格监管对于法人分离效率表现的重要性。其次，也有人直接提出不同的观点。比如，Pakula 和 Götz（2011）认为，就质量投资而言，纵向一体化是更理想的模式，法人分离的效率不会更高，在某些条件下甚至更差。当然他们也承认模型存在缺陷，比如未考虑范围经济和交易成本等。实际上，Pakula 和 Götz（2011）与 Cremer，Crémer 和 Donder（2006）在强调内部投资影响这一点上的观点完全一致，只不过前者关注质量投资，而后者关注容量投资，这正验证了 Höffler 和 Kranz（2011a）所指出的，投资类型的差异会导致结论的分歧。

实际上，将法人分离作为直接研究对象的理论文献的来源可以追溯到研究纵向关系（不仅限于结构）的一大类文献上，其中不少研究的结论本质上支持法人分离，尽管它们没有明确提出"法人分离"的名称。

首先，研究上下游策略行为的文献是一个重要来源。比如，Sibley 和 Weisman（1998）就已经提出了上下游采取纵向一体化还是设立独立分支（即法人分离模式）的问题。他们指出，上游垄断企业不一定只具有提高下游竞争者成本的激励，也可能有相反的激励，甚至在一定条件下，会希望竞争者越多越好。这一观点与 Höffler 和 Kranz（2011a）的下游扩张效应类似，都强调上游企业具有做大下游整体市场的激励，只不过实现方式不同。

其次，研究法人分离的商业形式（尽管未明确提出法人分离），如有关合作制的文献也提供重要启发。Menard（2004）指出合作制是一种复合的组织形式，混合了层级结构（完全整合）和市场（完全分离）的双重特征。合作制既具有纵向一体化结构（Sexton，1984），也具有市场特征，比如独立决策、有追求效率的激励等（Makadok，Coff，2009）。Dietl, Duschl, Grossmann 和 Lang（2011）为了解释合作制企业广泛存在的原因，将合作制分别与纵向分离和纵向一体化的组织形式进行比较，认为合作制企业更能强化信息获取，从而提高产出和福利水平。

（二）现有研究的不足

现有文献针对三种纵向结构的效率比较得到了许多有价值的结论，不过由于问题较新且复杂，这一领域仍有很大的拓展空间，因而现有研究难免存在一些缺陷，而有些缺陷正是本节尽量予以修正或弥补的地方，这或可成为本节的重要贡献。

第一，对法人分离的理论定义与模型设定存在背离。Cremer, Crémer 和 Donder（2006），Bolle 和 Breitmoser（2006），Höffler 和 Kranz（2011a，2011b）等都假设，严格的监管确定了上游企业对下游企业收取的接入定价，这意味着下游企业在接入基础设施时不会面临价格歧视，但有些模型分析出现了偏移，假设与上游企业属于相同所有者的下游企业面临的接入定价是上游的边际成本而非受管制的接入定价。很明显，若是这样就意味着上游企业对下游企业存在价格歧视，或者接入不受管制，这与基本假设相矛盾。

第二，忽略了纵向结构的主要影响因素，如纵向经济、企业数量（或横向市场结构）等。Höffler 和 Kranz（2011a）已经注意忽略纵向经济的不利影响，并指出纵向经济尽管无法在法人分离下得到完全实现，但比所有权分离显著得多，这一想法并未体现在其模型中，从而限制了结论的可靠性。Bauer, Bremberger 和 Rammerstorfer（2010）实际上强调企业数量的影响，因为决定市场集中度和竞争状况的基本条件便是企业数量；而对于企业数量，多数研究假设过，比如，Cremer, Crémer 和 Donder（2006）假设下游只存在两家企业；Bolle 和 Breitmoser（2006）、Höffler 和 Kranz（2011a，2011b）均假设上游企业只可能与一家下游企业属于同一所有者等。

第三，部分结论过于极端。比如，Nikogosian 和 Veith（2011）认为只有完全防止非价格歧视，法人分离才可能是有效的。这明显过于苛刻，实际上即使在完全分离时，上游对下游的非价格歧视也无法被完全消除，而且Höffler 和 Kranz（2011b）回答的正是法人分离在无法完全消除非价格歧视时的效率表现，他们的结论更为合理。

最根本地，现有文献缺少针对且契合中国电力产业改革背景的研究。现有文献中模型的限制性过强，从而使相关结论对中国电力体制改革的指导意义极其有限，因此，一方面，我们希望能够在现有研究基础上，建立起包括核心影响因素，如纵向经济、竞争和监管等的一般性理论分析模型；另一方面，我们希望这一理论模型能够反映和解释中国电力产业的基本改革问题。

二 模型分析

针对已有文献的不足，本节构建一般性的效率比较模型。模型分析的目的是既要比较不同纵向结构的配置效率，也要考察决定纵向结构效率的各类效应。更重要的是，本节中的模型完全以中国电力产业为建模背景，得到的结果更具针对性。

（一）基本设定

首先假设存在一个包括上下游环节的单一产业，其中，上游提供关键性基础设施（电网）的服务（接入）以作为下游生产的投入，由一个受管制的企业垄断经营；下游产业直接面向最终用户，通过接入基础设施将最终产品或服务配送至用户，市场中存在 n 家企业。假设政府对上游进行严格的接入规制定价[①]，能够保证上游企业对下游企业的公平无歧视接入。同时假设

① 这也是相关研究的通常做法，如 Bolle 和 Breitmoser（2006）、Ceriani 和 Florio（2011）等，接入监管的问题属于另一分支的研究内容。

上游企业可以拥有数量为 n_1 的下游企业，不过这些企业完全独立经营，这是 Cremer，Crémer 和 Donder（2006）定义的法人分离和 Höffler 和 Kranz（2011a）的反向法人分离，不过本节不做这种区分，因为严格管制假设和只关注下游市场配置效率。下游其他的 $n-n_1$ 家企业与上游企业之间的所有权分离。

接入定价是下游企业投入成本的重要组成部分。不过不同纵向结构下的投入构成也不尽相同：首先，纵向经济会影响整个产业的成本，从而影响投入价格；其次，企业的策略性行为会影响到竞争对手的成本，进而影响投入价格。

令上游网络环节的固定成本为 F，边际成本为 f，下游企业的边际成本为 c，为了帮助上游垄断企业回收固定成本，政府确定 $p_r=（1+\alpha）f$ 的价格作为下游企业的接入定价。这就使上游企业无法对下游企业进行价格歧视，且无论是法人分离还是所有权分离都是如此。

但是，法人分离与所有权分离的差异在于法人分离并未完全放弃上下游环节之间的纵向经济；同时存在向下游延伸的市场势力，这影响竞争的激励。前一种效应体现在上游企业与部分下游企业的所有权相同时，后一种效应则体现在上游企业可能对下游竞争对手采取非价格竞争手段或破坏（Sabotage）策略。

那么，在法人分离下，下游企业面临的投入价格是：

$$a_i = p_r +（1-\sigma）c，如果该企业与上游企业所有权相同 \tag{1}$$

$$a_i = p_r +（1+\beta）c，如果该企业与上游企业所有权不同 \tag{2}$$

其中，σ 是纵向经济参数，表示由于纵向经济的存在，下游企业会享受到一定程度的成本优势；β 是策略竞争参数[①]，表示上游企业会针对作为竞争对手的下游企业采取某些非价格的破坏策略，从而增加竞争对手的成本，一般而言，$\beta>0$，但理论上，也可能出现 $\beta<0$。

在所有权分离下，下游企业面临的投入价格是：

---

① 当然，这也可以被称为"规制参数"，表示规制的有效性。若规制高效，那么上游企业的非价格歧视就少；若规制低效，那么非价格歧视就多。

$$a_i = p_r + c \tag{3}$$

假设反需求函数是：

$$P = a - bQ \tag{4}$$

其中，$Q = \sum_{i=1}^{n} q_i$。

那么，下游企业 i 的利润就是：

$$\pi_i = (a - b \sum_i q_i) q_i - a_i q_i \tag{5}$$

（二）市场配置结果

几乎目前所有相关文献都选择 Cournot 模型而非 Bertrand 模型来描述下游市场的竞争。原因包括以下几个方面：第一，电力产品属于同质产品[①]；第二，电力在现代社会属于必需品；第三，电力供应商需根据电力需求预测确定生产或采购电量[②]，这恰恰符合 Cournot 模型作为两阶段博弈的含义，即第一阶段确定生产能力，第二阶段确定价格；第四，Cournot 模型强调了企业数量在决定市场绩效上的关键作用，而这正是本研究分析的重点之一。当然也有少数文献利用了 Bertrand 模型，如 Höffler 和 Kranz（2011a），Bauer，Bremberger 和 Rammerstorfer（2010）等。

法人分离下的价格水平是：

$$P_L = \frac{n}{n+1}[p_r + c + (\beta - s\beta - s\sigma)c] + \frac{a}{n+1} \tag{6}$$

其中，$s = n_1/n$，表示法人分离模式下，与上游企业所有权相同的下游企业的比例。

所有权分离下的价格水平是：

$$P_O = \frac{n}{n+1}(p_r + c) + \frac{a}{n+1} \tag{7}$$

---

① 前提是不考虑输电网络的技术差异，即不考虑如由电压等级、网络拓扑结构和电网调度所决定的可靠性差异。

② 这是电力系统运行的基本特征，当然也存在极端情况，即为了保证电力系统的安全运行，进行削峰。

（三）基本权衡：两种分离模式

根据公式（6）和公式（7），我们可以得到分离模式的等价条件：

$$\beta - s\beta - s\sigma = 0 \tag{8}$$

即：

$$s = \frac{\beta}{\beta + \sigma} \tag{9}$$

公式（9）意味着，若该等式成立，那么法人分离与所有权分离下的价格水平相同，即配置效率相同。当 $s > \frac{\beta}{\beta+\sigma}$ 时，法人分离下的价格水平更低；而当 $s < \frac{\beta}{\beta+\sigma}$ 时，所有权分离下的价格水平更低。

当 $\beta = 0$，即市场竞争完全公平时，平衡条件简化为 $s = 0$，这意味着，全部市场都适宜采取法人分离，以充分享受纵向经济产生的成本收益。

当 $\sigma = 0$ 时，平衡条件简化为 $s = 1$，这意味着，全部市场都适宜采取所有权分离的方式，以充分享受竞争产生的收益。当上下游环节之间不存在显著纵向经济时，上游企业若对下游企业采取破坏行为，那么只会推高市场的价格，从而降低市场的配置效率。这也正是各国电力产业促进垄断环节与竞争环节分开的根本原因所在。

理论上，β 可以趋近于 ∞，这代表上游企业能够完全关闭下游市场，这时法人分离下的配置效率会被极端扭曲。

$\sigma \to \infty$ 则代表纵向经济极其显著，在 β 适度时，这能够促使价格水平下降到低于所有权分离的水平。

当然，当 β，$\sigma \in \mathbb{R}^+$ 时，我们必须结合法人分离的具体形式，即 s 的大小来确定比较结果。一般而言，法人分离和所有权分离之间不存在绝对占优的情况，根据 β 和 σ 的取值，两种分离模式都有存在的空间。这也就回答了为什么在各国电力市场中有的采取所有权分离方式，有的采取法人分离方式，它们之间存在激烈争论，特别是欧盟各国之间围绕所有权分离进行争论。关于中国的情况，我们放在"政策含义"部分讨论。

总之，以上分析的核心在于纵向经济与歧视效应的权衡，由此我们得到如下命题。

命题 1：法人分离与所有权分离之间配置效率的高低，取决于对纵向经济与竞争效应的权衡；纵向经济的存在会提高法人分离的配置效率，而减少歧视策略则会提高所有权分离的配置效率；一般而言，两个纵向组织模式都有存在的空间，具体的选择需要根据纵向经济与竞争效应的大小而定。

（四）基本权衡：考虑是否分离

命题 1 只关注两种分离模式的比较，下面我们考虑加入纵向一体化后的比较。随着纵向一体化向分离模式的转变和监管的调整，上游网络企业的成本也会发生变化，并影响最终的市场配置结果。实际上，上游企业运行效率低下是重要改革原因之一，改善对网络企业监管也是改革的重要目标。为了体现这一因素，我们假设在纵向一体化时，X-非效率和监管效率的低下等原因会使企业的边际成本提高，达到 $(1+\lambda)f$，如 Ceriani 和 Florio（2011）等，假设此时最终定价由政府管制[①]，则：

$$P_I = (1 + \lambda)p_r + (1 - \sigma)c \tag{10}$$

（五）法人分离与纵向一体化

比较公式（6）和公式（10），有：

$$
\begin{aligned}
\Delta_{L,I} &= P_L\mid_{s=1} - P_I \\
&= \frac{a - (1 - \sigma)c - (1 + \lambda + n\lambda)p_r}{n + 1} \\
&= \frac{a - P_I}{n + 1} - \frac{n}{n + 1}\lambda p_r \\
&= \underbrace{b\frac{Q_I}{n + 1}}_{\text{竞争效应}} - \underbrace{\frac{n}{n + 1}\lambda p_r}_{\text{监管效应}}
\end{aligned}
\tag{11}
$$

---

① 正常的定价方式应该为 $P_I = (1+\delta) C_I$，其中，C_I 是纵向一体化企业的成本，不过在完全不影响分析结构的前提下，我们可以对 C_I 做一个等价变换，即假设纵向一体化企业的两环节的成本是可分可加的，并令 $(1+\lambda) p_r + c = (1+\delta) C_I$，很明显，在一般性条件下，必然有唯一的 λ 满足该式。

整体而言，两种模式价格水平的比较取决于以下两部分。

第一，竞争效应。假设下游企业在分离后，首先面临纵向一体化时的需求水平 Q_I，那么按 Cournot 竞争模式来满足 Q_I 时，每个企业的产出仅能达到 $\dfrac{Q_I}{n+1}$。由于竞争的存在，每个企业都不愿填充剩余的需求（边际利润为负值），因此价格必然会升高，即 $b\dfrac{Q_I}{n+1}$ 部分。另外，也可以把 $\dfrac{Q_I}{n+1}$ 看作平均产量的近似，从而近似地将其作为市场势力的度量，进而作为对市场进入壁垒的反映：如果 $\dfrac{Q_I}{n+1}$ 越大，则表明市场进入壁垒（比如，技术壁垒、容量水平要求等）越高，竞争就越少。

第二，监管效应。在上下游环节实现分离后，独立性的增强有利于监管机构对上游网络企业的监管，通过降低 X-非效率产生的成本而降低下游市场价格 $-\lambda p_r$。下降的价格必然会增加市场需求，但由于竞争的不完全性，这部分需求无法得到完全满足，通过价格与需求的反馈交互作用，最终价格会出现一定的回升，即 $\dfrac{1}{n+1}\lambda p_r$[①]，从而使价格变动 $-\dfrac{n}{n+1}\lambda p_r$。

法人分离与纵向一体化之间的均衡价格差异取决于竞争效应和监管效应的对比。无论是竞争效应还是监管效应，其大小都取决于既定的下游的横向市场结构 n。这正验证了 Bauer，Bremberger 和 Rammerstorfer（2010）的观点。据此，我们可以发现不同市场结构，即完全竞争、不完全竞争（含垄断竞争和寡头垄断）和完全垄断对价格水平的影响。

当 $n\rightarrow\infty$ 时，下游市场实现完全竞争，市场进入不存在任何壁垒；法人分离实现了上下游企业的完全独立，有助于监管效率最大化（比如，下游市场竞争性增强使监管资源能够从下游向上游转移，并增加了从下游信息推断上游信息的更多途径），从而完全消除上游网络企业的 X-非效率等。

当 n 大小适度时，下游市场具有一定的可竞争性，同时存在一定的进入

---

① 当然，回升程度由 Cournot 竞争模型决定，但无论回升程度如何，背后的逻辑都是相同的。

壁垒，而且 X-非效率无法完全消除。这时两种模式的具体比较结果并不确定。

当 $n=1$ 时，下游市场是完全垄断市场，引入竞争所需的容量要求非常高，因此市场进入成本也就很高（特别是在下游市场是自然垄断时，这会造成大量沉没成本的重复投资），同时，X-非效率也仅能消除一半，以致 X-非效率的降低可能不足以抵消这部分成本。虽然最终的结果取决于 $bQ_I-\lambda p_r = a-P_I-\lambda p_r$ 是否大于 0，但一般而言，a 往往较大，λp_r 相对较小，除非需求弹性极小，即 $a-P_I$ 极小，否则我们几乎可以确定 $a-P_I-\lambda p_r$ 必大于 0。

据此，我们可以得到如下命题。

命题 2：当下游环节企业数量足够多时，法人分离的配置效率会绝对高于纵向一体化的配置效率；当下游市场只有一家企业从而完全垄断时，在正常的需求条件下，纵向一体化的配置效率高于法人分离；当下游市场的竞争程度介于以上二者之间时，两种模式的比较结果并不确定。

（六）所有权分离与纵向一体化

类似地，比较公式（7）和公式（10），有：

$$
\begin{aligned}
\Delta_{O,I} &= P_O - P_I \\
&= b\underbrace{\frac{Q_I}{n+1}}_{\text{竞争效应}} + \underbrace{\frac{n}{n+1}\sigma c}_{\text{纵向经济效应}} - \underbrace{\frac{n}{n+1}\lambda p_r}_{\text{监管效应}}
\end{aligned}
\tag{12}
$$

与前面不同的是，此时的比较需要考虑纵向经济效应。所有权分离使上下游企业之间损失了所有的纵向经济，成本和市场价格都提高 σc。但在此价格水平之下，最终需求会下降，并倒逼市场价格下降，从而挤出部分产量。通过价格与需求的反馈交互作用，最终价格会下降 $\frac{1}{n+1}\sigma c$，从而使价格最终上升 $\frac{n}{n+1}\sigma c$。

相同的是，二者的比较仍取决于下游环节的市场结构。

当 $n\to\infty$ 时，下游市场完全竞争，竞争壁垒完全消除，此时的比较简化为纵向经济效应 σc 和监管效应 $-\lambda p_r$ 之间的对比。一般而言，下游竞争充分表明上下游之间的纵向经济比较微弱，同时，上游监管效率的提升会大幅降低上游网络企业的 X-非效率，因此，相对而言，所有权分离改革更可能提高配置效率。

当 n 大小适度时，下游市场具有一定的可竞争性，也存在一定的进入壁垒，而且 X-非效率无法完全消除，此外，上下游环节之间还存在一定的纵向经济。这时，两种模式的具体比较结果更加难以确定。

当 $n=1$ 时，实行所有权分离，下游市场的进入成本最高，X-非效率的下降程度最低，而且损失的纵向经济最为明显。根据上文的分析，如果几乎确定在一般性的条件下有 $a-P_l-\lambda p_r$，那么在考虑纵向经济后，支持纵向一体化配置效率更高的条件就更容易满足，因此，一般而言，纵向一体化下的配置效率会更高。特别地，如果上下游环节都具有自然垄断属性，那么纵向经济可能是主导因素。

综上，我们可以得到如下命题。

命题 3：当下游环节企业数量足够多时，所有权分离与纵向一体化的配置效率比较取决于 $\sigma c-\lambda p_r$ 是否大于 0，但相对而言，所有权分离的配置效率更高的可能性更大；当下游市场只有一家企业从而完全垄断时，在正常需求条件下，纵向一体化的配置效率高于所有权分离；当下游市场的竞争程度介于以上二者之间时，两种模式的比较结果并不确定。

（七）对模型的讨论

1. 目标函数的变化

本节假设有效监管可以确保上游网络企业对下游企业实行公平接入，在此前提下，我们不需要考虑所有权对目标函数设定的影响，即上下游企业是否会将其他环节的利润放入目标函数。目标函数的调整是否会影响本节的结论呢？

属于相同所有者的企业之间可能存在方方面面的联系，并有多种方法来实现利润转移，因此"关心"彼此的利润或是不可避免的。一方面，上游企业除能按管制的回报率获得利润外，也可能从下游企业中提取利润，此时，上游企业不能进行差别定价，但可以通过非价格策略（σ）降低同属企业的成本，同时通过提高竞争对手成本的策略（β）来增加利润回报。不过这种情况相当于对下游企业的利润进行二次分配，完全不影响命题1至命题3的基本结论，只不过通过上游企业策略的内生化，模型的形式会复杂一些。

另一方面，下游企业除能从市场中获取利润外，也可能从上游企业提取利润，由于上游企业利润受到管制，因此下游企业可能通过在下游市场中采取策略性的竞争手段（无论是价格竞争还是产量竞争）来改变上游企业的产出，从而最大化利润，Höffler 和 Kranz（2011a）将这种情形称为下游扩张效应。在这种情形下，下游扩张效应会促使命题1和命题2的结论向有利于法人分离的情形变化。命题1的等价条件会变为 $(\beta - s\beta - s\sigma)\, c + \omega rf = 0$，其中，$\omega$ 表示下游企业从上游企业中提取的利润份额。这相当于增加了法人分离相对于所有权分离的价格优势。命题2的比较则需要加入下游扩张效应。虽然加入这一效应不会改变三个基本结论，但在各个基本结论下，都会增加法人分离相对于纵向一体化的价格优势。

实际上，Höffler 和 Kranz（2011b）的下游扩张效应仅仅是一个方面，Sibley 和 Weisman（1998）补充了另一种可能。前者指在位者通过激进的降价或增产来增加市场需求，而后者则通过降低对手的成本来增加产出。只要稍微修改目标函数，并令 $\beta = -\sigma$，我们就可以很容易地验证 Sibley 和 Weisman（1998）的结论。

2. 非价格歧视策略

本节假设非价格歧视只在法人分离情况下存在，但实际上，非价格歧视即使在所有权分离情况下也同样存在。因为决定上游企业对下游企业进行某种歧视的根本原因是，不同下游企业对上游企业的边际利润贡献是不同的，即使考虑实行歧视可能花费成本，这一原因的基本逻辑也仍然成立。

所有权是影响利润归属的首要因素，当下游企业与上游企业属于同一所有者时，上游企业自然会优先考虑下游企业。除此之外，下游企业的生产技术和面临的需求同样是诱使上游企业采取歧视策略的基本因素。

如果假设在所有权分离下的下游企业面临的投入价格为公式（2），那么命题1的结论就会变得完全有利于法人分离，因为法人分离下的价格一定不会大于所有权分离时的价格，即 $P_L \leqslant P_o$。

更接近现实的情况是，令 $\beta_l = \beta$，$\beta_o < \beta_l$，公式（2）变为 $a_i = p_r + (1+\beta_l) c$，公式（3）变为 $a_i = p_r + (1+\beta_o) c$。此时命题1的结论仍会朝着有利于法人分离的方向变化，但变化的程度取决于 β_l 和 β_o 的相对大小。

尽管我们通常假设它们都大于0，但理论上，无法排除其小于0的可能。实际上，β_l 和 β_o 即 Sibley 和 Weisman（1998）指出的上游企业影响下游企业的策略工具，当它们小于0时，表明下游扩张效应存在。

三 政策含义

以上三个命题及对模型的讨论，均具有重要的政策含义，为我们理解中国电力体制改革的问题和方向提供新的解释：一方面，中国电力产业纵向结构改革的界面可以得到明确；另一方面，推进纵向结构改革的方向和模式同样得以确定。

（一）输配分离

在2002年电改之后的约10年时间里，除完成厂网分离外，电力产业结构改革的主要思路是输配分离[①]，遗憾的是，这一思路虽早在2000年就已提出，但合理性和可行性一直缺乏系统论证。从这个意义上说，依靠输配分离推动电力体制走向竞争仅仅是一个假设。

冯永晟（2010）强调电力产业整体纵向经济的重要性。即便如此，纵向经济的存在与否及大小本质上属于实证问题，这为国内研究所长期忽略。张昕竹、冯永晟和阙光辉（2010）对输配电网纵向结构分离进行定量研究，这一研究对国内纵向结构的改革产生重大影响，因为该研究确认输配电网之间具有显著的纵向经济。张昕竹、冯永晟和马源（2010）对纵向（所有权）分离和纵向一体化的成本收益进行了全面分析。同时，张昕竹和冯永晟

[①] 国内对输配分离的使用都是所有权意义上的。

（2007）的研究早已指出，输配分离产生的纵向结构促进市场竞争，取决于对市场模式和监管机制的选择，因此竞争收益并未可知。

因此，在假设中国电力产业结构必须进行结构分离的前提下，输配分离绝非良策。那么输配之间是否可以进行法人分离呢？

答案同样是否定的。正如本研究所指出的，当下游市场只有一家企业从而完全垄断时，在正常需求条件下，纵向一体化的配置效率高于法人分离。在中国现行的电力管理体制之下，电网企业对消费者的垄断不会因为输配分离而发生任何变化（一个地区只能有一张配电网），因此，消费者面临的价格不会因任何分离而降低，反而若寄希望于通过将单一垄断改造为一条垄断链来促进竞争，本身就是在制造更多促使价格上涨的因素，比如，固有的双重加价以及许多损害社会福利的策略性行为。

（二）售电分离

根据我们的分析，将电网环节与售电环节分离无疑更具合理性。首先，电网环节具有自然垄断属性，只应由一家企业经营；售电环节在理论上并非自然垄断，市场的进入门槛较低，充分竞争是可以实现且持续的。当然，现实中的企业数量取决于电力市场的容量，而这又受区域互联的影响，就中国而言，尽管区域电网仍未达到充分互联的程度，但全国联网的趋势在不断增强，这就使中国电力的售电环节能够容纳足够多的企业。即便单就区域电网或省网而言，要保持足够多的竞争者也是可能的，比如，仅仅英格兰和威尔士（经营面积不足国家电网公司的1/55）就容纳了70家售电公司，而售电公司在改革之初仅为从 CEGB（英国中央电力局）分离出来的12家配电公司。

中国的实际情况是，即使不考虑电力产业国外资本进入售电环节的可能，仅以中国现存的县级供电企业作为售电市场主体，也会达到可观的规模：仅国网就有近 2000 家县级供电企业，加上南网，全国有近 3000 家县级供电企业，如此众多的供电企业为可能的售电市场提供了足够多的竞争主体。更何况，未来售电市场的主体绝不会只限于传统的供电企业，可能还包括发电企业以及专门的售电公司。同时，中国目前的售电环节是被电网公司垄断的，几乎完全纵向一体化。因此，根据本节的理论分析，无论是采取法人分离方式还是所有权分离方式，在这一环节打破垄断必然能够提高市场的配置效率。

（三）选择电网还是售电分离？

尽管电网与售电环节之间实现分离最具合理性和可行性，但关键的问题在于选择法人分离还是所有权分离。结合中国电力产业的实际情况，及可能的改革步伐，本节的理论分析表明，法人分离可能是更好的方案。

一方面，尽管传统上售电与电网业务之间的技术联系不甚紧密，但是随着技术进步（智能电网技术）和需求侧管理经验的积累，消费者在电力系统运行中的主动响应趋势在增强，这就使这两个环节之间的纵向经济性增强，也就是，σ 在增大。

另一方面，即使所有权实际分离，监管和反垄断能否有限抑制两环节之间的策略性行为，也未可知，两个环节之间存在各种隐蔽的联系。背后的原因在于，整体的制度环境可能制约所有权分离的效果（Nepal, Jamasb, 2012）。从现实改革进程来看，并非所有策略性行为都会带来福利损失，完全的所有权分离可能矫枉过正，在中国尤其如此。

纵向经济本质上属于实证问题，难以确定其大小，但 Sibley 和 Weisman（1998）、Höffler 和 Kranz（2011a）所说的下游扩张效应真实存在。因为中国的电力销售价格整体是偏低的，不仅与国外相比偏低，与长期边际成本相比也偏低（李英，2006），偏低的价格导致电力的过度消费。无论产生这一现象的根源何在，中国的用电量相对于最优水平确实是"扩张"了，而且扩张的程度非常显著。

那么根据前文的命题及对模型的讨论，扩张效应会使分离模式相对于所有权分离的价格优势更加明显，从这个意义上讲，法人分离无疑是更好的选择。更进一步，如果 Sibley 和 Weisman（1998）所指的扩张效应真实存在，那么法人分离就成为唯一的选择。中国的情况可能确实如此，电网公司升级城网和改造农网的投资确实有利于售电业务的开展，智能电表的普及更直接降低了售电部门的成本等，这都表明中国的 β 很可能为负值，因此法人分离会严格优于所有权分离。

（四）如何理解构建售电市场？

以上论述解释了电力产业纵向结构分离的界面不应位于基础设施内部，而应在基础设施与商业性活动之间即电网与售电的分离；法人分离更适于推进这一纵向结构改革。接下来的问题是，这一改革的直接结果是什么，如何理解这一结果。

将电网与售电环节分离的直接结果是形成了一个全新的售电市场（面向最终用户的售电市场、零售市场）。构建起这一售电市场对中国电力体制改革的意义可以从三个方面来理解。

第一，构建售电市场，才能真正还原电力的商品属性。中国电力体制的根本问题在于缺乏真正意义的市场交易，电力进入电网后便实质性地进入一个"配给"过程，电力价值链在电网和用户之间断裂，电力价格仅起一种结算作用，换句话说，电力的"必需品"性远强于"商品"性。因此构建有效承担电力产业"商业"活动（电力交易）的主体，才是当前中国电力体制改革的核心任务，也唯有如此才能还原电力的商品属性。

第二，构建售电市场，才能为构建趸售市场创造条件，有利于市场化改革措施的推进。构建售电市场的意义不仅在于形成售电主体，其既不意味着供电企业马上可以向电厂直接购电，也不意味着可以很快推进售电竞争（零售竞争）。重要的是，构建售电市场为趸售市场的形成创造了条件，为形成完整的市场交易功能（趸售加零售）创造了条件，从而使深层次的市场化改革成为可能。实际上，根据理论研究和国外改革实践，电力市场化改革的最大收益来自趸售竞争，而非零售竞争（Newbery，2006），因此未来改革的重点在于趸售市场。无论是选择市场交易模式（一定强制程度的电力库，还是完全双边交易），还是电网管理体制改革（受规制的垄断企业、独立运营机构或混合体制），且无论成本收益如何，至少各种方案都具有现实的可能性，从而使中国电力体制改革成为真正意义上的市场化改革。

第三，构建售电市场，有利于完善当前正在推动的各项改革。这对于调整大用户直购电的改革方向有重要作用。大用户直购电不具有推广意义，因为部分大用户直接向电厂购电，但这并不意味着所有大中型用户均可以如此，至少交易费用会成为重要的制约因素，此外，对小型用户和家庭用户而言，这根本无法适用。英格兰和威尔士电力市场于 1990 年针对大用户出台专门政策，但前提是英国存在售电市场，政策规定扩大用户可选择供电企业范围，而非电厂范围。实际上，电厂不可能也不愿意向中小型用户直接售电（特别是在发电环节完全分离的前提下）。因此，在售电市场缺失的前提下，大用户直购电对于促进电力竞争的实质贡献着实有限。大用户直购电是放开售电侧市场的应有内容，如果能够利用纵向结构分离形成完整的售电市场，那么大用户直购电会产生实质性效果。

（五）国际经验的参照

我们不妨再以本节的分析来对照一下国外经验：所有权分离不是万灵药（Nardi，2012），即使被认为最成功的英格兰和威尔士电力市场改革也并非完全结构分离的结果（Bolle，Breitmoser，2006）。

从各国实践来看，电力市场纵向结构改革均将分离界面确定在基础设施与发电或售电之间。以欧盟为例，输配电网与发电侧或售电侧的关系成为欧盟电力产业的第二、三套一揽子方案的核心对象。虽然各成员国的历史情况不同、电网经营方式不同，有的在改革之前就进行分开经营，像英国，有的一直采取纵向一体化方式，像德国，但分离的焦点均在于实现供电和发电活动与网络经营的有效分离。

尽管中国实现了激进的厂网分离，但寄希望于通过输配分离形成的配电公司竞争来产生改革收益，没有可以参照的成功案例。国际经验和教训表明，售电侧的开放是电力竞争有效开展的关键一环，英国从 20 世纪 90 年代起开始开放售电市场、放宽用户选择权，这为 2001 年由电力库模式向 NETA 模式转变创造了条件；而美国加利福尼亚州的危机发生的原因则在于售电侧的严格管制，导致趸售市场价格波动而无法有效、及时传递到零售电价中去。值得注意的是，这正是英国推行 NETA 改革的原因之一。因此，没有售电侧市场的开放，任何趸售竞争的收益都难以充分实现。

实际上，中国的输配分离完全是在"绕路"。新西兰早在 1999 年就要求配电公司分离售电业务，原因是要避免配电公司限制电力市场竞争的影响。欧盟国家，如英国从 2001 年就开始在自愿的基础上推进配电与售电分离；2005 年，10 个欧盟国家进行了配电与售电的法人分离（EU，2005）；荷兰从 2008 年开始推进配电业务与售电业务的所有权分离改革。对于输配电网分开经营的国家而言，无论分离模式如何，配电与售电的分离都似乎是必然推进的。既然如此，售电分离为什么必须处于输配分离之后？这明显缺乏理由。

另外，俄罗斯确实在 2008 年进行过大规模的输配分离改革，但是进行分离改革 6 年之后，FGC 和 IDGC 再度实行了一定程度的一体化，最终构建了法人分离的纵向结构，这一改革于 2012 年启动，在 2013 年已经基本完成。其背后的原因在于，过于彻底的输配分离导致企业内部纵向经济和协作经济产生巨大损失，这无法使相关监管政策有效落实，从而产生众多问题。实际上，就电力产业的体量和体制而言，俄罗斯与中国更具可比性，其教训值得中国借鉴。

（六）监管的作用

与以往研究一样，本部分同样强调监管的重要性。尽管我们以概括的形式来模型化监管的效果，但其实际作用方式要丰富和复杂得多，对中国电力产业而言，政府除了应加强对企业成本控制的激励性监管外，还要承担起新的接入监管职责。

目前，中国仍对电价采取严格的管制，本质上，这仍属于传统的成本加成。成本加成的监管效率取决于掌握的信息，然而，目前来看，整个中国电力产业，特别是电网环节的信息透明度极低，企业与政府之间的信息极不对称，企业内部的各类低效率难以被有效发现和规制。另外，中国的电力监管体制极不到位，成立于 2002 年的独立监管机构电监会在运行十年后被并入国家能源局，重要原因就在于电监会缺乏核心监管手段——电力价格监管，基本无所作为，同时国家发改委价格司只负责审批电价，不负责监管企业。这造成企业运行效率完全处于监管真空地带。Joskow（2003）指出，成本、价格和服务质量等信息的透明是电力成本改革的关键，而发展中国家往往不注意建立良性的监管体制。时至今日，监管体制改革仍是中国电力体制改革需要大力突破的难点，解决与否不仅取决于价格规制政策本身是不是激励性的，还取决于决策部门有无政治决心对抗"利益集团"（Joskow，2003）。

面对售电市场的改革，政府部门要承担起接入监管的职责，以保证电网基础设施能够向所有市场主体提供公平、无歧视的接入服务。尽管短期内中国的零售竞争仍不具备条件，但其是未来发展趋势。售电市场形成以后，售电企业需接入配电网才能售电，在法人分离模式下，电网企业有可能对不同性质的企业采取不同的接入定价（也可能是隐性的），这就需要政府制定合理的接入定价规则，以保障公平竞争（避免属于同一所有者的电网企业与售电企业之间的交叉补贴）。

四　结论

本节以中国电力产业为建模背景，沿着纵向结构理论的新分支，即法人分离的研究脉络，系统比较了三种主要纵向结构，即法人分离、所有权分离与纵向一体化的配置效率问题，得到了不同纵向结构比较的结果及实现条件。通过理论分析，本节指出，通过法人分离构建售电市场是中国电力市场纵向结构改革的理想模式，是走出当前电力体制改革困境的突破口。

本节指出，纵向结构的三种主流形式之间的配置效率，取决于纵向经济效应、竞争效应与监管效应的权衡，三种效应的比较受到市场主体数量等因素的影响。纵向经济效应与竞争效应权衡主导了两种分离模式的效率比较。三种纵向结构都有存在的空间，选择何种结构取决于一国电力产业的基本情况。就中国电力产业而言，纵向结构分离的界面应该在电网与售电环节之间，而非输配之间；分离电网与售电环节要形成售电市场，从而使中国电力产业形成真正意义上的电力交易市场，还原电力的商品属性。这对于进一步推进中国电力市场化改革和完善当前正在实施的改革措施都具有重要意义。同时，本节强调了中国进行激励性监管和接入监管的重要性，政府需要坚定改革决心，并着力破除构建售电市场的法律制度阻碍。

第二节　输配分离改革的纵向经济损失研究

5号文极大地推动了中国电力市场改革的进程，初步建立起具有市场经济特征的电力市场框架，包括发电侧竞争、独立监管机构等。之后的几年，电力市场化改革进展缓慢，区域电力市场改革试点由于种种原因被叫停，改革再次进入瓶颈期。对于如何继续推进改革，特别是输配体制改革问题，业界一直存在激烈的争论。从2008年开始，输配体制改革在争论声中被提上日程。

总体来看，支持输配分离的观点过分强调输配分离改革的收益，即通过输配分离形成竞争性市场，但忽视了输配分离改革本身的成本，换句话说，目前对输配分离方案的制定只基于收益分析，而缺乏系统的成本分析，这必然让人对输配分离改革产生怀疑。

张昕竹、冯永晟（2007），冯永晟、马源（2008）从定性角度指出，输配分离会导致巨大的纵向经济损失，这是因为与其他网络型产业不同，输配电网之间具有很强的技术依赖性，这种技术依赖性会产生显著的纵向经济。本节以这些研究为起点，实证研究输配分离改革的成本，从而为输配改革方案的制定提供重要依据。

早在20世纪80年代前后，理论界就开始关注电力产业纵向经济问题，不过，这时的文献多进行定性分析，而缺少定量分析。Weiss（1975）较早明确指出电力产业存在显著的纵向经济；Landon（1983）指明纵向分离会产生交易成本和信息成本，因此，输电和配电联合生产存在纵向经济；Joskow和Schmalensee（1983）指出，纵向经济来源于多个方面。这些文献都认为，纵向经济存在与否及大小需要通过实证研究来验证。

20世纪80年代中期以后，实证文献丰富起来，不过就笔者所掌握的文献来看，这些文献主要关注发电与电网的纵向经济，没有进行输配纵向经济的研究，当然，这是由国外电力市场结构和所有制结构所决定的。

总体来看，电力产业纵向经济的实证研究是按照三条路线展开的。第一是通过成本可分离性检验来验证纵向经济的存在。这类文献主要包括 Henderson（1985），Roberts（1986），Lee（1995），Thompson（1997），Hayashi，Goo 和 Chamberlain（1997）等，尽管这些文献的具体设定有所不同，但都得出拒绝成本可分性假设的结论，即各生产环节的成本函数不能独立刻画，从而表明生产环节之间存在紧密联系，因此间接地验证了纵向经济的存在。

第二是利用范围经济理论验证并度量纵向经济损失。Kaserman 和 Mayo（1991）最早把成本理论中的范围经济思想引入纵向经济损失的研究中，类似文献还包括 Gilsdorf（1994，1995）和 Kwoka（1996，2002）。另外，Fraquelli，Piacenza 和 Vannoni（2005）综合了之前的研究成果，Piacenza 和 Vannoni（2005）则做出进一步扩展。

第三是刻画纵向经济的形成机制，这类文献目前还不多，主要包括 Nemoto 和 Goto（2004）等。他们采用结构计量方法，试图说明到底是什么因素决定了纵向经济的产生，以及如何导致纵向经济损失。

上述文献表明，有关电力产业纵向经济的研究成果不断丰富，从检验生产环节的可分性到应用范围经济理论度量纵向经济损失，再到检验产业的成本次可加性和评估市场扭曲效应，理论界对纵向经济的认识逐步加深；同时，实证研究方法在不断完善，特别是成本函数的设定越来越完善，如各种形式的二次成本函数、超越对数成本函数、复合成本函数和一般 McFadden 形式的影子成本函数等。

借鉴以上研究成果，本节设定了按照 110kV-35kV 和 220kV-110kV 界面分离的两种情景，分别测算了输配分离产生的纵向经济损失。结果表明，尽管两种情景下纵向经济损失的构成存在明显差异，但纵向经济损失的总量和比例均非常高，由此证明输配环节之间的纵向经济非常明显。

本节接下来的内容安排如下：先设定输配电联合生产成本函数并描述本节使用的数据；接着给出成本函数估计结果；然后利用输配电成本函数估计输配分离产生的纵向经济损失；最后得出结论。

一 模型设定与数据

（一）成本函数设定

在研究电力产业成本结构的文献中，人们广泛使用的是标准型二次成本函数和超越对数成本函数。标准型二次成本函数能够比较方便地模拟企业纵向成本结构特征，但无法有效描述要素价格与成本的关系（难以限定要素价格对成本的一次齐次性）；而超越对数成本函数尽管能够比较合理地引入要素价格，但由于无法表示零产出而不能模拟纵向成本结构。

本节使用由 Martinez-Budria，Jara-Diaz 和 Real（2003）经过标准化处理的二次成本函数。这种函数是标准型二次成本函数和超越对数成本函数的混合形式，它既能模拟纵向成本结构，又能合理地引入要素价格，并使要素价格满足对成本的一次齐次性。经过标准化处理后，假设输配总成本为 C，输电产出为 T，配电产出为 D，劳动价格为 P_L，资本价格为 P_K，购电价格为 P_E，那么输配联合二次成本函数的具体形式可以表示为：

$$
\begin{aligned}
C = &\ \alpha_0 + (\alpha_1 T + \alpha_2 D + \alpha_{11} T^2 + \alpha_{22} D^2 + \alpha_{12} TD) + (\beta_1 P_L + \beta_2 P_K + \beta_3 P_E) \\
&+ (\beta_{11} TP_L + \beta_{12} TP_K + \beta_{13} TP_E + \beta_{21} DP_L + \beta_{22} DP_K + \beta_{23} DP_E) \\
&+ \varphi_1 TDP_L + \varphi_2 TDP_K + \varphi_3 TDP_E
\end{aligned} \tag{13}
$$

公式（13）刻画了企业长期成本特征，其中，含产出（T 和 D）的各项表示企业可变成本，其他各项表示企业固定成本。含产出交叉项 TD 的各项系数体现企业同时生产输配产出的成本互补性，这是纵向经济的一个来源；固定成本包括输配产出共同使用的公共成本，它们是纵向经济的另一个来源。对应地，纵向经济损失的来源就包括可变成本中成本互补性的消失和公共成本的重置。需要注意，纵向经济定义了厂商在既定生产要素配置（给定投入要素集）下的成本特征，如果生产要素价格导致投入配置变化，纵向经济会随之发生变化，因此含生产要素价格的各项系数反映了要素配置对纵向经济的影响。同时，由于理论上企业可能存在三种生产情形（同时生产输配、仅生产输和仅生产配），公式（13）应体现不同生产情形的固定成本差异，即应根据生产情形取不同的值，但现实中国家电网各省网公司均同时经营输、配电网，不存在只经营输电网或配电网的情形，因此，公式（13）假设所有生产情形的固定成本相等，这就决定了我们需要调整纵向经济损失的计算方法。

价格导致投入配置变化，纵向经济会随之发生变化，因此含生产要素价格的各项系数反映了要素配置对纵向经济的影响。

还需要强调的是，公式（13）描述的是国家电网的输配联合生产成本函数，这首先是对数据的考虑，由于本节主要使用国家电网各省网公司的数据，而不涉及南方电网的数据，因此估计结果仅适用于国家电网，更重要的是，由于长期以来国家电网采取"省为实体"的经营模式，因此用国家电网各省网公司的成本函数可以比较好地刻画整个产业的输配电纵向经济。

（二）数据说明

本研究所用数据是 2003~2005 年 24 个国家电网省网公司的成本数据。数据来源包括 2003~2005 年国家电网各省公司的财务报表数据和 2003~2005 年国家电网的资料汇编数据。

作为网络型产业，输配电网的产出定义一直是一个难题，困难在于产出的多维度，如电量、各级电压线路长度、各级电压的变电容量、无功支持、网络拓扑结构等。在定义产出时，除了需要选择产出维度外，还要决定如何组合这些维度。冯永晟、马源、张昕竹（2008）研究了配电网产出的定义方法，强调了复合产出定义的重要作用。

本节根据复合产出的思想，将电网产出定义为电量和相应线路的回路长度的乘积，其中输电产出中的电量选择供购电量，配电产出中的电量选择售电量。本节选择把回路长度作为第二种产出维度，以反映可靠性水平。可靠性对电网和整个电力产业的安全稳定运行至关重要，因此，其是定义电网产出不可或缺的维度。使用电量和可靠性定义输配电网的复合产出，可以较好地刻画电力产品的主要特征。

总成本由劳动成本、资本成本、购电成本（原材料支出成本）和运维成本加总得到。在计算要素价格时，我们用省网公司的劳动支出除以全年平均职工总数得到供电、输电的劳动价格，用购电支出除以购电量得到购电价格。另外，本节简化了资本价格的计算方法，用债务资本价格近似地表示资本价格。表3-1列出的是样本数据主要变量的基本统计信息。

表3-1 样本数据主要变量的基本统计信息

变 量	单位	统计量				
		最大值	最小值	平均值	峰度	偏度
成本（C）	10 亿元	74.41	3.38	19.96	3.38	1.68
输电量（$OUTPUT\_T$）	MMWh	198.59	13.70	59.55	2.77	1.45
输电线路长度（110kV）（$LENGTH\_T_1$）	kkm	12.23	1.06	5.96	-0.96	0.06
输电线路长度（220kV）（$LENGTH\_T_2$）	kkm	21.50	1.91	12.32	-0.94	-0.24
配电量（$OUTPUT\_D$）	MMWh	184.47	12.91	55.66	2.52	1.43
配电线路长度（110kV）（$LENGTH\_D_1$）	kkm	21.48	3.38	11.82	-1.19	0.28
配电线路长度（220kV）（$LENGTH\_D_2$）	kkm	14.05	0.00	5.46	-0.93	0.68
劳动价格（P_L）	万元/人	7.74	1.84	3.73	1.19	1.08
资本价格（P_K）	%	0.08	0.02	0.06	3.85	-1.76
购电价格（P_E）	元/MMh	376.59	162.17	250.72	-0.39	0.29

二 成本函数估计与分析

估计和分析输配电成本需要假设输电和配电的界限，问题在于，虽然理论上输电和配电是不同的，但在现实中二者并没有明显的界限，并且对于不同的省区市，由于网架结构的不同，输电和配电的界限有所不同。为了分析的方便，本节假设各省网公司的输配电网按统一标准分离，并且假设两种极端分离情形，这实际上确定了纵向经济损失的大致范围。根据我国电网发展的实际情况，本节设定以下两种分析情景。

【情景1】将110kV及以上电压划为输电电压，将35kV及以下电压划为配电电压，从110kV-35kV界面进行输配分离。

【情景2】将220kV及以上电压划为输电电压，将110kV及以下电压划为配电电压，从220kV-110kV界面进行输配分离。

使用固定效应面板模型，表3-2给出了公式（13）的系数以及相应的地区效应（$R_i = 1, \cdots, 23$）和时间效应（Y_1, Y_2）的估计结果。

表 3-2 成本函数关键参数估计结果

变量	情景 1		情景 2	
	估计值	标准差	估计值	标准差
C	12. 9982 ***	0. 8390	10. 7617 ***	1. 2083
T_1	−0. 0118 ***	0. 0018	−0. 0116 ***	0. 0050
D_2	−0. 0111 ***	0. 0049	−0. 0099 ***	0. 0035
T_2	3. 03E−06 ***	4. 72E−07	1. 31E−05 ***	5. 22E−06
D_2	3. 21E−06 *	2. 31E−06	3. 31E−06 ***	1. 56E−06
TD	2. 46E−06	2. 72E−06	−6. 51E−06 ***	3. 28E−06
P_L	−1. 1975	2. 0120	−4. 3757 *	2. 7446
P_K	296. 4018 *	215. 4474	231. 4966	299. 4869
P_E	0. 0648	0. 0596	0. 1786 ***	0. 0858
TP_L	−0. 0241 ***	0. 0095	−0. 0124	0. 0351
TP_K	0. 6187	0. 7409	2. 1475	2. 8670
TP_E	0. 0006 ***	0. 0002	0. 0003	0. 0008
DP_L	0. 0214	0. 0235	0. 0210	0. 0168
DP_K	−8. 0098 ***	1. 5798	−3. 1096 ***	1. 4189
DP_E	0. 0024 ***	0. 0006	0. 0009 **	0. 0005
TDP_L	2. 13E−05	2. 79E−05	−2. 02E−05	3. 09E−05
TDP_K	0. 0078 ***	0. 0021	0. 0039 *	0. 0024
TDP_E	−2. 35E−06 ***	6. 12E−07	−5. 88E−07	8. 08E−07
$Y_1(2003)$	−1. 7499	0. 2839	−1. 7807 ***	0. 3606
$Y_2(2004)$	−0. 5436 ***	0. 2197	−0. 4231 *	0. 2825
R_1	−1. 2392	1. 3791	0. 7348	1. 3350
R_2	13. 0521 ***	3. 0691	1. 5514	4. 2702
R_3	1. 7218 ***	1. 5025	1. 9539 ***	0. 6875
R_4	−4. 1791 ***	0. 8079	−4. 7985 ***	0. 7150
R_5	−4. 2215 ***	0. 5128	−4. 5851 ***	0. 8290
R_6	−4. 3634 ***	0. 9256	−0. 7414	0. 9682
R_7	6. 1346 ***	2. 4185	7. 6297 ***	2. 1307
R_8	6. 7564 ***	1. 1341	4. 4586 ***	1. 7095
R_9	−2. 0095	0. 9276	−0. 9713 *	0. 6654
R_{10}	−0. 4090 *	0. 5736	−1. 3134	1. 3271

变量	情景 1		情景 2	
	估计值	标准差	估计值	标准差
R_{11}	−1.2056	0.8719	−2.2712 *	1.5045
R_{12}	−0.5471 ***	0.8612	0.3391	0.6944
R_{13}	−3.8891 ***	0.6908	−3.5975 ***	0.5381
R_{14}	−5.9171 ***	0.6042	−4.7153 ***	0.8419
R_{15}	0.3438	0.4226	0.3240	0.5801
R_{16}	−8.1200 ***	0.5600	−7.5898 ***	0.7504
R_{17}	−3.6535 ***	0.3925	−3.5162 ***	0.5040
R_{18}	−3.8256 ***	0.8235	−3.2514 ***	0.9765
R_{19}	−7.2184 ***	1.2631	−7.1954 ***	1.7992
R_{20}	−7.9296 ***	0.7802	−7.2184 ***	1.0127
R_{21}	−7.2962 ***	1.4380	−7.2727 ***	1.4340
R_{22}	−1.7915 ***	0.6966	−1.5258 ***	1.0837
R_{23}	−5.9152 ***	0.7971	−4.6347 ***	1.0691
调整 R^2	0.9929		0.9852	
RootMSE	0.3634		0.5228	
F 统计量	214.97		105.79	
样本量	65		67	

注：*** 表示在 1% 水平下显著，** 表示在 5% 水平下显著，* 表示在 10% 水平下显著。

估计结果显示，输配电的共同成本为显著正值，该结果与电力经济学理论的预测一致，说明输配电的纵向经济的一个重要来源是共同成本。此外，情景 1（低电压等级）下的共同成本明显大于情景 2（高电压等级），差异在于两种情景下的交易成本不同。一般来说，大电力合同主要集中在 220kV 和 110kV 之间，比如大工业用户会直接从 110kV 线路取电，合同①数量相对 110kV 和 35kV 之间的数量更少，且监督执行比较容易，因此交易成本相对较低。而 110kV 和 35kV 之间的合同数量更多，规模较小，监督执行机制更加复杂，比如要建立许多供电公司和营业部以服务各类中小用户，从而使交

——————————

① 大工业用户的购电合同一般通过与电网公司直接谈判确定。

易成本更高。

情景 1 下交叉项系数为正值，但不显著，这表明不考虑其他条件，情景 1 下联合生产输配产出不会带来显著的纵向经济；而情景 2 下则为显著负值，这表明情景 2 下输配产出之间的纵向经济明显。两种情景间的差异主要由电量去向和可靠性决定。首先，从电量去向来看，220kV 电网的电量主要通过变压进入下一级电网，因此 220kV 与 110kV 之间联系密切；110kV 电网的电量有相当一部分直接进入用电领域（大工业用户），因此 110kV 与 35kV 之间的联系相对较弱。

其次，从可靠性来看，110kV 电网一般以网状结构为主，而 35kV 及以下电网以放射状结构为主，因此 110kV 与更高电压线路之间的外部效应相对更加显著。同时，不同电压等级的电网对整个电网的可靠性的影响不同，一旦 110kV 电压线路出现问题，整个电网就可能会出现大面积甚至全系统崩溃；而 35kV 及以下线路出现问题，电网可以通过自动闭合装置比较容易地消化小范围内的系统故障。因此，110kV 线路与更高压线路之间的可靠性联系更加紧密，这也决定了这两级线路间的成本互补性更高。

产出交叉项与劳动价格乘积项的系数在两种情景下均不显著，而且作用方向不明确，这说明这一因素对纵向经济的影响很小。产出交叉项与资本价格乘积的系数在两种情景下均为显著正值，表明资本价格对输配之间纵向经济的具有反向作用。产出交叉项与购电价格乘积的系数在两种情景下均为负值，表明当购电价格下降时，厂商更容易具有输配之间的纵向经济。

三 纵向经济损失分析

纵向经济损失的概念早已有之，但直到 Kaserman 和 Mayo（1991）才把 Baumol，Panzar 和 Willig（1982）的范围经济思想应用于纵向经济损失的度量，从而使纵向经济有了明确的定量分析指标。需要注意的是，成本函数的理论形式 $C = C(y; w)$ 会影响纵向经济的定义和纵向经济损失的计算结果。根据 Panzar（1989），一般理论形式下，多产出企业成本函数是具有不同固定成本项的分段函数。

假设 $C = C(y;w)$ 表示一般形式的分段成本函数，其中，y 表示包括输电产出 T 和配电产出 D 的二维产出向量，w 表示投入要素向量。如果：

$$C(T,D;w) < C(T,0;w) + C(0,D;w) \qquad (14)$$

那么输配之间就存在纵向经济。在分段成本函数设定下，固定成本可以分解为不同产出的专属固定成本和所有产出的公共成本，如 Kaserman 和 Mayo（1991），Kwoka（2002，2005）等的研究，单函数设定隐含假设固定成本全部为公共成本，在纵向分离时需要全部重置，但实际上固定成本不可能完全是公共的，其中的专属成本不会因分离而重置，因此，单函数设定会高估输配之间的纵向经济，需要进行调整。令 C_S 表示专属固定成本，纵向经济就可以定义为，如果：

$$C(T,D;w) < C(T,0;w) + C(0,D;w) - C_S \qquad (15)$$

那么输配之间存在纵向经济。相应地，令 a 表示公共成本占固定成本比例，纵向经济损失总量就可以表示为：

$$
\begin{aligned}
VVE &= C(T,0;p) + C(0,D;p) - C(T,D;p) - C_S \\
&= a[\alpha_0 + (\beta_1 P_L + \beta_2 P_K + \beta_3 P_E)] - (\alpha_{12} + \varphi_1 P_L + \varphi_2 P_K + \varphi_1 P_E)TD
\end{aligned} \qquad (16)
$$

公式（16）表明纵向经济损失包括公共成本的重置和可变成本中成本互补性的消失两部分。同时，公式（16）还表明，无论对哪个环节而言，输配分离产生的成本都是一样的，因此公式（16）代表了一种对称性效应。然而，输配上下游的纵向关系决定了输配分离必然会带来非对称的影响。输配分离的经济本质是在输配之间通过市场交易替代企业内部控制，因此输配分离必然产生双重加价问题，本节的设定完全能够刻画这种非对称影响。

输配分离后，输配联合成本函数会分化成输、配两个独立成本函数。配电独立成本函数中含购电价格的各项系数会因输电企业对输电量加价或传输定价而发生变化。令 $\beta_3 = \beta_3^* \lambda$，$\beta_{23} = \beta_{23}^* \lambda$，$\varphi_3 = \varphi_3^* \lambda$，$(\lambda - 1)$ 表示输电企业对配电企业购电价格的加价程度，β_3^*、β_{23}^* 和 φ_3^* 表示实际参数值。考虑输电企业加价后，输配分离造成的纵向损失总量 VVE_{dm} 和双重加价损失 EL_{dm} 分别可以表示为：

$$VVE_{dm} = a(\alpha_0 + \beta_1 P_L + \beta_2 P_K + \beta_3^* \cdot \lambda P_E)$$
$$- (\alpha_{12} + \varphi_1 P_L + \varphi_2 P_K + \varphi_1^* \cdot \lambda P_E)TD + \beta_{23}^* \cdot \lambda DP_E - \beta_{23}^* DP_E \quad (17)$$

$$EL_{dm} = VVE_{dm} - VVE$$
$$= a(\lambda - 1)\beta_3^* P_E + (\lambda - 1)\beta_{23}^* DP_E - (\lambda - 1)\varphi_3^* TDP_E① \quad (18)$$

至此，我们便推导出了纵向经济损失的基本计算方法。下面，我们根据本研究的目的和数据特点，在上述方法基础上进行加总处理以得到全网层面的纵向经济损失。根据国家电网的实际经营情况，假设输配分离后，国家电网仍垄断经营输电网，各省区市成立独立配电公司不失为一种合理的选择。在上述假设下，输配分离后，各省区市输电网之间的范围经济仍然会存在，因此，在输电环节，国家电网各省网公司的公共成本不需要重置，而配电企业分省区市而治，需要重置各自原来的公共成本。假设国家电网有 n 家省网公司，令每一家省网公司输配分离的纵向经济损失为 VVE_k（$k=1$，…，n），那么，总公司纵向经济损失总量是：

$$VVE_{总} = \sum_{k=1}^{n} VVE_k - (n-1)C_C \quad (19)$$

这一指标既合理反映了纵向经济损失的基本内容，又综合考虑了输配分离对国家电网组织结构的主要影响，比较准确地代表了国家电网实行输配分离所产生的总量结构成本，因此，这是我们判断国家电网是否适宜推进输配分离的重要直接依据。

---

① 需要注意，$(\lambda-1)$ 表示的加价包含两个部分。首先是一体化输电影子价格与购电价格的差距。由成本函数的设定可知，一体化下的输配部门面临相同的购电价格，而输电部门的购电量经过输电网"生产"后，包含固定成本的影子价格必然增加，也就是说，购电的内部转移价格会低于输电影子价格。输配分离后，配电企业所面临的购电价格必然包括这一部分。其次是输配分离造成的输电边际成本上升。即使一体化下输配部门的内部转移价格按边际成本确定，输配分离也会导致边际成本上升，从而提高输电价格，因此输配分离后的价格也包括这一部分。我们定义的加价实际上是在一体化下购电价格基础上的加价，不仅仅是在边际成本基础上的加价。

（一）纵向经济损失对称效应

我们在模拟分析中设定了三种情形，假设公共成本占固定成本比例分别为0%、25%和50%。表3-3和表3-4给出了两种情景下，在不同年份实施输配分离给国家电网带来的对称性纵向经济损失。

表3-3　输配分离纵向经济损失的对称效应（情景1）

单位：亿元，%

公共成本占固定成本比例	年份	损失总量			损失比例		
		总损失	公共成本重置	成本互补性消失	总损失	公共成本重置	成本互补性消失
0%	2003	-48.38	0.00	-48.38	-0.72	0.00	-0.72
	2004	-38.05	0.00	-38.05	-0.55	0.00	-0.55
	2005	391.86	0.00	391.86	4.76	0.00	4.76
25%	2003	36.18	84.57	-48.38	0.54	1.26	-0.72
	2004	56.65	94.70	-38.05	0.82	1.37	-0.55
	2005	494.27	102.41	391.86	6.00	1.24	4.76
50%	2003	120.75	169.13	-48.38	1.80	2.52	-0.72
	2004	151.35	189.40	-38.05	2.19	2.74	-0.55
	2005	596.68	204.82	391.86	7.25	2.49	4.76

表3-4　输配分离纵向经济损失的对称效应（情景2）

单位：亿元，%

公共成本占固定成本比例	年份	损失总量			损失比例		
		总损失	公共成本重置	成本互补性消失	总损失	公共成本重置	成本互补性消失
0%	2003	1421.67	0.00	1421.67	21.07	0.00	21.07
	2004	1795.54	0.00	1795.54	25.90	0.00	25.90
	2005	2836.22	0.00	2836.22	36.00	0.00	36.00
25%	2003	1499.03	77.36	1421.67	21.12	0.05	21.07
	2004	1872.59	77.06	1795.54	25.95	0.05	25.90
	2005	2911.12	74.91	2836.22	36.04	0.04	36.00
50%	2003	1576.39	154.72	1421.67	21.18	0.10	21.07
	2004	1949.65	154.11	1795.54	26.00	0.10	25.90
	2005	2986.03	149.81	2836.22	36.09	0.09	36.00

表 3-3 和表 3-4 表明，纵向经济损失总量取决于公共成本占固定成本比例的取值，该比例取值越大，重置的公共成本越大，纵向经济损失总量也就越大。随着时间推移，纵向经济损失总量和比例均在增加。我们认为，2003 年之前，中国电力市场的电网环节的发展长期滞后，电源建设则相对充足，电力需求一般在省区市内自主平衡，跨省区市的电力交易较少（输电网利用率低），这使输配产出之间的纵向经济无法充分发挥作用，而随着电网规模和电力交易范围的不断扩大，输配之间的纵向经济才逐渐得以实现。这表明随着国家电网的发展，输配之间的经济联系愈加紧密，输配分离的成本在不断增加。

两种情景的纵向损失总量和来源均存在明显差异。情景 1 的纵向经济损失总量在 2005 年最高时才接近 600 亿元，而情景 2 的纵向经济损失总量在 2003 年已超过 1400 亿元；情景 1 的纵向经济损失比例最大不超过 8%，而情景 2 的纵向经济损失比例均在 20% 以上。这验证了 220kV 与 110kV 电网之间的纵向经济要大于 110kV 与 35kV 之间的纵向经济。

总体来看，情景 1 的纵向经济损失主要来源于公共成本重置，而情景 2 的纵向经济损失则主要来源于成本互补性消失，当然，也需要注意，2005 年，情景 1 下成本互补性消失已经超过公共成本重置。2003~2005 年，情景 1 下公共成本重置和成本互补性消失均在逐年增加；而情景 2 下的公共成本重置则相对稳定，甚至略有下降，但成本互补性消失逐年增长，这一趋势表明了 220kV 和 110kV 电网在这一时期迅速发展和电力交易范围不断扩大的实际情况。

综合表 3-3、表 3-4 中的结果，并考虑我国输配分离的实际情况，仅从纵向经济损失的对称效应来看，如果国家在 2005 年之后进行输配分离改革，那么国家电网需要承担 500 亿~3000 亿元的结构改革成本，成本比例为 5%~36%。当然这还仅仅针对对称性损失。

表 3-5 给出了相关电力产业纵向经济实证文献的研究结果。从研究问题的性质来看，电网与电网分离（两个自然垄断环节分离）与电厂与电网分离（竞争性环节与垄断环节分离）的性质显然不同，前者产生的纵向经

济损失肯定要大于后者产生的纵向经济损失，因此，比较表 3-5 和本节的计算结果，可以判断本节的计算结果是合理、可靠的。

表 3-5 其他文献的研究结论

研究文献	纵向经济类型	是否存在	纵向经济损失比例
Kaserman 和 Mayo(1991)	发电与输配电网	是	3%~90%
Kwoka(1996)	发电与输配电网	是	6%~64%
Hayashi,Goo 和 Chamberlain(1997)	发电与输配电网	是	7%~32%
Kwoka(2002)	发电与输配电网	是	3%~73%
Fraquelli,Piacenza 和 Vannoni(2005)	发电与配电网	是	3%~44%

（二）纵向经济损失非对称效应

表 3-5 中的估计结果都表现出了与预期一致的方向，表明双重加价一定会增加纵向经济损失，因此，这实际上给出了输配分离改革成本的底线。假设输配分离后独立配电企业的购电价格在输电企业购电价格基础上分别加价 10%、20% 和 30%，那么两种情景下纵向经济损失的对称效应、非对称效应及总损失如表 3-6 和表 3-7 所示。

表 3-6 考虑双重加价后的纵向经济损失 （情景 1）

单位：亿元，%

公共成本占固定成本比例	加价比例	年份	损失总量			损失比例		
			对称效应	非对称效应	总损失	对称效应	非对称效应	总损失
0%	10%	2003	-48.38	1248.19	1199.81	-0.72	18.52	17.80
		2004	-38.05	1274.64	1236.59	-0.55	18.40	17.85
		2005	391.86	1370.10	1761.95	4.76	16.65	21.41
	20%	2003	-48.38	2496.38	2447.99	-0.72	37.03	36.31
		2004	-38.05	2549.28	2511.23	-0.55	36.80	36.25
		2005	391.86	2740.19	3132.05	4.76	33.29	38.05
	30%	2003	-48.38	3744.57	3696.18	-0.72	55.55	54.83
		2004	-38.05	3823.92	3785.87	-0.55	55.20	54.65
		2005	391.86	4110.29	4502.14	4.76	49.94	54.70

续表

公共成本占固定成本比例	加价比例	年份	损失总量			损失比例		
			对称效应	非对称效应	总损失	对称效应	非对称效应	总损失
25%	10%	2003	36.18	1269.02	1305.21	−0.66	18.82	18.17
		2004	56.65	1293.40	1350.05	−0.49	18.67	18.18
		2005	494.27	1389.81	1884.08	4.82	16.89	21.70
	20%	2003	36.18	2538.05	2574.23	−0.66	37.65	36.99
		2004	56.65	2586.79	2643.45	−0.49	37.34	36.86
		2005	494.27	2779.62	3273.89	4.82	33.77	38.59
	30%	2003	36.18	3807.07	3843.25	−0.66	56.47	55.82
		2004	56.65	3880.19	3936.84	−0.49	56.02	55.53
		2005	494.27	4169.43	4663.70	4.82	50.66	55.47
50%	10%	2003	120.75	1289.86	1410.61	−0.59	19.13	18.54
		2004	151.35	1312.15	1463.51	−0.42	18.94	18.52
		2005	596.68	1409.53	2006.21	4.87	17.13	21.99
	20%	2003	120.75	2579.72	2700.46	−0.59	38.27	37.68
		2004	151.35	2624.31	2775.66	−0.42	37.89	37.46
		2005	596.68	2819.05	3415.73	4.87	34.25	39.12
	30%	2003	120.75	3869.57	3990.32	−0.59	57.40	56.81
		2004	151.35	3936.46	4087.81	−0.42	56.83	56.40
		2005	596.68	4228.58	4825.26	4.87	51.38	56.24

表3-7　考虑双重加价后的纵向经济损失（情景2）

单位：亿元，%

公共成本占固定成本比例	加价比例	年份	损失总量			损失比例		
			对称效应	非对称效应	总损失	对称效应	非对称效应	总损失
0%	10%	2003	1421.67	719.57	2141.24	21.07	10.66	31.73
		2004	1795.54	745.48	2541.02	25.90	10.75	36.65
		2005	2836.22	869.00	3705.22	36.00	11.03	47.03
	20%	2003	1421.67	1463.37	2885.04	21.07	21.69	42.76
		2004	1795.54	1507.91	3303.45	25.90	21.75	47.65
		2005	2836.22	1718.59	4554.81	36.00	21.81	57.81
	30%	2003	1421.67	2090.04	3511.71	21.07	30.98	52.05
		2004	1795.54	2171.87	3967.41	25.90	31.33	57.23
		2005	2836.22	2485.43	5321.65	36.00	31.55	67.55

续表

公共成本占固定成本比例	加价比例	年份	损失总量			损失比例		
			对称效应	非对称效应	总损失	对称效应	非对称效应	总损失
25%	10%	2003	1499.03	747.58	2246.61	21.12	11.08	32.21
		2004	1872.59	775.58	2648.17	25.95	11.19	37.14
		2005	2911.12	883.30	3794.42	36.04	11.21	47.25
	20%	2003	1499.03	1495.16	2994.19	21.12	22.16	43.29
		2004	1872.59	1551.15	3423.75	25.95	22.37	48.32
		2005	2911.12	1766.60	4677.72	36.04	22.42	58.47
	30%	2003	1499.03	2242.74	3741.77	21.12	33.24	54.37
		2004	1872.59	2326.73	4199.33	25.95	33.56	59.51
		2005	2911.12	2649.89	5561.02	36.04	33.63	69.68
50%	10%	2003	1576.39	919.93	2496.32	21.18	13.64	34.81
		2004	1949.65	930.74	2880.39	26.00	13.43	39.43
		2005	2986.03	1049.44	4035.47	36.09	13.32	49.41
	20%	2003	1576.39	1839.86	3416.25	21.18	27.27	48.45
		2004	1949.65	1861.48	3811.13	26.00	26.85	52.85
		2005	2986.03	2098.88	5084.91	36.09	26.64	62.73
	30%	2003	1576.39	2759.79	4336.18	21.18	40.91	62.08
		2004	1949.65	2792.22	4741.87	26.00	40.28	66.28
		2005	2986.03	3148.32	6134.35	36.09	39.96	76.05

表3-6和表3-7表明，非对称性的纵向经济损失非常显著。情景1的非对称纵向经济损失为1200亿~4300亿元，损失比例为16%~58%；情景2的非对称纵向经济损失为700亿~3200亿元，损失比例为10%~41%。从两种情景的比较来看，情景1下纵向经济损失的主要部分是非对称效应，而情景2下的纵向经济损失中，两种效应总体相当。

表3-6和表3-7还表明，非对称的纵向经济损失会随着公共成本占固定成本比例的提高而增加，会随着加价比例的提高而增加，会随着时间的推移而增加。从这里我们能够得到三点认识：首先，公共成本代表的对称性纵向经济越大，输配分离产生的非对称性纵向经济损失也会越大，两种类型的纵向经济损失联系紧密，输配分离改革都需要考虑；其次，输配分离后的市

场定价问题与纵向经济损失直接相关，市场实现有效定价的前提是能够回收非对称的纵向经济损失，目前来看，这一目标不易实现；最后，决定输配电适宜一体化经营的市场因素在逐年强化，输配分离时间越晚，输配电网在上下游市场越不适宜分别定价。

总之，即使不考虑其他因素，输配分离后形成的市场也必须消化由双重加价所产生的成本上升，其难度可想而知。目前，中国缺乏健全的输电定价机制，而且输电网建设相对薄弱，进行市场化运营之后，输电价格上升所产生的加价比例会非常高（特别是面临阻塞定价问题），由此导致的非对称纵向经济损失巨大，更何况，我们还需要考虑对称性纵向经济损失。即使输配分离后，政府也可以对输电环节采取管制定价方式，以作为过渡到市场定价的中间阶段，但是考虑到输电网独特的技术经济特征，政府管制是否能达到预期目的及管制效率等都是疑问。这些都是支持输配分离论点的研究所忽视的重要问题。

综合来看，尽管两种情景下的纵向经济损失在结构上存在一些差异，但总损失均十分显著，在两种情景下分别为1100亿~4900亿元和2200亿~6200亿元；总损失比例分别为17%~57%和31%~77%。从发展趋势看，损失比例要么持续提高，要么基本稳定在一个较高水平。由此可见，输配分离的结构改革成本是巨大的。

巨大的改革成本表明中国还不具备推进输配分离改革的条件，因此输配分离改革暂不宜推行，贸然推行可能会使改革面临巨大风险。当然，如果随着电力产业的发展，相关条件逐步成熟，输配分离改革能够保证预期改革收益超过改革成本，即可推行。本节的研究结果也表明，由于情景1的纵向经济损失总量和比例均低于情景2，因此，输配分离如果真要推行，那么分离界面应该尽量向低电压等级（110kV−35kV界面）靠近，以降低改革成本。

四　结论

本节利用国家电网的成本数据，通过合理设定国家电网省网公司的长期二次成本函数，模拟了国家电网实行输配分离所产生的纵向经济损失。本节实证结果表明，对于从 110kV－35kV 界面分离和从 220kV－110kV 界面分离两种情景，尽管纵向经济损失结构存在显著差异，但是纵向经济损失总量均非常高，纵向经济损失比例的变动趋势或者上升，或者稳定在一个较高水平，表明我国输配电网之间的纵向经济非常显著，电力产业尚不具备进行输配分离的条件，因此，除非输配分离的改革收益大于纵向经济损失，否则暂时不宜推行。当然，如果政府部门一定推行输配分离改革，由于情景 1 的纵向经济损失总量和比例都明显低于情景 2，那么按照情景 1 所对应的改革方案，选择接近 110kV－35kV 的界面进行输配分离似乎更为合理。不过，需要强调的是，即使这种分离方案也会带来很高的改革成本。

第三节　输配分离与售电侧放开的社会福利比较

新一轮电力体制改革已经箭在弦上。改革在停滞十余年后再度取得突破，关键在于选择正确的改革路径。当时，对于电力体制改革路径，存在输配分离与售电侧放开两种典型观点。两种观点争论的焦点在于对纵向结构改革的选择，输配分离主张将电网企业纵向拆分以构建多买多卖的竞争性批发市场；售电侧放开则主张在保持电网企业纵向结构基本不变的前提下，放松售电侧市场管制，构建市场准入和多买多卖的电力交易市场。这一政策的理论争议在于纵向一体化能否与竞争机制相融。

产业组织理论和制度经济学都表明，纵向一体化下的竞争效率未必会低于纵向分离下的竞争效率。而且，现实中也存在许多纵向一体化下的竞争模式。这就意味着，对中国电力体制改革而言，输配分离可能并非唯一的选择，也非最优的选择。针对输配分离与售电侧放开孰优孰劣的问题归根到底要依靠基于国情的理论研究回答，对中国现实而言，更重要的或许是定量研究，因此我们建立起比较两种改革路径福利水平的定量分析模型。

本节利用国家电网的财务数据，采用计量经济建模方法，在合理假设成本、需求和企业行为的背景下提取关键成本和需求参数，按照反事实模拟的思路，设定不同改革情形下的电网成本函数，并计算不同情形下的企业利润与消费者剩余。基于不同改革路径的局部社会福利水平和福利水平的结构特征，分析其对中国电力体制改革的含义。本节发现纵向一体化未必会降低社会福利，反而很可能实现更高的社会福利水平，在纵向一体化下引入竞争的售电侧放开会实现比输配分离更高的社会福利；以现有体制为基准，输配分离不但会降低社会福利水平，还很有可能带来企业利润和消费者剩余的双重损失；而售电侧放开会在保持存量利益不变的前提下大幅增加消费者剩余，具有一定"帕累托改进"性质。因此，本节不仅验证了纵向一体化与竞争机制能够相融，还为中国电力体制改革提供了新的理论依据。

本节指出，对重大改革路径的选择应以社会福利为判断标准，不能以利益格局调整为导向；输配分离的背后更多的是政府所代表的利益调整诉求，并非真正以建立竞争性市场为导向；输配分离既非引入竞争的必要条件也非充分条件；售电侧放开是还原电力商品属性的关键环节，无论构建何种竞争性市场，售电侧放开都是必要条件（但非充分条件），而且售电侧放开具有一定帕累托改进性质，这对切实推进市场化改革进程具有重要现实意义。本节还强调，必须重视低效行政干预对中国电力体制的影响，协调推进市场改革与规制改革是有效解决中国电力体制问题的根本途径。

本节接下来的内容安排如下：先围绕纵向结构与竞争机制的效率，梳理理论发展脉络，剖析国外典型电力市场实践经验，并阐释对中国电力体制改革的新启示；接着重点介绍实证模型的设定情况；然后说明数据情况；再接着展示实证结果并进行反事实模拟分析和讨论经济含义；接下来是政策讨论；最后得出结论。

一 改革争论的理论与经验分析

在中国电力体制改革争论中，输配分离与售电侧放开是两种代表性观点。输配分离强调电网"垄断"是制约市场化进程的最大障碍，只有拆分电网企业才能有效破除垄断。这一改革思路自 2002 年厂网分离出现以来就一直被理论界和政策界所普遍信奉。但冯永晟（2010），张昕竹、冯永晟和阙光辉（2010），张昕竹、冯永晟和马源（2010）等的研究主张针对垄断的改革并非只有纵向拆分一种选择，纵向拆分的改革成本和风险巨大。在售电侧体制改革上，国内理论界和政策界并未达成完全共识，仅在还原电力商品属性的方向上具有模糊的一致性。总之，两种代表性观点的争论远未结束，一方面，售电侧改革的清晰蓝图并未形成；另一方面，输配分离并未被完全排除出考虑范围。

两种代表性观点可以归结为：市场竞争的效率是否只能通过纵向拆分实现？竞争机制能否与纵向组织结构（纵向一体化或纵向分离）结合？这有着深刻的理论背景，国际经验反映了争论的复杂性。理论争议集中在纵向一体化或纵向分离如何影响市场效率上，而实践模式则更多考虑不同电力市场的实际特征与制度环境。

（一）理论发展脉络

围绕纵向结构与市场效率的关系，理论界基本可以分为四个流派：哈佛学派、芝加哥学派、交易成本学派和产权学派。20 世纪 50~60 年代，以Bain（1956，1959）为代表的哈佛学派根据"结构—行为—绩效"分析范式，强调市场结构是企业行为和市场绩效的决定因素，从而研究一种市场结构是否接近垄断，这成为传统产业组织理论研究的基本原则。根据"结构—行为—绩效"分析范式，纵向一体化体现了企业对上下游垄断势力的反应或者对获得并使用垄断势力的意图，这会促使垄断厂商在产业链上延伸市场势力，这会造成低效率和市场关闭，进而损害消费者福利，即所谓的垄断势力杠杆理论。这成为纵向一体化新古典理论的基础，并指导许多涉及纵向反垄断案件的判定，比如，1973 年，美国纵向一体化电力公司 Otter Tail 的反垄断案。不过，"结构—行为—绩效"分析范式本身存在理论基础缺陷（Panzar，1989），对很多问题特别是普遍存在的垄断竞争下的企业行为缺乏解释力。

20 世纪 60~70 年代，哈佛学派的理论缺陷引起了来自以 Stigler（1964，1971）等人为代表的芝加哥学派的批判。芝加哥学派信奉自由竞争机制，主张把价格理论模型作为市场分析的基本工具，而未将焦点放在成本上。他们认为哈佛学派对纵向一体化的担心是多余的，垄断势力杠杆理论缺乏微观经济基础，纵向一体化非但无法降低反而会提高经济效率。这种观点一度成为 20 世纪 80 年代美国反垄断政策变革的重要依据。不过,芝加哥学派和哈佛学派的共同特点都是利用新古典理论的工具来分析既定纵向结构的效率,却无法解释纵向结构的形成原因。

20 世纪 70~80 年代的交易成本学派(Williamson,1975,1985)指出,经济交易可以通过市场契约或内部层级实现,具体的选择依赖行为主体的行为方式(有限理性和机会主义)和交易的特征(交易频率、交易的不确定性和复杂性、资产的专用性程度及相关投资的重要性等)。众多因素的交互作用复杂且难以把握,使现代改革决策者在结构重组问题上难以做出"非此即彼"的选择。交易成本学派强调契约的不完备性和事后机会主义,认为纵向一体化是一种能够解决套牢(Hold-up)问题的有效手段。当资产专用性较强和持留成本较高时,纵向结构更加适宜采用一体化方式,而且纵向一体化将促进契约双方的投资。不过,交易成本学派似乎因过分强调交易成本而突出了纵向一体化的收益,Evans 和 Grossman(1983)对此提出评判,认为纵向一体化应该是有边界的。

20 世纪 80~90 年代的产权学派(Grossman,Hart,1986;Hart,Moore,1990)则从更平衡的角度看待纵向一体化。产权学派同样强调契约的不完备性和事后机会主义,但从剩余索取权的配置出发,调整了交易成本理论看待纵向一体化的视角,指出纵向一体化不仅会带来收益,也会产生成本,因为纵向一体化是不在主体之间转移机会主义的动机,而非消除这些动机。也正因如此,对纵向一体化或纵向分离的效率分析必须考虑不同主体面临的激励。

综上所述,产业组织领域已经积累了关于纵向一体化的丰富理论成果,各派观点相互借鉴,对纵向一体化问题的认识更加全面。传统产业组织理论更多的是解释企业选择纵向一体化产生的配置影响,比如,纵向外部性(双重加价)、横向外部性("搭便车")、差别定价和纵向市场关闭、市场阶段等,即便如此,传统产业组织理论也已经认为,纵向一体化不一定会降低社会福利水平,反而很有可能提高社会福利水平。交易成本学派和产权学派从制度演化的角度为传统产业组织观点提供深层次的理论解释。纵向一体化作为一种组织交易方式,本身受交易成本驱动,也是一种剩余索取权的配置方式，本身存在成本（就事前投资和事后剩余而言均是）。因此，纵向一体化存在的原因、时机和方式都受到成本—收益基本原则的支配，认为纵向一体化必然会抑制市场效率的观点显然缺乏坚实的理论基础。

因此，理论上的纵向一体化结构与竞争性市场机制并非不相容。既然纵向一体化和竞争性市场都具备提高效率和社会福利水平的经济特征，那么协调两者的关系是提高效率和社会福利水平的关键（Michaels，2006）。对电力产业而言，结构重组的焦点已经不再是简单地拆分纵向一体化企业，而是如何确定电力产业中的纵向一体化程度。这种理论观点的转换已经对各国电力市场的改革，尤其是进入 21 世纪以后的改革产生了深远影响。

（二）实践经验剖析

从世界范围看，以国家所有和垄断经营体制为特征的网络型产业一直是改革的热点领域。但是就纵向结构而言，并不存在放之四海而皆准的模式。在国外电力市场，美国普遍存在发输配售一体化的电力企业（在 20 世纪 90 年代以来的电力体制改革中，纵向拆分成为重要内容，但随之而来的是再一体化），但这并未影响美国区域电力市场的竞争性和成长性；而在英国各个环节的分离比较彻底，但市场的可持续性受到威胁。

本节不妨以美国加利福尼亚州电力市场改革来说明这一问题。20 世纪 90 年代中期，加利福尼亚州开始进行电力市场改革，成立电力交易所和独立系统运营机构，建立竞争性批发市场，同时采取价格冻结的方式帮助受影响电力企业回收搁浅成本。在这一进程中，改革决策者普遍认为，一体化的结构会为电力公司滥用市场势力创造条件，甚至有人认为，只要电力公司仍保持纵向一体化，竞争就不可能实现。[①] 于是，加利福尼亚州的纵向一体化电力企业被拆分了。

但拆分后的纵向结构给 2000~2001 年的危机埋下了种子。这颗种子在沉寂了 2 年后，于 2000 年破土而出。关于危机发生的具体原因、演变过程、政

---

① 实际上，20 世纪 70 年代初期，美国已经有多个推动电力市场改革的研究报告。受这一时期新自由主义回归的影响，这些改革建议无一例外地都将矛头指向纵向一体化结构。

府应对和危机影响，已经有很多研究进行了分析和探讨（Joskow，2001；Sweeney，2002；Weare，2003；Bushnell，2004），这里不做深究，只剖析结构变革产生的危机因素。加利福尼亚州电力市场的结构重组是要消除电力公司对发电侧的歧视性策略，也想避免发电侧的市场势力，为此，CPUC 在强制进行电力公司纵向分离的同时要求拆分后的电力公司只能从批发市场购电，并对发电侧的市场集中度做出要求。重组的直接结果达到了 CPUC 的要求，但忽视了在电力市场中，发电侧的低市场集中度并不代表消除了发电商的市场势力。实际上，在发电容量接近充分利用、输电容量有限和电力需求缺乏弹性的条件下，只要有一家发电商稍微改变出力方式就会影响整个市场的价格，而其他企业自然会搭提价的"便车"。正如 Kühn 和 Machado（2004）所指出的，加利福尼亚州改革之初并不清楚纵向一体化将如何影响现货市场的市场势力，反而是拆分后的电力公司因缺乏避险手段（政府过于相信分散结构支撑的批发电力市场）而成为一个风险口袋。于是，在 2000~2001 年的危机冲击下，电力企业（包括 IPP 和其他电力公司）的财务状况均急剧恶化。

加利福尼亚州危机影响表明，纵向拆分下的竞争市场模型非但没有抑制反而增强了发电侧的市场势力。得克萨斯州、马萨诸塞州和纽约州等电力市场虽然不像加利福尼亚州一样出现严重电力危机，但也并未达到纵向结构拆分的预期目标。在这一背景下，再一体化成为应对危机的重要措施。1998~2001 年，全美有 300 家电厂，约 1/5 的发电容量经过了所有权转换，但到 21世纪第一个 10 年中期，全美范围内的快速再一体化趋势又变得十分明显，有 90GW 的 IPP 被收归贷款人，23GW 被私人电力公司收购，10GW 被受规制的电力公司收购（Michaels，2006）。由于 IPP 的资产贬值严重，加利福尼亚州发电环节与电力公司的再一体化效率非常高；大型电力公司被允许继续投资进行电源建设。当然，这种再一体化受到了政府更为有效的监管。

同时，纵向拆分的低效率得到了实证研究的支持。Bushnell 和 Wolfram（2005）对美国纵向拆分改革效果的评估表明，电力企业投入效率虽然在改革后普遍提高，但这主要是由于激励的变化，而非所有权的转移，纵向拆分几乎并未带来任何积极效果，反而产生了抑制作用。总之，结果是，电力市场中的再一体化得到了监管机构和公众的支持从而几乎没有遇到政治阻力，这与 20 世纪 70 年代的情况大不相同。除加利福尼亚州外，PJM 电力市场在实行集中调度模式的同时并未要求对电力公司进行强制拆分，即允许保持一体化；英国电力市场的规制机构虽然在 1998 年被要求纵向拆分，但后来又被允许进行配售与发电的再一体化（Green，2004），当前，英国电力的竞争格局同样是再一体化的结果。所有这些均表明，纵向分离并非竞争性市场的必要条件。

总之，20 世纪 70 年代流行于国外的以纵向拆分为核心的改革思路在 90 年代中后期被逐渐摒弃，主要的国外电力市场，包括美国区域（像 PJM、加利福尼亚州、得克萨斯州等）电力市场和欧洲主要国家的电力市场均存在一体化下的竞争模式。此外，在电信和铁路领域也存在很多纵向一体化下的竞争模式。国际经验和教训给中国电力体制改革以重要启示：改革应该放宽视野，不要局限于结构拆分。

二 关于输配分离与售电侧放开福利分析模型

理论和实践表明，在输配分离之外或许有更好的引入电力竞争的方式。具体来说，回答在输配分离下引入竞争与在输配一体化下引入竞争两种方式中哪种改革效果更好这一问题需要依赖社会福利标准。为此，我们以传统的输配售一体化为建模起点，刻画出传统一体化、输配分离和售电侧放开这三大类纵向结构的基本特征，并考虑不同的竞争机制（竞争与规制程度）与纵向结构的组合。我们考虑了 5 种可能的改革情形（包括传统一体化下的基准情形）。尽管 5 种路径之间的现实可能性存在差异，但进行完备的理论抽象和全面的福利比较，是我们科学选择电力体制改革路径的内在要求。下面分别介绍实证研究方案，进行改革路径描述，阐述成本与需求特征，以及明确竞争与规制和局部福利函数的定义。

（一）实证研究方案

目前针对纵向结构和竞争机制的实证研究较少，这就要求我们创新性地建立实证评估框架。我们设计了如下实证研究方案：第一步，界定基准纵向结构与两种纵向结构改革路径，即输配分离与售电侧放开的基本特征，并确定 5 种可能的改革情形及相关市场主体；第二步，假设纵向一体化下的成本结构和需求结构，并实证估计关键成本参数和需求参数；第三步，按照反事实模拟思路，针对不同改革情形，利用估计的关键参数确定对应成本结构；第四步，针对输配分离和售电侧放开下的不同行为假设，模拟市场配置结果；第五步，根据市场配置结果计算不同改革路径下的社会福利水平并进行比较分析。

（二）改革路径描述

假设改革的起点是受到高度行政干预的输配售一体化或传统一体化，改革目标是引入竞争。输配分离是在输电与配售之间进行所有权分离，形成独立输电企业和独立配售企业，直接结果是形成竞争性批发市场，在这种结构下，配售企业仍保持一体化并"垄断"最终电力用户。售电侧放开是指电网企业在保持电网一体化的前提下，在售电环节进行一定程度的分离，比如，法人分离①（不要求所有权分离）以形成独立售电主体，并可能与第三方售电企业共同进行电力交易。售电侧放开同时形成了批发和零售两级市场，售电企业既是批发市场的购电主体，又是零售市场的售电主体。因此，两种改革方式的差异在于：竞争是否在保持一体化条件下引入，以及只考虑批发竞争还是同时考虑批发竞争和零售竞争的可能。

我们假设输配分离和售电侧放开均能建立起竞争性电力批发市场。理论上，只要竞争充分，集中交易和双边交易配置效率就是相同的，所以，我们不做特定交易模式的假设。同时，假设发电侧充分竞争，那么发电企业的福利水平不会影响改革路径的比较结果。

考虑到竞争程度的差异，我们假设了 5 种可能的改革路径：传统输配售一体化下的完全垄断定价、输配分离下的规制定价（保持原有定价）、输配分离下的垄断定价、售电侧放开下的完全竞争、售电侧放开下的垄断竞争（即一体化下的竞争模式）。这五种可能的改革路径代表了两种纵向改革思

---

① 从现实情况来看，当基础设施的运营商参与竞争性市场业务时，规制机构会要求运营商对竞争性部门进行功能性分离，即成立独立法人从事竞争性业务。

路与不同竞争程度的组合。

如前所述，传统的输配售一体化结构是高度垄断加高度规制（行政干预）的市场结构。针对这种市场结构，我们首先要考虑放松规制是否会带来效率的提高。这样考虑的原因在于，许多研究表明纵向一体化可能具有提高配置效率的能力，比如，下游扩张效应等，这就意味着放开规制条件下的垄断定价未必会损害消费者的福利。

输配分离后，电力用户仍面临规制定价或垄断定价。如果用户面对的定价仍保持在一体化下的水平，[1] 那么消费者福利不会变化，企业的利润变化会较大。如果用户面对配售电企业的垄断定价，那么消费者剩余和企业利润都会发生变化。

售电侧放开后，电力用户可能面临完全竞争或垄断竞争。完全竞争意味着售电（包括批发和零售）市场可以实现边际成本定价，但更加接近现实的情形是竞争主体有限，不同企业会采取不同的策略性竞争行为。不失一般性地，假设企业之间展开 Cournot 竞争，并假设（同一省区市）的市场中存在两家售电企业竞争。这种假设不仅能够简化分析，而且在得到完全竞争和两家企业竞争时的福利水平后，就可以确定其他竞争格局下的福利范围。需要注意的是，我们采取的是比较静态的分析方法，假设的是既定的纵向结构与竞争机制的组合，隐含假设了零售竞争是在批发竞争的前提下引入的，这是因为零售竞争的效率取决于批发竞争。

（三）成本与需求特征

我们假设除发电环节外，电力行业还存在 3 种基本服务，即输电服务、配电服务和售电服务。因此，输配售一体化企业的成本函数就是一种三产出的成本函数。为了有效描述要素价格与成本之间的关系，同时又能反映纵向成本结构，我们采用包含要素价格的二次成本函数。[2] 假设输配售总成本为

---

[1] 这种假设具有现实背景，由于政府对电价上涨的担心非常明显，因此输配分离的前提很可能是保持电价水平不变。

[2] 由于成本函数中包括要素价格，因此这是一个长期成本函数。长期成本函数的参数代表了企业长期的行为特征，因此，在进行改革模拟时，相对短期成本函数更加合理准确。

C，输电产出为 T，配电产出为 D，售电产出为 S，资本价格、劳动价格和购电价格分别为 P_K、P_L 和 P_E，并假设要素市场是竞争性的。那么输配售一体化企业的成本函数 C_I 就可以表示为：

$$
\begin{aligned}
C_I = {} & \alpha + \alpha_T T + \alpha_D D + \alpha_S S + \alpha_{TT} T^2 + \alpha_{DD} D^2 + \alpha_{SS} S^2 \\
& + \alpha_{TD} TD + \alpha_{DS} DS + \alpha_{TDS} TDS + \beta_K P_K + \beta_L P_L + \beta_E P_E
\end{aligned}
\tag{20}
$$

其中，T、D、S 的交叉项能够捕捉输配售环节之间的成本关联特征，是考察不同环节之间存量纵向经济或不经济的基本依据。对输配分离而言，输配售一体化企业被分成独立输电企业和独立配售企业，原来企业内部的成本关联消失，取而代之的是市场交易关系。假设关键生产技术不变，且分离后各企业面临相同要素市场。那么，独立输电企业的成本函数 C_T 就可以表示为：

$$
C_T = \alpha + \alpha_T T + \alpha_{TT} T^2 + \beta_K P_K + \beta_L P_L + \beta_E P_E
\tag{21}
$$

假设输电产出执行规制定价，比如，成本加成的规制定价，输电成本将全部从配售企业回收，那么，配售企业的成本函数 C_D 可以表示为：

$$
\begin{aligned}
C_D = {} & \alpha + \alpha_D D + \alpha_S S + \alpha_{DD} D^2 + \alpha_{SS} S^2 \\
& + \alpha_{DS} DS + \beta_K P_K + \beta_L P_L + \beta_E P_E + (1 + \sigma) C_T
\end{aligned}
\tag{22}
$$

其中，σ 表示成本加成比例。

售电侧放开的情况更为复杂，因为除了要假设存在独立售电企业外，还要假设电网企业原有售电职能的组织形式。我们假设售电侧放开不改变售电功能的所有权归属，但电网企业的原售电部门将成为独立法人实体，即售电侧放开采取法人分离模式。只负责电网运营的输配企业的成本函数 C_{IC} 中不包括任何与售电相关的成本：

$$
C_{IC} = \alpha + \alpha_T T + \alpha_D D + \alpha_{TT} T^2 + \alpha_{DD} D^2 + \alpha_{TD} TD + \beta_K P_K + \beta_L P_L + \beta_E P_E
\tag{23}
$$

假设对输配服务同样执行成本加成的规制定价，所有输配成本都从最终售电环节回收，那么售电侧企业的成本函数 C_R 可以表示为：

$$
C_R = \alpha + \alpha_S S + \beta_K P_K + \beta_L P_L + \beta_E P_E + (1 + \sigma) C_{IC}
\tag{24}
$$

假设需求条件不受供给侧改革的影响，不失一般性地，假设线性需求函数为[1]：

$$P = a + bQ + cY[2] \tag{25}$$

那么，消费者剩余 CS 就可以表示为：

$$CS = \frac{a + cY - P}{2}Q \tag{26}$$

下面我们可以把不同纵向结构改革路径同消费者剩余联系起来，进而可以将其与社会福利水平联系起来，从而建立有关不同改革路径的评估标准。

（四）福利函数

我们将企业利润与消费者剩余定义为局部福利函数。之所以将其称为局部福利函数是因为其中不包括电厂的利润；之所以选择将企业利润而非企业剩余加入福利函数，是因为企业剩余并未考虑企业的固定成本，但在长期内，企业可以调整所有生产要素，因而企业利润是比企业剩余更好的准福利指标。

那么我们可以利用成本和需求信息计算严格规制的输配售一体化模式以及5种可能改革情形的福利水平。不同改革情形下的局部社会福利计算公式见表3-8。传统一体化下的规制定价情形，局部社会福利包括输配售一体化企业的规制利润和消费者剩余；传统一体化下的垄断定价情形，局部社会福利包括垄断利润和消费者剩余；输配分离下的规制定价情形，局部社会福利包括独立输电企业的规制利润、独立配售企业的规制利润和消费者剩余；输配分离下的垄断定价情形，局部社会福利包括独立输电企业的垄断利润、独立配售企业的规制利润和消费者剩余；售电侧放开下的完全竞争情形，局部

---

① 本节关注对不同改革路径下的福利的比较，特别是输配分离和售电侧放开与基准模型之间，以及输配分离与售电侧放开之间的福利差异。需求函数的设定形式可以相对简化，因为所有路径都面对相同的需求，即使复杂需求设定也不会影响比较结果。

② 当然，这种设定无法体现电力需求低价格弹性的特征。我们也可以选择双曲线形的电力需求函数设定，但是在利用这种设定计算消费者剩余时，需要计算积分，而且可能会面临剩余无限大的情形，从而使我们的比较仅能基于利润变化。这种情况显然是不合理的。

社会福利包括电网企业利润、售电利润和消费者剩余，其中售电利润为0；售电侧放开下的垄断竞争情形，局部社会福利包括电网企业利润、售电利润和消费者剩余。

表3-8 不同改革情形下的局部社会福利计算公式

改革情形	局部社会福利
传统一体化下的规制定价（Integration with Regulation）情形	$W_1 = \prod_{IR} + CS_{IR}$
传统一体化下的垄断定价（Integration with Monopoly）情形	$W_2 = \prod_{IM} + CS_{IM}$
输配分离下的规制定价（Separation with Regulation）情形	$W_3 = \prod_{3T} + \prod_{3DS} + CS_{3SR}$
输配分离下的垄断定价（Separation with Monopoly）情形	$W_4 = \prod_{4T} + \prod_{4DS} + CS_{4SM}$
售电侧放开下的完全竞争（Integration with Complete Competition）情形	$W_5 = \prod_{TD} + 0 + CS_{5S}$
售电侧放开下的垄断竞争（Integration with Oligopoly Competition）情形	$W_6 = \prod_{TD} + \sum \prod_{R,n} + CS_{6S}$

我们不仅可以比较不同改革情形下的局部社会福利，还可以比较不同情形下各利益相关主体福利水平的变化，即考虑福利变化的结构特征。很明显，传统一体化下的局部社会福利由两部分构成，但是否放松管制对两部分构成会有影响；输配分离下的局部社会福利由三部分构成，同样地，是否放松管制会对三部分构成都有影响；售电侧放开下的局部社会福利同样由三部分构成，但两个利润项对应的企业不同于输配分离。

三 数据说明

本节所用数据是2003~2005年24个国家电网省网公司的成本数据。数据来源包括2003~2005年国家电网各省网公司的财务报表数据和2003~2005年国家电网的资料汇编数据。

作为网络型产业，输配电网的产出定义一直是个难题，困难在于产出的多维度，如电能、可靠性、安全性等。在定义产出时，除了需要选择产出维度外，还要决定如何基于这些维度构造复合产出。由于与本章第二节所用数据集相同，变量定义方法同样借鉴冯永晟、马源、张昕竹（2008）。为方便阅读，此处复述本章第二节的数据说明。本节根据复合产出的思想，将电网产出定义为电量和相应线路的回路长度的乘积，其中输电产出中的电量选择供购电量，配电产出中的电量选择售电量。本节选择把回路长度[1]作为第二种产出维度，以反映可靠性水平。可靠性对电网和整个电力产业的安全稳定运行至关重要，因此，其是定义电网产出不可或缺的维度。使用电量和可靠性定义输配电网的复合产出，可以较好地刻画电力产品的主要特征。

总成本由劳动成本、资本成本、购电成本（原材料支出成本）和运维成本加总得到。在计算要素价格时，我们用省网公司的劳动支出除以全年平均职工总数得到供电、输电的劳动价格，用购电支出除以购电量得到购电价格。另外，本节简化了资本价格的计算方法，用债务资本价格近似地表示资本价格[2]。样本统计信息见表3-1。

四 实证结果

我们首先估计了输配售一体化企业的成本函数和电力市场的需求函数，表3-9和表3-10分别给出了估计结果。一般而言，售电环节不具有规模经济性，从而适宜引入竞争，为了验证这一点，我们考虑了是否存在售电产出二次项的两种设定。

表3-9　一体化成本函数的估计值

参数	情景1		情景2	
	估计值	标准差	估计值	标准差
T_1	0.0000012**	0.0000005	0.0000011**	0.0000005
D_2	0.0000020	0.0000028	0.0000029	0.0000023
T_2	0.0000003	0.0000002	0.0000003	0.0000002

---

[1] 两类回路长度都是架空线路的回路长度，不包括地下线路。电压等级从500kV及以上到35kV，不包括10kV及以下线路。输电线路总长度即为划为输电电压的各级线路的回路长度之和，配电线路总长度则为划为配电电压的各级线路的回路长度之和。

[2] 国家电网的融资结构以国家投入和银行贷款为主，所以，计算国家电网的资本价格需要计算国家权益资本的市场价值，或者计算相应的影子价格。

续表

参数	情景 1		情景 2	
	估计值	标准差	估计值	标准差
D_2	− 0. 0000457 ***	0. 0000110	− 0. 0000442 ***	0. 0000115
S_1	0. 0226495 ***	0. 0033139	0. 0210849 ***	0. 0020659
S_2	− 0. 0020388	0. 0033610		
TD	− 0. 0000242 ***	0. 0000082	− 0. 0000234 ***	0. 0000080
DS	0. 0000167 ***	0. 0000055	0. 0000148 ***	0. 0000045
TDS	0. 0000058 *	3. 0300000	0. 0000057 *	0. 0000030
P_K	229. 3966000	150. 7843000	234. 9846000	149. 4869000
P_L	0. 0002474	0. 0001510	0. 0002310	0. 0001481
P_E	0. 5551001 ***	0. 0569800	0. 5595618 ***	0. 0561268
R_1	− 20. 3085200 ***	6. 2190900	− 19. 8904600 ***	6. 1390680
R_2	− 7. 4014670	6. 8882900	− 7. 3919440	6. 8417900
R_3	− 3. 3045330	7. 7614600	− 3. 0407710	7. 6969790
R_4	− 2. 9715230	5. 3497300	− 2. 9654430	5. 3136290
$Y_1(2003)$	− 4. 9460920	3. 3181000	− 4. 9462570	3. 2957090
$Y_2(2004)$	− 4. 7947940	3. 0790660	− 4. 6974080	3. 0541260
C	− 117. 2425000 ***	18. 6452100	− 115. 2008000 ***	18. 2150100
调整 R^2	0. 9971		0. 9971	
样本量	65		65	

注：*** 表示在 1%的水平下显著；** 表示在 5%的水平下显著；* 表示在 10%的水平下显著。

如前所述，需求函数的具体形式不会影响不同改革情形的比较结果（虽然会影响绝对量的准确性）。即便如此，我们可以尽可能控制影响全局电力需求的主要特征，比如大区和时间虚拟变量，以刻画时空差异的影响。

表 3-10　反需求函数的估计值

参数	估计值	标准差
需求量	− 1. 3732 ***	0. 2942
gdp	0. 0119 ***	0. 0018
区域虚拟变量 1	16. 3141	17. 7040

续表

参数	估计值	标准差
区域虚拟变量 2	94. 3885 ***	14. 9552
区域虚拟变量 3	151. 9496 ***	16. 0234
区域虚拟变量 4	55. 1243 ***	13. 0859
年份虚拟变量 1	−37. 0049 ***	10. 4835
年份虚拟变量 2	−21. 9632 **	10. 2080
常量	372. 7355 ***	11. 3786
调整 R^2	0. 8605	
样本量	66	

注：*** 表示在1%的水平下显著；** 表示在5%的水平下显著。

（一）对关键参数的解释

从模型估计结果来看，模型整体拟合优度都非常高，代表输配售之间成本关联性的参数 *TD*、*DS* 和 *TDS* 的估计值均十分显著，表明我们的模型设定是基本合理的。*TD* 系数显著为负，表明输配电网之间存在显著的纵向经济性，这意味着实际输配分离会产生明显的纵向经济损失。*DS* 系数显著为正，表明配售之间不存在纵向经济性，这意味着改变配售一体化的局面将带来成本收益。*TDS* 系数显著为正，表明电网环节与售电环节之间不存在纵向经济性，类似地，这意味着改变电网与售电的一体化结构将带来成本收益。这些基本判断与张昕竹、冯永晟和阙光辉（2010）的观点一致。

显著存在的纵向经济性证据表明，纵向结构拆分改革的分离界面应选择在电网环节与售电环节之间，而非电网环节内部。这也就验证了纵向结构拆分改革应将自然垄断环节与竞争性环节分离，而非在自然垄断环节内部分割，同时这也为国际电力市场的改革实践所证明。

（二）福利比较分析

根据模型设定及对关键成本参数和需求参数的估计结果，我们可以按照表3-8中的公式计算不同结构改革方案下的准福利水平。具体结果如表3-11、表3-12所示。

表3-11 不同结构改革方案下的总体局部福利

单位：亿元，%

年份	传统一体化		输配分离		售电侧放开	
	规制定价	垄断定价	规制定价	垄断定价	完全竞争	垄断竞争
2003	57.1408	67.3993	50.4155	51.7617	83.7914	56.9118
2004	72.7506	84.3579	64.9039	65.7844	103.4208	73.3441
2005	99.4808	116.5294	94.0566	92.4853	136.6649	101.5795
整体平均	76.4574	89.4289	69.7920	70.0105	107.9590	77.2785
2004年同比增长率	27.32	25.16	28.74	27.09	23.43	28.87
2005年同比增长率	36.74	38.14	44.92	40.59	32.14	38.50
2003~2005年平均增长率	31.95	31.49	36.59	33.67	27.71	33.60

表3-12 不同结构改革方案下的省级局部福利

单位：亿元，%

年份	传统一体化		输配分离		售电侧放开	
	规制定价	垄断定价	规制定价	垄断定价	完全竞争	垄断竞争
2003	2.5973	3.0636	2.2916	2.3528	3.8087	2.5869
2004	3.3068	3.8345	2.9502	2.9902	4.7009	3.3338
2005	4.3253	5.0665	4.0894	4.0211	5.9420	4.4165
整体平均	3.4235	4.0043	3.1250	3.1348	4.8340	3.4602
2004年同比增长率	27.32	25.16	28.74	27.09	23.43	28.87
2005年同比增长率	30.80	32.13	38.62	34.48	26.40	32.48
2003~2005年平均增长率	29.05	28.60	33.59	30.73	24.90	30.66

从表3-11和表3-12可以直观看出，不同改革路径下的社会福利水平的差异明显，特别是不同的竞争与规制程度对社会福利水平有显著影响。第一，与传统一体化结构相比，输配分离会降低社会福利。无论是否保持规制定价，输配分离下的规制定价的社会福利水平必然低于传统一体化下的规制定价的社会福利水平，福利损失可能来自多个方面，但最主要的应该是纵向经济损失（张昕竹、冯永晟和阙光辉，2010）。

第二，无论是传统一体化还是输配分离，规制定价下的整体平均福利水平低于垄断定价。这是一个很有意思的现象，因为一般而言，规制应该通过抑制垄断市场势力来提高社会福利水平或至少不降低社会福利水平。但电网公司面临的相反情况反映出，问题可能并非只来自垄断势力，规制的低效率也许更应该受到重视。实际上，中国电力产业并不存在真正意义上的经济监管，对于最基本的成本加成的规制定价，取而代之的是强大却低效的行政干预，这种干预使企业行为的激励被严重扭曲，并非以市场化为导向而是掺入过多的政府目标。这也就说明了为什么在传统一体化下，完全的垄断定价反而会大幅提高社会福利水平：消除行政干预会矫正企业原本扭曲的激励，这样，即使福利水平仍低于有效竞争的水平但也会大幅改善。

结合上述分析，我们可以推断出，输配分离很可能是一种令市场适应低效规制的改革，而非以市场化为导向的改革。这表现在，相对于传统一体化，输配分离会导致社会福利水平下降，而且在输配分离下，规制定价虽然没有完全优于垄断定价，但不像传统一体化下那样显著劣于垄断定价。输配分离下的规制定价看上去似乎更有效率，但这一效率并非来自竞争，而是由"分离"产生的：输配分离能够拓展规制机构获取相关规制所需信息的渠道，也扩大了对比的空间。

第三，售电侧放开，即一体化竞争模式下的社会福利高于传统一体化下的社会福利。样本期内售电侧放开的局部福利水平为77亿~108亿元，具体值依竞争程度而定，即使程度最低的双寡头竞争下的社会福利也会优于传统一体化下的社会福利，而且竞争企业数量越多，福利水平就越接近完全竞争情形下的福利水平，因此，整体而言，售电侧放开会提高社会福利水平。这就表明，竞争在提高社会福利水平方面发挥决定性作用。竞争效率的释放取决于从发电到用户的市场通道是否打开，即电力的商品属性是否得到确认。因此，市场化改革必须从开放市场交易开始，必要的结构重组以促进市场交易为导向。

（三）结构性分析

表3-13分解了不同改革路径下的局部社会福利的构成情况，从中可以更加清晰地看到不同改革路径下社会福利构成的变化。

表3-13　局部社会福利的构成情况

单位：亿元

情形	年份	消费者剩余	电网利润	售电利润
传统一体化下的规制定价	2003	4.5563	43.4720	9.1126
	2004	4.8149	58.3057	9.6299
	2005	5.1480	84.0368	10.2959
传统一体化下的垄断定价	2003	7.9758	43.4720	15.9515
	2004	8.6841	58.3057	17.3681
	2005	10.8308	84.0368	21.6617
输配分离下的规制定价	2003	4.1075	38.0929	8.2151
	2004	4.5214	51.3396	9.0429
	2005	5.6718	77.0414	11.3435
输配分离下的垄断定价	2003	4.5563	38.0929	9.1126
	2004	4.8149	51.3396	9.6299
	2005	5.1480	77.0414	10.2959
售电侧放开下的完全竞争	2003	40.3193	43.4720	0.0000
	2004	45.1151	58.3057	0.0000
	2005	52.6281	84.0368	0.0000
售电侧放开下的垄断竞争	2003	4.4799	43.4720	8.9599
	2004	5.0128	58.3057	10.0256
	2005	5.8476	84.0368	11.6951

从表3-13可以看出，第一，如果选择输配分离，那么相对于基准情形（传统一体化下的规制定价），在电网利润被压缩的同时，消费者剩余也很有可能被压缩。因此，输配分离的改革收益极不显著，而且造成企业和消费者的双重福利损失。

第二，如果选择售电侧放开，那么相对于基准情形，电网利润在保持不变的条件下，售电市场会因为竞争而迅速放大，从而使消费者剩余增加，即使在竞争程度极其有限的情况下（双寡头竞争），消费者剩余也可能会比基准情形多一些。随着竞争程度的提高，消费者剩余会大幅增加。售电利润会因竞争而受到抑制，最高水平仅与基准情形相当。总体来看，与基准情形相比，售电侧放开具有一定的"帕累托改进"性质。

第三，将输配分离与售电侧放开进行对比可以发现，输配分离下的消费者剩余非常有限，售电环节的利润未得到很好的控制，电网利润也被压缩。这说明，如果不放开售电侧，市场化改革的收益就无法有效传递给消费者，售电侧的市场势力就无法得到有效抑制，电网的发展激励也会受损。

综上所述，电力产业在保持输配一体化的条件下有可能实现比纵向分离更高的福利水平。Aghion，Griffith 和 Howitt（2006）发现纵向一体化与竞争程度之间呈现一种非线性的 U 形关系，这恰恰与产权学派（Grossman，Hart，1986；Hart，Moore，1990）的理论相吻合，这或许也能够解释为什么国外电力市场化改革会先经历纵向结构拆分又走向再一体化。因此，对中国电力体制改革而言，输配一体化不但能够引入竞争，而且更可能的是，最高的竞争程度将在一体化模式下实现。然而，这一点却长期被决策者所忽视。

五　政策讨论

对中国电力体制改革的决策者而言，只有明确权衡改革路径的标准和决策依据，理解建立竞争性市场所需要的条件和政府规制所应发挥的作用，改革方向和路径才能清晰起来。

（一）改革路径权衡的依据

确定电力体制改革的基本路径不仅是重要的政府决策问题，还是重要的理论研究问题，唯有明确不同改革路径的成本收益，才能做出稳健科学的决策并最小化改革风险。然而，目前来看，国内关于电力体制改革路径的讨论在很大程度上基于利益调整的思维。煤电矛盾、厂网矛盾等都集中到利益格局的调整上。不可否认，任何改革都会带来利益格局的调整，但为调整利益格局而推进改革往往使改革迷失方向。

本节研究表明，如果把社会福利作为评判标准，那么很多看似有力的改革措施实际上难以实现预期目标。以社会福利为取向，能够在很大程度上反映政府推进市场化改革的真正意图。实际上，考虑到电力行业在国民经济中的特殊地位及基础作用，政府对电力体制改革的目标往往是多元的，整体而言可以分为效率目标和公平目标两大类。

输配分离通过将具有强大谈判力量的"巨无霸"电网企业拆分成若干谈判力量较小的企业，能够达到两个目的：在便于政府继续施加干预的同时有利于各利益相关主体与电网企业进行利益再分配。但是这种逻辑违背了基本的市场经济规律（自然垄断的治理），忽略了电力产业中最基本的技术经济特征（纵向经济和协作经济），以及市场化改革的基本含义（市场准入），其本质上不以市场化为导向，而以政府意志为导向。输配分离是在牺牲效率以求所谓公平。

关键在于，输配分离所代表的公平未必就是真正的公平。本节研究表明，输配分离恰恰是社会福利水平最低的改革路径，如果追求公平反而产生了最低的效率，那公平的意义何在？换句话说，政府以市场化改革的名义追求公平，这一定位本身就存在偏差。当然，对政府行为的深入分析已经超出本节的研究范畴，但有一点可以明确，即政府决策者在确定电力体制改革方案时，必须明确以社会福利为根本标准，清楚每种路径的成本收益，唯此，改革才能真正推进市场化进程，改革过程才能稳健，改革风险才能最小。

（二）引入竞争的必要与充分条件

同国外竞争性市场一样，在中国电力产业中引入并保持竞争，就要防止电网垄断势力向电力交易领域延伸。从这个角度讲，输配分离能够促进竞争的假设是，拆分能够消除垄断性质，因为不消除垄断性质，垄断链下的企业会激励延伸垄断势力。对自然垄断环节而言，这是不可能实现的，因此输配分离本身无法解决甚至缓解垄断势力延伸。假使要让输配分离实现预期目标，根本的制度条件是售电侧放开。国外改革实践用经验与教训证明，售电侧放开是市场化改革最基本的内容。即便输配分离支持者最常引用的英国电力市场的例子也是在市场化改革之初就同步实现了发电和售电的放开；同时，美国PJM电力市场中存在大量输配售一体化企业也未影响其成为竞争程度最高的电力市场。因此，输配分离既不是引入竞争的必要条件，也不是引入竞争的充分条件。

这也就从另一个方面印证了前面的分析，主张输配分离的观点并非要释放市场效率，而是旨在实现利益调整。实际上，自 2002 年以来，中国的售电侧放开已经晚了十余年的时间，当然，积极或讽刺的一面或许是，输配分离一直未被实施。

总之，由于售电侧放开是还原电力商品属性的关键环节，无论构建什么样的竞争性电力市场，售电侧放开都是必要条件（但非充分条件）。唯有电力供求双方都进入市场，改革收益才能有效传递到消费者。更重要的是，本节研究表明，售电侧放开不仅能够提升社会福利（总量比较）水平，还具有一定的帕累托改进（结构比较）性质，也就是说，在一定范围内能够在不损害任何一方利益的前提下，实现所有市场主体的全局改善。在电力产业利益格局日益复杂的背景下，售电侧放开的这一性质就显得尤为突出。在保持存量利益的前提下，通过增量改革实现机制突破，不但是正确的方向，而且是改革风险最低的选择。

（三）垄断治理与规制改革

纵向垄断结构本身并不天然地抑制竞争和降低社会福利水平，我们的结论验证了纵向一体化下的竞争有可能产生更高的社会福利水平，而且实践表明，纵向一体化的竞争模式存在于许多领域（比如，天然气、电信、铁路等）。因此，治理垄断的思路就不宜局限于结构拆分，而应全面考虑与垄断形成和垄断治理紧密相关的规制改革。实际上，中国电网垄断的缺陷并非只源自垄断结构，还源自与之配套的低效规制或行政干预。

中国现有电力体制是在长期政府干预下形成的，许多体制问题虽然表现为垄断，但背后离不开政府的低效监管。除了原有国有资产管理体制的弊端外，在电力产业内部，现有的垄断问题与传统的政府定价、投资审批、计划电量和市场范围管制等密不可分。到底是垄断促使规制低效，还是规制低效助长垄断？这一制度内生性问题已经大大超出了本节的讨论范畴，但可以确定的是，为打破垄断，市场化改革必须与有效的（激励性）规制改革配合，否则难以成功。同时，市场化改革也并非抛开政府规制，正如 Newbery（1999）所指出的，市场化绝不意味着防止滥用市场势力所必需的规制的终结。认识到以上两点，改革路径的选择或许就不会过度偏向结构拆分的方案，从而真正地从正确认识市场与政府的关系入手，最终让电力市场在电力资源配置中起决定性作用，让政府更好地发挥作用。

六　结论

本节以中国电力体制改革为背景，利用电网公司层面的数据构建实证模型，对具有不同纵向结构和竞争（规制）程度的多种改革路径进行福利比较，围绕输配分离与售电侧放开的争论，讨论中国电力体制改革的思路与方向。本节指出，理论和实践均表明纵向一体化能够与竞争机制相融，许多竞争性电力市场和其他产业保持了大量纵向一体化竞争模式，因此电力纵向结构重组必须综合考虑相应的竞争和规制改革。实证结果表明，售电侧放开能够产生比输配分离更高的社会福利；以现行体制为基准，输配分离不但会降低社会福利，还很有可能带来企业利润和消费者剩余的双重损失；售电侧放开会在保持存量利益不变的前提下大幅增加消费者剩余，具有一定的"帕累托改进"性质。

本节强调，确定中国电力体制改革的方向与路径应以社会福利为判断标准，明确不同改革路径的成本收益，唯此，市场化进程才能真正稳健地推进。输配分离的背后更多的是政府所代表的利益调整诉求，并非真正以建立竞争性市场为导向；输配分离既非引入竞争的必要条件也非充分条件。售电侧放开是还原电力商品属性的关键环节，无论构建何种竞争性市场，售电侧放开都是必要条件（但非充分条件），而且售电侧放开具有一定的"帕累托改进"性质，增量改革有利于降低改革风险。低效的行政干预是中国电力体制存在问题的重要原因，重视市场改革与规制改革的协调推进是有效解决中国电力体制问题的根本途径。

需要注意，本节的研究结论是以电力产业为背景建立起来的，主要观点不能简单地用于指导其他产业的类似改革。虽然电力产业特殊的技术经济特征未在本节中被细致刻画，但其是产生这些结论的重要前提。

第四章 市场设计

金融输电权随着电力市场竞争程度的提高而出现，是电力产业独特的技术经济特征，是环流和阻塞问题与经济学基本原理结合的结果①，因而是电力经济学所特有的。在传统电力工业中，发电、输电和配电系统都归电力公司所有，其实行垂直一体化的管理体制。在调度过程中，系统运营商对本系统内的运行成本和各种约束拥有充分的信息，系统内的阻塞问题通过纵向一体化的企业内部化了。因此，在传统的电网运行模式中，"阻塞"不是一个典型问题。电力产业各环节的纵向分离改革开始之后，竞争格局逐步形成，市场需要在更大范围内实现资源的优化配置，这就要求输电网必须对用户公平开放，跨区域的电能交易日益增多，电网潮流不确定性增加，使电能传输受限制的情况明显增多。输电阻塞表明输电网的传输容量是一种稀缺资源，如何保障这种稀缺资源得到有效的利用就成为电力市场改革过程中一个必须解决的问题。面对这一问题，金融输电权理论应运而生。

电力市场的金融输电权理论从提出到在实践中不断得到应用和完善已经有约30年的时间，围绕电力市场机制设计这一核心问题，理论界取得了丰富的研究成果，而金融输电权正是其中的重要组成部分，这为本章梳理电力市场的金融输电权的基本理论提供了条件。

电力市场的金融输电权本身是电力市场机制设计的一部分。一般来说，电力市场机制设计关注如何将经济学的基本原则有效地应用于电力市场的建设和发展中，即如何改革现有电力市场的结构、体系和规则。金融输电权的机制设计关系到电力市场如何运行以实现短期和长期效率。与此同时，尽管

---

① 一般来说，只要产品或服务需要通过特定渠道转移的产业，比如交通运输产业和管道运输产业，都会存在阻塞问题。电力产业的复杂性就在于电流的物理性质。

电力市场引入金融输电权是为了保证电力市场更稳定地运行，但是市场主体的策略性行为也可能因此改变，这可能会影响金融输电权作用的充分发挥和市场效率的充分实现。许多经济学家对这一问题予以关注。

需要注意的是，金融输电权在改变市场主体行为方式的同时，也改变了电力市场的均衡结果，研究金融输电权与市场势力的关系，归根到底是研究金融输电权与市场均衡的关系。因此，市场均衡同样是本章关注的重要内容。当然，本章重点研究的内容是金融输电权的竞争效应，特别是金融输电权与市场势力之间的关系。之所以关注这一问题主要是因为以下两点：一方面，理论界目前并没有形成完全一致的结论，相关研究仍在继续，目前有必要对已有成果进行一个较为系统的整理；另一方面，目前研究金融输电权与市场均衡关系的方法仍存在一定问题，整理相关文献有助于我们进一步完善这一领域的研究。

本章建立了一个两节点（针对放射型电网）古诺竞争模型，分析不确定环境下金融输电权的竞争效应。在模型中，厂商持有金融输电权有两个目的：一是规避价格波动的风险；二是强化阻塞状态下金融输电权的价值，或者说最大化利润。金融输电权是否会影响市场势力，关键取决于厂商对市场均衡状态的主观预期，这是因为这种预期决定了厂商持有的金融输电权在两种用途之间的分配情况。在金融输电权配置市场（包括拍卖市场和二级流通市场）能够实现有效套利的假设下，如果厂商预期市场将长期处于阻塞，那么金融输电权的配置结果不会影响持有者的市场势力。而当厂商预期市场可能出现阻塞时，厂商一方面会采取策略性的报价水平，以最大化其持有的金融输电权的价值；另一方面会基于预期的价值购买金融输电权。因此，当市场均衡状态确实出现阻塞时，金融输电权会强化输入节点厂商的市场势力，同时会削弱输出节点厂商的市场势力。本章得到的结果证明，厂商持有金融输电权的数量受到电能市场的需求结构、成本结构、传输容量等因素的影响，并且只有当这些因素满足一定条件时，厂商才会选择持有金融输电权。

为进一步考察环流因素对金融输电权的影响，本章还建立了一个三节点模型。由于在网络型（相对放射型）电网中，环流特征决定了不同线路之间存在显著的外部性，这就导致电力市场需求状况等方面的变化会带来更大的节点价格波动，因此会大大增加市场的不确定性。实际上，当厂商处于一个高度互联的电网中时，其预期阻塞出现的概率会非常高，甚至可能接近1。本章得到的结果证明，厂商持有金融输电权的主要目的就是规避价格波动的风险，而用于强化市场势力的份额很小，也就是说，金融输电权给电能市场带来的主要是正面的影响，而强化市场势力的负面影响相对很小。这样，本章得到的结果就解释了为什么在国外成功的电力市场改革中金融输电权会得到广泛的应用。

第一节　电力市场金融输电权的基础理论

一　金融输电权的基本理论

金融输电权的思想最早是由 Hogan（1992）提出的，不过在介绍这篇文献之前，本部分先回顾其理论基础——节点边际定价（Locational Marginal Pricing）理论或 Nodal 定价理论，以方便后面的综述。然后，本部分分别介绍不同类型金融输电权的提出情况及进行相关比较，以及介绍金融输电权与市场势力的关系。其中，金融输电权与市场势力的关系是本部分研究的重点。

（一）节点边际定价理论

Schweppe，Caramanis，Tabors 和 Bohn（1989）建立的电力现货市场定价理论（Electricity Spot Market Pricing Theory）已经成为电力市场引入竞争的理论基础。这一理论的一个重要内容就是确定网络中不同位置或节点的电力竞争性价格水平，本部分主要介绍节点边际定价的基本思想。

输电约束的存在形成了网络阻塞，阻塞又将在地理范围上统一的市场分割成多个规模较小的区域市场。阻塞出现后，不同区域市场的（剩余）电能需求都必须由本地厂商提供，经济调度的原则决定了该区域市场的价格由最后一个被接受投标的厂商的边际成本决定，同时由于不同区域市场内厂商的成本结构存在差异，因此各地电能生产的边际成本必然存在差异。如果这些区域市场是完全竞争的，那么它们各自的市场出清价格仍然等于边际成本，这就是所谓的节点边际定价。节点边际定价表明电能的边际成本取决于电能生产和消费的位置。如果系统中每个节点上的价格都不一样，那么节点边际定价就是节点定价，或称 Nodal 定价。

Nodal 价格指某一节点上增加单位负荷时，系统以最经济的方式满足该负荷需求所增加的购电成本。这里的购电成本不仅包括发电成本，还要根据网络的实际状况加上输电损耗的边际成本以及阻塞的机会成本。下面我们介绍 Nodal 定价的形成过程。

在集中式交易①的电力市场中，厂商和用户或用户代表（如配电公司、售电公司）均向市场运营机构提交报价和投标；然后，市场运营机构根据接受的报价和投标设定市场出清价格。这一决策过程实际上是一个有约束的优化过程，具体而言，即在满足电力系统物理约束的前提下，最大化所有市场主体的收益。在不影响说明节点边际定价理论的基本思想的前提下，本部分假设整个电力市场都是完全竞争的，即不考虑厂商的策略性行为，并且厂商给出的报价等于真实的边际成本。

考虑一个存在输电约束和输电损耗的电力系统。假设某一节点既有发电厂商，又有电力用户或用户代表（如配电公司、售电公司），当该节点的电能供给超过需求时，净注入量为正，反之为负。用 I_k 表示节点的注入量，用 D_k 表示节点的输出量，用 N_k 表示节点 k 的净注入量，则有 $N_k = I_k - D_k$。

如果没有输电网络，那么各节点的净注入量为 0；如果存在输电网络，那么净注入量为正的节点和净注入量为负的节点可以通过网络进行交易，所以，输电网络的存在为提高整个电力系统的福利水平创造了条件。

定义 $W_k(N_k)$ 是对应各节点的福利函数，当节点 k 上的净注入量 N_k 为负值时，$W_k(N_k)$ 等于用户消费净流入电能所产生的收益；如果为正值，

---

① 包括不考虑输电约束的电力模式和考虑输电约束的节点定价模式，本部分假设的是后一种。

它就等于生产该注入电能所需成本的相反数。将所有 n 个节点上的福利水平加总就得到全网的总福利水平，即：

$$W = \sum_{k=1}^{n} W_k(N_k) \tag{1}$$

经济调度的目标就是要使该福利水平最大化，因此我们就得到正面的优化目标函数：

$$\max_{N_k} W = \max_{N_k} \left[\sum_{k=1}^{n} W_k(N_k) \right] \tag{2}$$

或者写成：

$$\min_{N_k}(-W) = \min_{N_k} \left[\sum_{k=1}^{n} (-W_k(N_k)) \right] \tag{3}$$

为了简便起见，这里假设需求完全无弹性，每个节点的负荷水平都是一定的。因此用户的收益就是一个常量，不需要在优化问题中出现。在这种设定下，公式（3）实际上就表示整个电力系统的最小电能生产成本，即：

$$\min_{N_k}(-W) = \min_{N_k} \left[\sum_{k=1}^{n} C_k(N_k) \right] \tag{4}$$

同时，该目标函数的优化过程要满足几个约束条件。首先是电能平衡约束，即所有节点的净注入电能之和必须等于网络各支路上的功率损耗（或称为网损）。网损取决于各支路上的潮流数量，进而也可以表示为净注入功率的函数：

$$\sum_{k=1}^{n} N_k = L(I_1, I_2, \ldots, I_{n-1}) \tag{5}$$

需要注意的是，任一节点电能注入量的变化都会引起网损的变化，所以 $L(\cdot)$ 并不与所有节点的注入功率相关，否则功率平衡约束就无法满足。为解决这一问题，我们可以设定一个基准节点（Slack Bus），令该节点的功率注入不作为 $L(\cdot)$ 的变量，这样，在其他节点功率注入量一定的条件下，可以通过调整该基准节点的注入量来满足平衡约束，即公式（5）。基准节点方法实际上是一个纯数学处理方法，其没有实际的物理意义，因此可以任意选择，在我们的分析中假设节点 n 为基准节点，这就与公式（5）的形式一致了。

其次，输电线路的热极限、稳定极限和风险约束决定了特定线路或一组线路的传输容量会受到限制，我们可以这样表示这些约束：

$$F_l(I_1, I_2, \ldots, I_{n-1}) \leqslant F_l^{\max} \qquad l = 1, 2, \ldots, n \tag{6}$$

其中，F_l 表示支路 l 上的潮流，$F_l^{\max}$ 表示支路 l 的传输极限，m 表示网络中过支路的总数。这样，我们可以得到原优化问题的拉格朗日函数：

$$l = \sum_{k=1}^{n} C_k(N_k) + \lambda \left[L(I_1, I_2, \ldots, I_{n-1}) - \sum_{k=1}^{n} I_k \right] \\ + \sum_{l=1}^{m} \mu_l \left[F_l^{\max} - F_l(I_1, I_2, \ldots, I_{n-1}) \right] \tag{7}$$

根据一阶条件，则有：

$$\frac{\partial C_k}{\partial N_k} = \lambda \left(1 - \frac{\partial L}{\partial N_k} \right) + \sum_{l=1}^{m} \mu_l \frac{\partial F_l}{\partial N_k} \qquad k = 1, \ldots, n-1 \tag{8}$$

$$\lambda = \frac{\partial C_k}{\partial N_n} \tag{9}$$

$$\sum_{k=1}^{n} I_k = L(I_1, I_2, \ldots, I_{n-1}) \tag{10}$$

$$\mu_l \left[F_l^{\max} - F_l(I_1, I_2, \ldots, I_{n-1}) \right] = 0, \quad \mu_l \geqslant 0 \qquad l = 1, 2, \ldots, m \tag{11}$$

拉格朗日乘子 λ 表示基准节点上单位电能的注入量的边际成本，同时也是电能平衡的影子成本；μ_l 表示支路 l 的输电约束的影子成本。由公式（8）可知，各节点的价格均不相同，其中，基准节点 n 的价格 $p_n = \lambda$，其他节点的价格则为：

$$p_k = \lambda \left(1 - \frac{\partial L}{\partial N_k} \right) + \sum_{l=1}^{m} \mu_l \frac{\partial F_l}{\partial N_k} \qquad k = 1, \ldots, n-1 \tag{12}$$

若不考虑网损，则有 $p_k = \lambda + \sum_{l=1}^{m} \mu_l \frac{\partial F_l}{\partial N_k}$。当所有支路都不阻塞时，所有节点的电力市场可以被视为统一的电力市场，所有支路的影子价格都为 0，不同节点的价格均为 λ；如果有支路发生阻塞，那么相应支路的约束影子价格就会大于 0，同时所有节点的价格也会因此出现差异。可见，除基准节点以外，任一节点的价格都会受到网络内任一条支路上潮流变化的影响，影响的程度取决于所有支路面临约束的影子成本和 $\dfrac{\partial F_l}{\partial N_k}$，即支路 l 上的潮流对应的节点 k 的净注入功率的灵敏度因子。

从上面节点边际价格的决定过程可以看出，阻塞的存在使节点价格出现差异，这一价格差就代表了传输价格的自然均衡定义（Natural Equilibrium Definition）。以上便是节点边际定价理论的基本内容。另外，Schweppe，Caramanis，Tabors 和 Bohn（1989）强调有效的短期电能价格是整个输电网络能够得到有效利用的基础。

（二）金融输电权的提出

金融输电权包括两种基本类型：一种是基于节点的输电权，即点对点（Point-to-Point）金融输电权；另一种是基于潮流的输电权，即关口权（Flow Gate Rights）。金融输电权基本形式即为传输阻塞合同（Transmission Congestion Contract）。实际上，所谓的"金融"是与输电线路的实际控制权相对应的，"金融"给予传输权所有者的权利是资金上的补偿，从这个意义上讲，不论是基于节点，还是基于潮流，只要传输权不赋予持有者控制线路的排他性权利，而只是给予经济上的补偿，其就是金融输电权。

1. 点对点金融输电权

Hogan（1992）最早提出了点对点金融输电权的思想，这也是金融输电权理论的奠基之作。他的研究考察了复杂网络条件下的环流和阻塞问题，把传统的合同路径（Contract Path）模型扩展到合同网络（Contract Network）层面，首次提出了传输容量权的概念。他认为合同网络期权能够为复杂网络环境下的长期传输容量分配提供一个良好的手段，因为合同网络的设计考虑了基尔霍夫定律、输电线路传输极限，这包括热极限（Thermal Limits）、稳定极限（Stability Limits）和风险约束（Contingency Constraints）等电力系统技术经济特征的作用，并且不会影响现有的经济调度方法。同时，合同网络能够在决定传输的现货市场价格时，保持短期市场效率，同时保证输电网络能够长期有效使用。

Hogan 首先结合美国电力市场，说明定义传输容量权（Firm Transmission Rights）的现实性。第一，现实条件变化已经大大提高了电网在电力系统中的重要性，原来的电网管理方式已经不适应新环境的变化，不同市场主体的利益格局已经发生变化，同时考虑到电网传输极限和阻塞问题，改变传统的电网管理方式已尤为迫切。第二，发电市场竞争主体的进入为电网接入提出了新的要求。第三，监管决策和监管方式不能有效地满足市场发展的需要。

他指出，电力市场运行的目标就是要实现电力系统的经济效率，经济效率包括短期效率和长期效率。实现短期效率的手段是经济调度，因为经济调度能够最大化整个电力系统的净收益；而实现长期效率则需要长期的电网接入政策和稳定的传输服务合同的配合，这就需要为传输系统定义一种权利，以为发电厂商的投资、负荷中心的建设，以及电网的扩张提供正确的激励。

金融输电权的定义需要满足几个方面的要求：首先，与电能交易相匹配；其次，满足电力系统的一些硬性标准，最重要的是电力系统的稳定性；再次，满足体制上的要求，比如，金融输电权的配置和定价能够按地区或公司进行分解；最后，金融输电权的使用不会产生严重的市场势力问题。

为了满足这些要求，Hogan 在传统的合同路径的基础上，提出了合同网络思想。他指出，由于现货市场价格包括输电网络内所有市场主体的交易信息，因此根本没有必要再去定义虚拟的合同路径。输电价格被定义为不同节点之间的价格差，这实际上就隐藏了电力系统运行背后的环流问题。既然输电价格是根据节点定义的，那么传输容量权最好也根据节点定义，而不需要假设电能沿着哪条路径运行。他指出，阻塞和不确定性的存在使投资者面临价格变动的风险，而通过对传输容量权的定义能够规避这种风险。

他提出了一种将电能市场短期定价与传输容量权市场整合为合同网络组成部分的方法，以实现有关传输容量权的交易。按照他的设计，当电能市场的节点边际价格确定时，输电价格也就确定了，假设从节点 i 到节点 j 的输电价格为 T_{ij}，那么所有网络使用者都会根据其使用量而被征收输电价格 T_{ij}，同时，传输容量权的持有者会得到相当于阻塞定价的租金。

Hogan（1992）的主要观点实际上是使用传输容量权来分配阻塞成本，同时，这种权利可以为市场主体提供一个规避空间价格风险的金融工具。尽管 Hogan 在研究中没有提出金融输电权的概念，但他定义的传输容量权实际上就是一种金融输电权。

Harvey 等（1996）进一步明确提出了传输阻塞合同（Transmission Congestion Contract，TCC）的概念。他们回顾了建立容量储备体系[①]（Capacity Reservation System）的目标和问题，并且深入研究了这一体系与竞争性电力市场的关系。他们从物理输电权及其交易体系开始，发现与物理输电权相匹配的容量储备的分散化交易不足以支撑一个竞争性电力市场，不过，这种交易能够通过系统运营商来进行协调。由于输电网外部性的作用，电能生产和传输不可能分别采用机会成本定价，但是通过市场主体的报价投标和系统运营商的经济调度，两者的价格可以同时产生。到这里为止，他们实际上重申了节点边际定价理论的思想。

他们进一步说明，在对没有使用或者过度使用的传输容量采用机会成本定价时，可交易的点对点容量在功能上和财务（金融）上都等价于传输阻塞合同。反过来，传输阻塞合同也会在功能上和财务（金融）上等价于点对点的容量，同时传输阻塞合同会更加容易管理，也会完全支持竞争性电力市场而且能够与输电网的实际利用状况一致。

总之，网络效应的复杂性会自然而然地使其与物理输电权等效，利用传输阻塞合同大大简化管理困难的金融输电权体系。传输阻塞合同为度量并分配传输容量提供了一个非常好的手段。

2. 基于潮流的金融输电权

Chao 和 Peck（1996，1997），Chao 等（2000）提出了基于潮流的金融

[①] 参见 FERC 于 1996 年提出的市场改革方案 "Capacity Reservation Open Access Transmission Tariffs"。

输电权，主要目的是支持其主张的基于市场机制而非集中调度的阻塞管理方法。基于潮流的输电权需要解决的首要问题是如何使交易和实际发生的潮流相匹配。这可以通过功率传输分布因子（Power Transmission Distribution Factor，PTDF）来计算每个交易在相关线路上的潮流分布。在实际应用时，需要考察整个网络的所有线路，如此定义的输电权会非常复杂，而且没有必要。因此可以定义一条或一组关键支路，即关口，也就是预测或者根据运行情况确定容易发生阻塞的线路。关口的确定与网络拓扑结构密切相关，系统参数和运行状态密切相关。一般来说，关口是比较稳定的，但是在网络出现异常状况时，线路的潮流分布可能会发生很大的变化，实际的关口会与预测的关口不同。

系统运营商需要定期发布标准 PTDF 表，并定义关口，然后根据发布的信息计算整个网络中各支路上的潮流分布。对于每个电能交易者来说，如果其拥有相应的关口权，则在实时调度时享有优先权，同时在最后结算时能够完全规避价格风险；如果没有或只持有部分关口权，则没有或部分拥有优先权，而且无法完全规避价格风险。结算时只对关口权进行阻塞费用结算。

可以看出，关口权具备以下特点：第一，输电权是针对线路的物理容量来分配的，因此相对金融输电权更为基本，并且稳定；第二，可能出现的关口权数量一般不多，因此相对金融输电权来说，结算的工作量较少；第三，由于关口权数量少并且稳定，因此输电权交易比较容易进行，市场流动性较高。

关口权的核心问题是输电权的价格如何确定。关口权价格是通过市场机制显性决定的。前文已经证明了一个设计合理的市场，经过一系列的交易过程可以动态地收敛于均衡点，得到各支路约束的影子价格，由公式（11）可知，网络中支路的传输约束的影子成本就是关口权的价格。

可交易的关口权实际上是用市场化的方法确定阻塞时的输电容量的价格。如果市场能够建立比较完善的关口权制度，那么输电网的控制权就从输电网的所有者转移到了市场手中，传输容量的价值也就完全由市场决定。当然，制度设计是其中的关键因素，这也是 Chao 和 Peck（1996，1997）所强调的。

3. 两种金融输电权的比较

两种金融输电权的根本差异在于金融输电权价值的决定方式不同。点对点金融输电权的价值决定过程就是电力现货市场优化调度的过程，其价值与各节点价格是同步决定的。从这一角度讲，点对点金融输电权的价值决定带有被动性质；关口权的价值则由主动的关口权交易市场通过供求关系决定。本质上，两种金融输电权的差异代表了两种市场交易模式的对立：集中化的市场交易模式主张采用点对点金融输电权机制，而分散化的双边交易模式主张采用关口权机制。

在两节点系统中，点对点金融输电权与关口权是等价的，其区别主要体现在复杂的网状结构中。实际上，对点对点金融输电权与关口权的比较在理论界仍然存在争论。根据 Kirschen 和 Strbac（2004）的总结，目前主要有以下几种观点。

（1）与点对点金融输电权相比，关口权的市场流动性更强，因为点对点输电的组合数量远比可能运行在极限水平的过支路的数量多。

（2）人们难以准确预测发生阻塞的支路。仅选择一级固定的重要关口进行交易是不能满足市场需要的，因为这些选定的关口同样可能引起网络其他部分的阻塞。

（3）由于点对点输电容量会随着网络结构的变化而变化，金融输电权的价值难以确定。另外，某一给定支路的最大输电容量是比较稳定的。

（4）由于通常仅有部分网络支路会发生阻塞，关口权的实施更加简便，与此相对应的是，哪怕只有一条支路发生阻塞，所有节点价格都会发生变化。

（5）购买关口权时，市场成员必须考虑并且理解输电网络的运行原理。实际上，这也意味着其必须了解转移分布系数矩阵。而购买点对点金融输电权时，市场成员不用担心自己不懂网络运行原理，只需要根据节点电价的变动情况进行决策。

（6）在完全竞争市场中，点对点金融输电权、关口权都是完全等效的。如果不能达到完全竞争条件，关口权会为市场主体提供更大的博弈空间，在只对一级固定的关口进行输电权交易时更是如此。

鉴于两种金融输电权的设计各有优劣，O'Neill，Helman，Hobbs，Stewart 和 Rothkopf（2002）提出了一种综合两种金融输电权的市场设计思路，他们主张解决争议最佳的办法就是让市场主体自己选择采用何种类型的输电权。

（三）金融输电权与市场势力

长期以来，电力市场的市场势力一直是理论界关注的焦点，相关研究成果也比较丰富，不过本部分只关注研究金融输电权与市场势力关系的文献：一是因为这是本部分所要研究的核心问题，二是因为金融输电权是目前实践中应用最广泛的传输权类型。

Oren（1996，1997）的文献较早地从理论上关注点对点金融输电权可能存在的市场势力问题，他指出被动金融输电权导致的市场低效率问题。所谓被动，是指金融输电权的价值完全由节点价格决定，而这些节点价格是由系统运营商在优化系统高度的过程中形成的，因此，金融输电权的价值成为电能市场的一个副产品，而不是通过传输市场交易确定的。他指出在一个由独立系统运营商利用最优调度原则形成的 Nodal 定价体系下，被动金融输电权，比如传输阻塞合同的作用会被厂商的策略性竞价替代。

Oren 首先回顾了以往研究市场势力的文献，指出这些文献共同的隐含假设是存在市场势力的原因是市场中存在全局或局部集中的情况。这样，在一个阻塞的网络中，每个节点发电产权的分散化将提高竞争的程度，从而实现边际成本定价，提高经济效率。但是，实际上，当阻塞的输电线路将竞争发电厂商与需求隔离的时候，这个结论就不一定准确了。他提出了一个实验经济学的研究结果，在一个阻塞的网络中，即使不存在区域市场势力，价格也可能偏离边际成本。他进一步依据线路阻塞条件下的古诺竞争模型，说明即使发电市场是竞争性的，厂商对阻塞的理性预期也会促使厂商之间形成隐性共谋，把价格提高到边际成本之上，并攫取阻塞租金，从而使传输阻塞合同得不到补偿。造成这种问题的原因是没有主动的金融输电权交易。正是金融输电权交易市场的缺失造成了电能市场的均衡的低效率，而且阻塞租金为厂商所攫取，金融输电权所有者得不到补偿。

同时，Oren 还说明了金融输电权的主动交易如何防止价格扭曲和调度低效。他指出，Chao 和 Peck（1996，1997）提出的金融输电权市场机制可以用来解决上述问题，其主要特征是进行主动的市场交易，金融输电权的所有者能够获得阻塞线路的租金，而且市场价格能够为输电线路的扩张提供准确的经济信号。如果厂商在阻塞线路上创造出反向潮流，那么其就可以获得相应的金融输电权，并可以进入金融输电权市场进行交易。这实际上就形成了一个厂商之间单边支付的机制，从而促使市场均衡向社会最优状态移动。

Cardell，Hitt 和 Hogan（1997）则强调对市场势力的分析应该重视电力系统的特殊性，因为这种特殊性会提高分析市场势力地理范围的复杂性。在一般市场环境下，厂商通过限制自己的产量来影响价格水平，而在电力市场环境下，可能存在厂商通过增加自己的产量来阻塞相应输电线路，从而导致竞争对手的产量进一步减少的情况，以使用其市场势力。

他们指出，造成这种现象的原因在于网络交互作用（Interaction in Network），这种交互作用是由电力系统的物理定律决定的，当物理定律与厂商的策略性行为相结合时，厂商就增加了一种使用市场势力的方法。因此，单纯的市场集中度和输电约束的分析方法可能不足以分析市场势力问题。

他们通过一个三节点模型分别说明在没有金融输电权和有金融输电权的情形下，具有市场势力的厂商能够通过提高产量来强化其市场势力。他们的模型假设具有市场势力的厂商的发电资产同时位于两个节点（其中一个位于供给节点，另一个位于需求节点）。他们强调的是该厂商能够提高位于供给节点电厂的产量，从而迫使另一供给节点的竞争厂商不得不减少更大比重的产出，进而减少需求节点的供给，提高需求节点的价格，获得更高利润。同时，从他们的分析中我们还可以看出，有金融输电权的情形与没有金融输电权的情形相比，需求节点的价格并没有上升，消费量没有下降，而两个输出节点的价格却都下降了。这表明金融输电权的引入能够提高社会福利水平。

他们指出，由于厂商的行为方式依赖电力网络的特殊性质，因此研究者应该重视对更加现实的网络模型的分析。Stoft（1999）研究了当限制传输容量时，发电厂商的市场势力问题。他考察了金融输电权对市场势力的影响和由此导致的阻塞租金的分配。他强调金融输电权是抑制市场势力的有力工具。他的观点直接反驳了 Oren（1997）的观点，认为 Oren 的观点建立在 Nodal 现货市场的基础上，输电约束和低需求弹性会使发电厂商具有无限的市场势力，这意味着这些市场势力无法通过增加竞争厂商的数量来削弱，也意味着厂商可以使用足够的市场势力来防止任何线路阻塞，从而使整个电力系统只形成一个电能价格，进而获取所有的阻塞租金，因此，金融输电权没有任何价值。随后他反驳了 Oren 的推测：假定约束限制节点的厂商不服务本地负荷，并且没有其他二级支撑市场（金融输电权市场和差价合同市场等），那么由独立系统运营商使用最优调度方法管理的电力现货市场会产生单一的电能价格。

Stoft 指出，Oren 的推测假设系统内任意节点的厂商都可以同其他节点的厂商展开竞争，但是仍得出了这些厂商将具有足够的市场势力来获取所有的阻塞租金的结论，完全竞争的假设与市场势力的结论似乎并不合理。Stoft 还指出，Oren 用作论据的两个例子很难有说服力，因为第一个例子放弃了标准的古诺纳什均衡理论的假设，而代之以一个方便其分析的假设；而第二个例子的本意是要设定一个古诺模型，但实际上是一个伯川德模型，因而其分析也是错误的。此外，Stoft（1999）与 Oren（1997）产生分歧的原因还在于 Oren 假设厂商不能购买金融输电权，而 Stoft 则放松了这一假设。

即便如此，Stoft 也承认，Oren 的研究确实提出古诺纳什模型中的一个模糊不清的问题，即多重均衡。当需求曲线具有凹的拐点（Concave Kink）时，古诺纳什均衡就不是唯一的了，而是一个连续统。古诺纳什均衡理论只能确定均衡存在，且具有唯一性，当确信均衡存在但并不唯一时，理论无法预测在现实中到底会出现哪一种均衡。这正是 Stoft 所认为的模糊性（Ambiguity）。

Stoft 指出，金融输电权的引入能够使电力市场中的均衡更容易预测，并且能够显著地削弱市场势力。他在一个两节点模型中具体说明了这一思想。具体而言，厂商为了保值（Hedging）而持有的金融输电权决定了厂商持留生产能力的底线，因而，这会限制其市场势力。当市场满足"容量充足"①（Excess-Capacity）条件时，金融输电权对发电厂商的价值要高于对其他投机者的价值，所以厂商会购买全部的金融输电权，这些金融输电权同样决定了厂商的利润。同时，容量充足条件还保证了金融输电权能够实现其全部价值，从而保证金融输电权的所有者能够获得足够的补偿。当容量充足条件不满足时，金融输电权仍具有价值，并能削弱市场势力，但是其效果会有所降低。

Bushnell（1999）的研究则强调了不论是持有金融输电权还是物理传输权，厂商都可以通过各种手段来达到持留输电容量的目的，从而制造线路阻塞的假象，强化其市场势力，而且短期内，这些持留行为对厂商都是有利的。他通过一个简单的两节点模型来说明其观点，并列举了两种厂商通过操作金融输电权持留输电容量从而获利的三种方式：首先，持留特定的金融输电权以增加本地厂商产出的价值；其次，持留特定的金融输电权以增加金融输电权本身的价值；最后，持留发电容量以攫取阻塞租金。

他最后结合加利福尼亚州电力市场改革的现实问题指出，鉴于可能出现的持留问题和网络不确定性，加利福尼亚州电力市场金融输电权的初次发行量应该低于网络的总传输容量。其意图是系统运营商可以通过剩余的传输容量来抑制可能存在的市场势力问题。

Joskow 和 Tirole（2000）的研究主要关注三个方面的问题，首先，研究金融输电权配置是否以及怎样影响具有市场势力的市场主体的行为；其次，比较物理输电权与金融输电权的福利性质；最后，研究具有不同微观结构的金融输电权市场如何决定金融输电权的配置及价格。

---

① "容量充足"表现为输出节点的发电容量减去传输容量后的剩余容量大于该节点最大厂商的发电容量。

　　他们的分析从一个简单的两节点模型展开。对于这两个节点，一个位于电力输出区域，发电成本较低；另一个位于电力输入区域，发电成本较高。两个节点由一条输电线路相连。他们首先考察了金融输电权的竞争效应，发现，如果输入节点的厂商具有市场势力，那么其持有的金融输电权就会强化市场势力。即便如此，金融输电权在市场主体之间的配置是由市场内生决定的，要依赖市场的微观结构特征。据此，他们根据金融输电权的最初持有者在具有市场势力厂商的身上"搭便车"的能力①，区分了三种不同的微观结构，分别是无搭便车、完全搭便车和部分搭便车。他们指出，除非是完全搭便车，否则，输入节点的厂商至少会获得一部分金融输电权。

　　接下来，他们考察了物理输电权是否以及如何影响上文得到的结论。他们发现，输入节点的厂商持有物理输电权既会强化其市场势力，也会导致不经济的调度结果，因此他们持留一部分物理输电权。持留的多少取决于该厂商在两地市场之间充当中间商（Intermediary）的能力。很明显，这种持留行为会带来低效率，管制机构必须予以修正。一个可供选择的办法就是执行"容量释放"（Capacity Release）规则，通俗一点说就是要求厂商对物理输电权要么使用，要么出售或放弃。同时，规制机构还需要一些新的指标来验证金融输电权和物理输电权是否强化了市场势力。他们对物理输电权和金融输电权的福利特征进行了比较，结果比较出人意料：电力市场没有金融输电权时的效率表现至少和有金融输电权（无论是金融输电权还是物理输电权）时一样好，甚至更好。

　　然后，他们在前文结论的基础上做了两个重要的扩展。第一个扩展是他们研究了不同的市场势力配置下的结果。他们发现，输出节点的消费者持有金融输电权与输入节点的厂商持有金融输电权具有相同的效果，因为金融输电权给予他们同样的激励——增加他们所持金融输电权的价值，所不同的只

---

① 这表现为，金融输电权的初始持有人依靠具有市场势力的厂商来提升其所持有的金融输电权的价值。

是，消费者的手段是削减其消费量，而生产者的手段则是削减其产量。输入节点的买方垄断者（Monopsony）所持金融输电权会削弱其市场势力。输出节点的厂商所持金融输电权对市场势力没有任何影响。针对物理输电权，结论基本与金融输电权一致，只有两点区别：一是市场主体持留物理输电权会减少输电线路的实际传输容量；二是厂商的事后供给策略会影响物理输电权对市场势力和持留程度的效果，以及供给的效率。

第二个扩展是将两节点模型推广到考虑"环流"特征的三节点模型上。他们认为，在三节点模型下，原来的基本结论并没有改变，三节点模型与两节点模型的差异主要是量上的，而不是质上的。不过在三节点模型下，物理输电权的使用面临更大的复杂性。

尽管 Joskow 和 Tirole（2000）的研究的涵盖面广，并且得到了丰富的结论，但其最大的贡献在于提供了一个比较全面的分析框架，至于具体结论，仍存在局限性。第一，他们的分析依赖限制性很强的情景假设；第二，他们没有考察厂商间的策略性竞争行为，既包括本地的行为，也包括通过输电网的行为；第三，他们的模型不包括不确定性。

针对 Joskow 和 Tirole（2000）得到的无金融输电权的市场效率表现最好的研究结论，Hogan（2000a）做出了回应，他用一个例子说明金融输电权的引入能够增加厂商的垄断利润和提高效率。Hogan 所举的例子与 Joskow 和 Tirole 的不同之处在于他假设垄断厂商的发电资产不仅位于高成本的节点，还位于低成本的节点。

Gilbert，Neuhoff 和 Newbery（2004）专门强调金融输电权的配置对市场势力的影响。他们认为，金融输电权合同到底是强化还是削弱市场势力的关键取决于金融输电权的配置。在这种思路下，他们建立了一个三阶段博弈模型：第一阶段是金融输电权的拍卖（一次发行）；第二阶段是金融输电权的交易（二次流通）；第三阶段是电能市场交易。在研究中，他们采用逆向分析的方法，先研究在特定假设下金融输电权与市场势力的关系，然后考察金融输电权交易对市场势力的影响，最后考察金融输电权的拍卖方式对市场势力的影响。在具体分析中，他们先以两节点模型为基础进行研究，然后将其扩展到三节点模型。

在两节点模型下，他们假设两个节点分别是净输入节点和净输出节点，市场势力可能位于任一节点上。在市场势力位于输入节点时，他们假设净输出节点无需求，厂商完全竞争，且具有常边际成本。净输入节点包括全部需求，且是不完全竞争市场，具有 n 家相同厂商。在这些特定的市场结构、供给和需求条件假设下，他们得出了输入节点厂商持有金融输电权导致价格上升的条件。在市场势力位于输出节点时，他们假设输出节点同样具有竞争性需求，不过，市场结构不再是完全竞争的。净输入节点是竞争性市场，厂商具有常边际成本。他们得出了在这些假设下厂商持有金融输电权会削弱市场势力的条件。

然后，他们考察金融输电权交易问题。他们认为，输入节点的垄断厂商绝不会出售任何可能强化其市场势力的金融输电权，而寡头厂商是否会出售则依赖金融输电权的交易结构和初始配置状态。如果管制机构能够设置一个完善的最终交易时段，那么寡头厂商无论如何都会出售一部分金融输电权，即使这些金融输电权能够强化他们的市场势力；如果金融输电权的初始分配是对称的，那么寡头厂商会出售所有的金融输电权。

之后，他们进一步考察金融输电权的拍卖问题。他们指出，在没有不确定性的条件下，通过有效套利的单一价格拍卖（Uniform-Price Auction），发电厂商获得的金融输电权只可能减弱其市场势力：输入节点的厂商所持有的金融输电权产生的净利润由于有效套利的作用而消失，因此，这不会影响价格水平；输出节点的厂商（相对于本地，即输出节点市场）持有的金融输电权能够预先确定其额外产出水平，从而降低输出节点的价格水平。通过"所付即所拍"机制获得的金融输电权可能强化其市场势力：输入节点厂商所持金融输电权的净利润为正值，因此会激励厂商使用市场势力[1]。解决市场势力问题的一个办法就是限制输入节点厂商持有金融输电权。

---

[1]　严格来说，这一结论还要依赖市场结构假设。根据 Joskow 和 Tirole（2000），在垄断情形下，输入节点的垄断厂商不会通过持有金融输电权获得利润，而根据 Gilbert, Neuhoff 和 Newbery（2004），在寡头情形下，输入节点的厂商确实会获得利润。

在研究了两节点模型之后，他们考虑了输电网络的环流特征，在三节点模型下对原有结论进行扩展。他们指出，在网状结构下，输出节点厂商持有的金融输电权同样会强化其市场势力。而关于拍卖机制的相关结论则基本与两节点模型一致。不过，限制输入节点厂商持有金融输电权的做法在网状结构下会失去作用，因为此时输出节点厂商的产出变化仍然可以影响输入节点的价格水平，而不像两节点模型中的情况，阻塞会完全隔离输出节点厂商的产出与输入节点的价格。

不过他们提出的市场模型，特别是两节点模型所研究的情形是很有限的。他们假设发电厂商的不完全竞争只存在一个节点，而另一个节点则是完全竞争的。与 Joskow 和 Tirole（2000）一样，这无法刻画当不同节点的厂商都是不完全竞争时，金融输电权的竞争效应。而且，他们还假设，输电线路总是在最大传输容量上运行。因为这一限制将影响博弈的每一阶段的结果，特别是影响电能市场的分析（整个分析的基础），所以他们得出的最终结果还需要进一步推敲。

Kench（2004）的研究则是利用实验经济学方法，验证 Joskow 和 Tirole（2000）的理论结果。具体而言，他们首先设定三类市场环境：没有金融输电权、有金融输电权、有物理输电权。然后，他们组织一个双边拍卖实验来观察三类市场环境下的结果。实验结果表明，有物理输电权的市场环境产生了较好的市场信号，因为该市场环境相对其他两种市场环境减弱了市场势力，消除了关于阻塞的不确定性。即便如此，他还是指出，其研究结果对政策建议的作用是有限的，因为实验与现实条件的差异非常大，许多现实因素，比如环流效应等都未包含实验环境。

Liu 和 Wu（2006）基于供给函数模型在三节点（两个节点是不完全竞争厂商，一个节点完全是需求）设定下，利用潮流分布因子（Flow Transmission Distribution Factor，FTDF）区分了两种金融输电权与市场势力的关系的情形：当 FTDF 为正值时，金融输电权会削弱持有者的市场势力；当 FTDF 为负值时，金融输电权会强化持有者的市场势力。

Pritchard 和 Philpott（2005）使用市场分配函数（Market Distribution

Function）说明，在电力库市场下，金融输电权既可能强化也可能削弱厂商的市场势力，而是否强化市场势力完全取决于具有市场势力的厂商在网络中的位置。此外，他们还讨论了金融输电权拍卖的相关问题。他们指出，厂商的市场势力可能会影响金融输电权的拍卖设计，并使系统运营商无法实现拍卖收益的最大化。因此，他们提出两个问题：第一，是否应该允许具有策略性的竞拍者参加拍卖？第二，是否有可能通过拍卖设计来阻止竞拍者的策略性行为？

除以上研究外，一些电力产业研究人员也从自己的角度出发提出了相关见解。Bautista 和 Quintana（2005）提出了一种甄别和区分能够强化厂商市场势力的金融输电权的方法，这种方法是依据相对套期保值率（Relative Hedging Position Ratio）设计的。Gutiérrez-Alcaraz 和 Sheblé（2007）提出了一种假说，即持有金融输电权可能会使原来没有市场势力的厂商具有市场势力。他们利用模拟方法，通过三种情形来说明这种可能性是存在的；然后，他们提出了抑制这种市场势力的方法。

二　输电网与市场均衡

（一）电力市场均衡状态

对金融传输的分析离不开对市场均衡状态的假设，尽管以往的研究者并没有忽视这一点，但是仅进行了简单化的处理。对市场主体而言，持有金融输电权是为了规避价格变动的风险，而价格变动的风险实际正来源于均衡状态的不确定性。因此要准确研究金融输电权与市场势力的关系就必须考虑市场可能存在的均衡状态，以及金融输电权对市场均衡状态的影响。随着认识的深入，研究者已经开始注意到这一问题。

Borenstein，Bushnell 和 Stoft（2000）最先系统研究了连接两个电力市场的单条输电线路的竞争效应。他们发现，单条输电线路的竞争效应可能与该条线路上的实际潮流没有直接关系。而且，如果这条线路的传输容量足够大，那么即使这条线路的实际均衡潮流为 0，市场也能达到充分竞争的效果。对于足够大的线路传输容量，市场的表现等价于两个原来

157

分离的市场实现了横向整合，原因在于两个市场之间不存在传输容量的限制。同时，他们的研究还包括对加利福尼亚州电力市场双寡头模型的实证分析。

他们首先在一个市场对称假设（两个市场厂商的成本结构完全相同）下，利用古诺竞争模型说明当输电线路的传输容量达到一定临界值时，两个分离市场会整合为统一的市场，市场会形成无约束的古诺纳什均衡；而当传输容量低于这一临界值时，市场不会产生纯策略均衡，只会产生混合策略均衡。然后，他们在不对称假设（两个市场厂商的成本结构不同）下进行了扩展，指出市场均衡状态比较复杂。根据不同条件，市场可能会出现无约束的古诺纳什均衡和主动/被动均衡[①]（Active/Passive Equilibrium）两种纯策略均衡，也可能出现混合策略均衡。

他们分析，当传输容量很小时，市场一定会出现主动/被动均衡，不过随着输电线路的扩容，输入节点的厂商发现在保持这种均衡状态时利润递减，因此，当传输容量达到一定限度时，输入节点的厂商就会改变原来的保守策略。记促使厂商开始改变策略时的最大传输容量为 $\hat{k}$。同时，与对称情形下的情况一样，当传输容量增加到一定限度时，市场一定会出现无约束的古诺纳什均衡。记实际传输容量为 k，记市场在对称假设下开始出现无约束古诺纳什均衡的最小传输容量为 k^*，那么在一定假设条件下，各种市场均衡状态的出现需要满足以下条件。

情形 1：当 $0<k<\hat{k}$ 时，主动/被动均衡；

当 $\hat{k}<k<k^*$ 时，混合策略均衡；

当 $k^*<k$ 时，无约束的古诺纳什均衡。

情形 2：当 $0<k<k^*$ 时，主动/被动均衡；

当 $k^*<k<\hat{k}$ 时，混合策略均衡；

当 $\hat{k}<k$ 时，无约束的古诺纳什均衡。

---

① 这表现为线路出现阻塞时，输入节点的厂商允许输出节点的厂商占领一部分本地市场，线路两端的厂商都不会改变自己的策略。

他们依据分析结果，指出输电线路扩容的收益包括促使市场形成更低的价格、更多的消费以及更小的无谓损失。同时，他们强调实现这些收益的不仅包括投入使用的输电容量，未使用的输电容量也会促使实现这些收益。当传输容量达到一定限度时，竞争的威胁会促使厂商抑制自己的市场势力。同时，他们指出，重复博弈可能会促使厂商之间产生合作行为，而且，各地市场会有厂商不断进入，这些情况可能削弱其结论的效力。

不过，Borenstein，Bushnell 和 Stoft（2000）的模型还存在其他方面的局限：一是其模型没有考察不确定性的作用；二是其模型假设线路两端的市场结构都是完全垄断的，没有考察各地市场不完全竞争的情形。对于这两个局限，Anderson 等（2007），Joung，Baldick 和 Son（2008）给予了关注。

Willems（2002）则研究了一个与 Borenstein，Bushnell 和 Stoft（2000）的模型非常相似的市场模型，考察网络运营商在促进竞争方面的作用，只不过其结论强调运营商在形成市场均衡方面的重要作用。

Cho（2003）深入研究了在有限传输容量的网络环境下电力市场的竞争性均衡。他设计了一种方法来检验市场均衡的有效性。同时，他还考虑了企业金融输电权市场的问题。他通过一个简单的两阶段市场模型分析了企业金融输电权的电力市场。模型由一个金融输电权市场（第一阶段博弈）和一个电能市场（第二阶段博弈）组成。在这个模型中，Cho 假设行为主体在第一阶段博弈中，能够影响金融输电权价格，因此会采取策略性行为；而在第二阶段博弈中，其是价格的接受者。通过分析均衡状态，他表明模型会产生低效率均衡。即便如此，他所使用的市场结构也不同于大多数现实中的市场结构，因此，他的结论不能直接应用于现实的电力市场中。

Anderson 等（2007）指出，当需求存在不确定性时，不同区域电力市场通过输电线路互联并会以一种复杂的方式改变这些市场的均衡结果。与 Borenstein，Bushnell 和 Stoft（2000）的思路不同，他们假设，输电线路互联不会改变区域市场的行为。之所以这样假设是因为他们的研究主要是突出如何使用市场分配函数来分析互联电网上潮流分布的概率行为（或表现），进而可以依据这一方法确定对阻塞租金的分配。

他们的研究强调不同地区需求的相关性会对市场结果（调度和价格）有重要的影响，而这些结论只有在考虑不确定性后才会出现，在确定性的分析框架下不会出现。他们指出，Nodal 价格的概率分布不是外生的，它们会对输电线路的变化做出反应。

他们的主要贡献在于强调不确定性对市场结果的影响，并提出了一种以解析方法来量化输电线路对调度结果和节点价格影响的方法。不过他们的研究也存在很大的缺陷，即没有考虑市场主体的策略性行为。

Joung，Baldick 和 Son（2008）则考察了引入金融输电权的促进竞争效应。他们在古诺模型框架下，分析了金融输电权的所有权配置如何影响发电厂商的策略性行为。遵循 Borenstein，Bushnell 和 Stoft（2000）的研究思路，他们考察了两个除地理位置不同外其他均相同的电力市场。这两个电力市场由一条输电线路连接，所不同的是，他们假设两个市场是不完全竞争的，厂商在各自的市场内都采取古诺竞争策略。同时，他们的分析方法与 Borenstein，Bushnell 和 Stoft（2000）的方法基本相同，差别仅在于他们侧重于分析金融输电权的影响，同时他们考察了两种类型的金融输电权，即期权（Option）和义务（Obligation）的影响①。

他们的研究结果验证了 Borenstein，Bushnell 和 Stoft（2000）的基本结论，当连接两个独立电力市场的输电线路的传输容量足够大时，厂商之间将展开充分的竞争。他们首先利用一个对称设定（两个独立电力市场的需求和成本结构完全相同）的模型说明金融输电权如何影响输电线路的竞争效应：如果市场能以一种合适的方式引入金融输电权，那么市场实现充分竞争效果所需的传输容量就会比没有金融输电权时少。他们同时考察了金融输电权期权和金融输电权义务的不同效果（如表 4-1 所示）。

---

① 当某一厂商持有从节点 1 到节点 2 的金融输电权期权时，如果市场出现了从节点 1 到节点 2 的阻塞，那么它会获得相应阻塞租金；如果市场出现了从节点 2 到节点 1 的阻塞，那么它可以放弃行权。当它持有的是从节点 1 到节点 2 的义务时，如果市场出现了从节点 2 到节点 1 的阻塞，那么它需要向系统运营商支付相应的阻塞租金。

表 4-1 金融输电权的竞争效应

	输入节点	输出节点
金融输电权期权	B	N
金融输电权义务	B	G

注：B 表示抑制竞争，G 表示促进竞争，N 表示无影响。

他们指出，市场的不对称性会促使市场均衡状态从无约束的古诺纳什均衡转变为主动/被动均衡。同时，他们调整了模型设定以验证 Joskow 和 Tirole（2000）的结论，结果发现，在相同设定下，金融输电权会削弱市场势力。

此外，他们还在不对称设定下对之前的结论进行了扩展，发现金融输电权会有效强化市场的不对称性，从而使主动/被动均衡更容易成为现实的市场均衡状态。

（二）刻画电力市场均衡的方法

刻画电力市场均衡的方法有多种，最主要的是古诺竞争模型和供给函数均衡模型两种。在古诺竞争模型中，厂商采取的是产量竞争策略；而在供给函数均衡模型中，厂商向系统运营商提交的是供给函数。

Klemperer 和 Margaret（1989）最早提出了供给曲线模型。Green 和 Newbery（1992）利用这一模型分析了英国电力市场。不过，Wolak 和 Patrick（1996）提供的实证证据表明英国的厂商在短期内采用的是产量竞争策略。Wolfram（1999）的研究表明，英国电力市场的价格实际上要低于使用古诺竞争模型预测的结果，不过，她也指出这可能是因为规制威胁造成的结果。

Cardell，Hitt 和 Hogan（1997）认为，在研究市场势力问题时，使用供给函数均衡模型并不会比古诺竞争模型提供更多分析上的帮助。与此类似，Borenstein，Bushnell 和 Stoft（2000）在研究输电网的竞争效应时认为，使用古诺竞争模型得出的结论没有理由不会在使用其他方法的分析结论中出现。

Pritchard 和 Philpott（2005）指出，相对于供给函数均衡模型，古诺竞争模型可能无法准确代表现实情况，在需求存在不确定性的条件下更是如此。供给函数报价则能对不确定的需求进行最优化处理，而且大多数电力库市场采用的是供给函数报价。不过问题是，在网络设定下，构造一般的供给函数均衡非常困难。

至于在研究中选择何种方法，还要具体问题具体分析。从目前情况来看，尽管古诺竞争模型的行为假设可能与现实有一定差距，但是其揭示的基本原理往往与现实一致，而且相对供给函数均衡模型，使用古诺竞争模型进行分析更加方便。

三　小结

从本部分的综述中可以看出两条研究主线：一条是研究金融输电权的竞争效应，另一条则是研究不完全竞争电力市场的均衡状态。作为竞争性电力市场不可分割的组成部分，研究市场均衡状态时必然要考虑金融输电权的影响，从 Borenstein，Bushnell 和 Stoft（2000）到 Joung，Baldick 和 Son（2008）已经对这一问题进行了深入的探讨。然而，在研究金融输电权竞争效应时，研究者往往放弃对市场均衡状态的讨论，而只从金融输电权本身的性质出发考察其对市场势力的影响。金融输电权的作用与市场均衡状态是密不可分的，因为电力市场均衡状态的变化是市场主体面临风险的经济根源，也是金融输电权存在的前提。因此，如何将市场均衡状态的变化，即市场主体面临的不确定性，引入对金融输电权竞争效应的研究仍是一个空白。

第二节　确定性分析框架下的逻辑矛盾

由前文可知，理论界对金融输电权与市场势力的研究成果虽然丰富，但仍没有形成完整的分析框架，各种研究均依赖特定的假设。这些假设往往非常严格，尽管能够方便分析，但掩盖了许多因素，如市场结构、需求结构、成本（供给）结构、传输容量等对市场势力的重要影响。更重要的是，这些文献没有考虑不确定性，从而造成研究结论具有局限性。市场引入金融输电权的主要目的是帮助市场主体规避价格不确定性，忽略不确定性会在很大程度上影响评价金融输电权作用的准确性。

由于阻塞的原因，[①] 电力市场会使市场主体无法准确预测各节点的价格水平，从而面临区域价格差异的不确定性。输电线路阻塞与否代表不同的市场均衡状态，因此，价格的不确定性实质上是市场均衡状态的不确定性。Joskow 和 Tirole（2000），以及 Gilbert，Neuhoff 和 Newbery（2004）等重要研究均忽略了对市场均衡状态的讨论。在确定性的框架下讨论金融输电权与市场势力问题会产生逻辑上的矛盾和结论上的局限。

本节将具体说明之前研究的内在逻辑矛盾及结论上的局限，并将其作为随后分析的起点和比较的对象。具体而言，本节首先说明市场在面临阻塞情形下的两种可能均衡状态；然后利用一般性的古诺竞争模型以及 Gilbert，Neuhoff 和 Newbery（2004）等的利润函数设定形式，研究市场长期面临阻塞情形下的厂商行为，并指出其中存在的问题，进而说明引入不确定性的重要性。

一 无金融输电权的基本模型

本部分给出模型的基本设定，以及在没有金融输电权情形下的市场完全分离时和部分整合时的均衡结果。

（一）基本设定

本部分的研究主要基于一个两节点系统的竞售电力市场。假设该系统由两个节点（节点 1 和节点 2，如图 4-1 所示）组成，每个节点代表一个既有供给又有需求的电力市场，中间由一条传输容量为 K 的输电线路连接。传输容量决定了两个市场水平的整合程度，如果 $K=0$，那么两个电力市场完全分离，每个节点均代表一个独立市场，电能交易只在各自电力市场内部进行；如果 $K=\infty$，或至少达到某一临界值，那么两个电力市场完全整合为统一电力市场，电能交易可在两个市场之间自由进行；如果 K 介于前两种情

---

① 实际上，即使输电网络不存在任何阻塞，节点价格也会由于输电网损而出现差异。不过忽略网损的作用不会对本研究的结论产生实质影响。

形之间，那么两个电力市场实现部分整合，电力交易会受到输电线路传输容量的限制：当输电线路朝着某个方向输送的电量达到传输极限时，沿着这一方向的电能交易便无法增加。

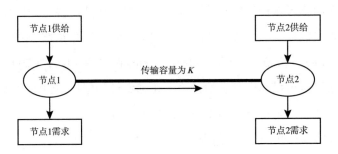

图 4-1　两节点系统

假设市场交易模式是由系统运营商（System Operator）组织交易并执行调度的节点边际定价交易方式，趸售电力市场的主体是发电厂商和售电企业（也可经营配电业务）。系统运营商根据供需双方的报价计算各节点的 Nodal 价格。

假设两个市场都是不完全竞争的，各有 n 家[①]同质厂商。节点 1 厂商 i 的产出为 q_{1i}，节点 2 厂商 i 的产出为 q_{2i}，$i=1$，$\cdots$，n。所有厂商具有相同的成本结构，假设成本函数为二次成本函数，即：

$$C(q_i) = \frac{1}{2}aq_i^2 + bq_i + c \tag{13}$$

其中，a、b、c 均大于 0。

假设两个市场均具有线性需求，当两个市场完全分离时，需求函数为：

$$\begin{cases} P_1(Q_1) = \dfrac{A_1 - Q_1}{\alpha} \\ P_2(Q_2) = \dfrac{A_2 - Q_2}{\alpha} \end{cases} \tag{14}$$

其中，P 表示两个市场的需求函数，A 表示不受价格影响的基本需求水

---

① 即使假设两个市场的厂商数目不同，研究结论也不会有根本性的改变。

平，Q 表示总需求量。本部分假设两个市场的需求差异仅在于 A 的大小，对价格的反应则相同。这样假设是因为电力已经成为现代社会生活的必需品，需求弹性比较小，不同地区的需求弹性即使存在差异，也不会太大；不同地区电力需求的差异主要由其他因素决定，如基本需求、收入水平、天气温度等，这些因素在理论模型中都用 A 表示。

当两个市场完全整合时，统一市场下的需求函数就会变为：

$$P(Q) = \frac{A_1 + A_2 - Q}{\alpha} \tag{15}$$

由于假设了线性的需求函数和二次成本函数，因此我们能够保证古诺均衡解释存在且具有唯一性（Tirole，1988）。

下面我们分别来看市场分离、部分整合以及完全整合时的产出和价格水平。

（二）市场分离时的产出与价格

当两个市场没有输电线路连接时，两个市场的利润函数分别是：

$$\begin{aligned} \pi_{1i} &= P_1(Q_1)q_{1i} - C(q_{1i}) \\ \pi_{2i} &= P_2(Q_2)q_{2i} - C(q_{2i}) \end{aligned} \tag{16}$$

利用利润最大化的一阶条件可以得到两个单个厂商的产出水平，分别为：

$$\begin{aligned} q_{1i} &= \frac{A_1 - \alpha b}{n + 1 + \alpha a} \\ q_{2i} &= \frac{A_2 - \alpha b}{n + 1 + \alpha a} \end{aligned} \tag{17}$$

两个市场的价格水平分别是：

$$\begin{aligned} P_1 &= \frac{(1 + \alpha a)A_1 + n\alpha b}{\alpha(n + 1 + \alpha a)} \\ P_2 &= \frac{(1 + \alpha a)A_2 + n\alpha b}{\alpha(n + 1 + \alpha a)} \end{aligned} \tag{18}$$

两个市场的总产出水平分别是：

$$Q_1 = \sum q_{1i} = \frac{n(A_1 - \alpha b)}{n + 1 + \alpha a}$$

$$Q_2 = \sum q_{2i} = \frac{n(A_2 - \alpha b)}{n + 1 + \alpha a}$$

(19)

两个市场的总产出之和为：

$$Q = Q_1 + Q_2 = \frac{n(A_1 + A_2 - 2\alpha b)}{n + 1 + \alpha a}$$

(20)

（三）市场部分整合时的产出与价格

当两个市场由传输容量为 K 的输电线路连接时，Nodal 定价决定了从产出到消费的函数，令 $N: R_+^2 \rightarrow R_+^2$ 表示该函数，那么根据市场需求、供给和传输容量等条件，则有：

$$(Q_1^*, Q_2^*) = N\left(\sum q_{1j}, \sum q_{2j} \right)$$

$$= \begin{cases} \left(\sum q_{1j} - K, \sum q_{2j} + K \right) & \text{当节点 1 均衡产出足够大时} \\ \left(\dfrac{\sum_{j=1}^{2n} q_i}{2}, \dfrac{\sum_{j=1}^{2n} q_i}{2} \right) & \text{介于其他两种情形之间时} \\ \left(\sum q_{1j} + K, \sum q_{2j} - K \right) & \text{当节点 1 均衡产出足够小时①} \end{cases}$$

(21)

其中，Q_1^* 和 Q_2^* 分别表示两个市场部分整合后的古诺均衡产出水平。上面三个分段函数分别对应节点 1 朝着节点 2 方向阻塞、无阻塞、节点 2 朝着节点 1 方向阻塞三种情形。

根据 Borenstein，Bushnell 和 Stoft（2000），当两个市场存在不对称性时，且连接两个市场的输电线路的容量非常有限时，公式（21）中的阻塞的均衡状态就会出现。假设 $A_1 < A_2$，那么市场分离情形下节点 2 的价格高于节点 1 的价格。当两个独立市场通过输电线路连接后，节点 1 的厂商会受到激励向节点 2 的用户售电，这时，阻塞就会出现。

首先来看节点 2 厂商的利润函数。节点 2 厂商的利润全部来自节点 2 的电能市场，由于一部分市场份额被节点 1 厂商占据，因此其面临的实际上是

---

① 如果不特别说明，本部分中所使用的"$\sum$"均表示"$\sum_{j=1}^{n}$"。

节点 2 的剩余需求。厂商 2 的需求函数向左平移了，移动的距离等于输电线路的传输容量 K。节点 2 厂商 i 的利润函数为：

$$\pi_{2i} = P_2(Q_2 + K)q_{2i} - C(q_{2i}) \tag{22}$$

由利润最大化的一阶条件可知，节点 2 单个厂商 i 的均衡产出、价格水平和整个市场的总产出水平分别为：

$$q_{2i} = \frac{A_2 - K - \alpha b}{n + 1 + \alpha a} \tag{23}$$

$$P_2 = \frac{(1 + \alpha a)(A_2 - K) + n\alpha b}{\alpha(n + 1 + \alpha a)} \tag{24}$$

$$Q_2 = \sum q_{2i} = \frac{n(A_2 - K - \alpha b)}{n + 1 + \alpha a} \tag{25}$$

对节点 1 的厂商而言，情形有所不同。由于具有价格优势，节点 1 的厂商能够占据部分节点 2 的市场，除了满足本地市场的需求外，其还需向节点 2 提供电能，因此，其利润同时来源于节点 1 和节点 2 两个市场。节点 1 厂商 i 的利润函数就可以表示为：

$$\pi_{1i} = P_1(Q_1 - K)q_{1i} - C(q_{1i})[1] \tag{26}$$

相应地，节点 1 厂商 i 的均衡产出、价格水平和整个市场的总产出水平分别为：

$$q_{1i} = \frac{A_1 + K - \alpha b}{n + 1 + \alpha a} \tag{27}$$

$$P_1 = \frac{(1 + \alpha a)(A_1 + K) + n\alpha b}{\alpha(n + 1 + \alpha a)} \tag{28}$$

$$Q_1 = \sum q_{1i} = \frac{n(A_1 + K - \alpha b)}{n + 1 + \alpha a} \tag{29}$$

---

[1] 尽管相关研究广泛采用这种利润函数设定，但实际上这存在一定局限，本书会在后面章节进行分析。

这时，两地市场的总产出水平为：

$$Q = Q_1 + Q_2 = \frac{n(A_1 + A_2 - 2\alpha b)}{n + 1 + \alpha a} \tag{30}$$

阻塞的出现意味着两节点的均衡价格存在差异。当均衡价格 $P_2 > P_1$，即 $A_2 > A_1 + 2K$ 时，市场确实产生了从节点 1 到节点 2 方向的阻塞。$A_2 > A_1$ 仅仅是市场产生阻塞的必要不充分条件。

（四）市场完全整合时的产出与价格

市场完全整合并不意味着需要无限容量的输电线路，根据 Borenstein，Bushnell 和 Stoft（2000），当输电线路的传输容量达到一定临界值时，市场就会出现无阻塞的均衡状态。这时，两个市场水平整合为统一的电能市场，单个厂商的利润函数就变为：

$$\pi_i = P(Q)q_i - C(q_i) \tag{31}$$

其中，$Q = \sum_{i=1}^{2n} q_i$。相应地，单个厂商的均衡产出、价格水平和整个市场的总产出水平分别为：

$$q_i = \frac{A_1 + A_2 - \alpha b}{2n + 1 + \alpha a} \tag{32}$$

$$P = \frac{(1 + \alpha a)(A_1 + A_2) + 2n\alpha b}{\alpha(2n + 1 + \alpha a)} \tag{33}$$

$$Q = \sum_{i=1}^{2n} q_i = \frac{2n(A_1 + A_2 - \alpha b)}{2n + 1 + \alpha a} \tag{34}$$

市场完全整合意味两节点的价格相等，同时与部分整合相比，整个市场的产出水平提高了，这表明充足的传输线路能够提高社会福利水平。

总体而言，在两节点模型下，电力市场存在阻塞和无阻塞两种基本的均衡状态。在两种状态下，均衡价格和产出水平各不相同。两种均衡状态出现的可能性取决于成本结构、需求结构等与传输容量的关系。Borenstein，Bushnell 和 Stoft（2000）正是从这一点入手，研究了输电线路传输容量的竞争效应。本研究的侧重点与他们的不同，本部分指出，在既定传输容量下，市场的多种均衡状态会给市场主体带来不确定性，从而影响市场主体持有金融输电权和使用市场势力的行为。在深入研究之前，先具体说明确定性环境下的分析结论和局限。

二　确定性下的金融输电权模型

正如 Joskow 和 Tirole（2000）所指出的，确定性假设在研究金融输电权时确实并不恰当，不过，他们也认为确定性假设能够突出市场势力问题，但这一假设对结论的影响存在疑问。后文将分析确定性分析框架的主要结论和局限。

本部分假设市场主体不存在对市场均衡状态的不确定性，市场长期处于从节点 1 到节点 2 方向的阻塞，同时，厂商仍能够购买金融输电权。本部分假设市场按两阶段博弈模型运行：第一阶段，市场主体知道市场的均衡状态是从节点 1 到节点 2 方向的阻塞均衡，购买所需要的金融输电权；第二阶段，市场主体在电能现货市场上进行电能交易，确定均衡产出水平。确定性条件下的博弈时序如图 4-2 所示。

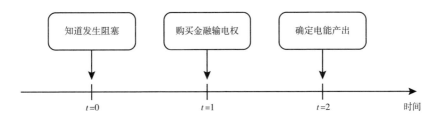

图 4-2　确定性条件下的博弈时序

我们所关注的正是金融输电权如何影响电能现货市场上的市场势力，下面将分别考察确定性环境下两个市场的厂商分别持有金融输电权时的市场势力问题。

（一）输入节点的市场势力

假设两节点系统中的节点 1 是净输出节点，节点 2 是净输入节点。假设只有节点 2 的厂商持有金融输电权，各厂商的份额为 k_i。对节点 2 的厂商而言，其利润由两部分组成：一部分是电能交易的利润，另一部分是金融输电权补偿带来的收益。根据以往文献在确定性环境下的方法，这里只分析特定金融输电权配置下的产出水平，因此不考虑金融输电权的购买价格。节点2厂商i的利润就表示为：

$$\pi_{2i} = P_2(Q_2 + K)q_{2i} - C(q_{2i}) + k_i(P_2 - P_1) \tag{35}$$

节点2厂商的本地市场份额中有K的部分被节点1厂商占有，这样，节点2厂商实际上面临本地市场的剩余需求，展开古诺竞争，并形成均衡价格。由于此时厂商因持有金融输电权而具有两种利润来源，其会在两种来源间做出最优权衡，这就决定了，有金融输电权情形下的产出水平不同于无金融输电权的情形。

利用利润最大化的一阶条件对q_{2i}求导，我们可以得到输入节点厂商i的产出、价格水平以及整个市场的总产出水平，分别为：

$$q_{2i} = \frac{1}{1 + \alpha a}\left[\frac{(1 + \alpha a)(A_2 - K - \alpha b) + \sum k_j}{n + 1 + \alpha a} - k_i\right] \tag{36}$$

$$P_2 = \frac{(1 + \alpha a)(A_2 - K) + n\alpha b + \sum k_j}{\alpha(n + 1 + \alpha a)} \tag{37}$$

$$Q_2 = \sum q_{2i} = \frac{n(A_2 - K - \alpha b) - \sum k_j}{n + 1 + \alpha a} \tag{38}$$

与无输电权的情形相比，金融输电权使厂商i的产出（保持其他厂商持有的金融输电权数量不变）减少了$\frac{n + \alpha a}{(1 + \alpha a)(n + 1 + \alpha a)}k_i$。由于其他厂商持有金融输电权，相应产出也会减少。同时，当所有厂商在减少各自产出时，其留给其他厂商的剩余市场在扩大，这样厂商就会提高自己的产出水平，这两种方向的产出调整过程会相互作用，一直持续到均衡状态出现。从公式（37）可以看出，与无金融输电权的情形相比，整个市场的均衡产出水平只减少了$\frac{\sum k_i}{n + 1 + \alpha a}$。

与无金融输电权的情形相比，产出的变化完全由厂商持有的金融输电权决定：

$$\frac{dq_{2i}}{dk_i} = -\frac{n + \alpha a}{(1 + \alpha a)(n + 1 + \alpha a)} \tag{39}$$

由于分子、分母都为正值，因此 $\frac{dq_{2i}}{dk_i}$ 为负值，于是我们可以推出下面的结论：在确定性、不完全竞争的两节点阻塞均衡模型中，金融输电权只会强化输入节点厂商的市场势力。

我们还可以看出，在其他条件不变的前提下，厂商每增加 1 单位的金融输电权，其减产的数量由其竞争对手的数量决定；如果市场只有 1 家厂商，那么厂商每增加 1 单位金融输电权，产出就会减少 $\frac{1}{2+\alpha a}$，整个市场的产出会减少 $\frac{1}{2+\alpha a}$。如果市场完全竞争，那么企业每增加 1 单位金融输电权，其产出就会减少 $\frac{1}{1+\alpha a}$。需要注意的是，随着市场竞争性的增强，当厂商减少产量时，其放弃的市场会被其他厂商吸收，因此厂商减产对价格的影响力会随着竞争者数量的增加而逐渐消失。当市场达到完全竞争时，每个厂商都会成为价格接受者，因此，单个厂商对金融输电权数量变化的反应可以忽略不计，整个市场的产量水平将达到 $A_2 - K - \alpha b$。

当节点 1 的厂商增加向节点 2 市场的售电量时，节点 2 市场的价格会下降，同时节点 2 厂商的市场份额也会由于竞争的作用而减少，减少的份额正好为 K，因此，节点 2 厂商在电能市场的利润必然会下降。为了弥补电能市场利润的下降，厂商会通过减产的方法来提高其所持金融输电权的价值，由前面的计算可知，与没有金融输电权情形相比，持有金融输电权为输入节点厂商增加了 $\frac{k_i \sum k_j}{\alpha(n+1+\alpha a)}$ 的金融输电权收益，而整个市场的金融输电权收益增加了 $\frac{(\sum k_j)^2}{\alpha(n+1+\alpha a)}$。

（二）输出节点的市场势力

假设只有节点 1 的厂商持有金融输电权，各厂商的份额同样为 k_i。对节点 1 的厂商而言，其利润同样由电能交易的利润和金融输电权补偿收益组成。按 Gilbert，Neuhoff 和 Newbery（2004）的方法，输出节点厂商 i 的利润函数就可以表示为：

$$\pi_{1i} = P_1(Q_1 - K)q_{1i} - C(q_{1i}) + k_i(P_2 - P_1) \tag{40}$$

利用利润最大化的一阶条件，我们可以得到输出节点厂商 i 的产出、价格水平和总产出水平，分别为：

$$q_{1i} = \frac{1}{1 + \alpha a}\left[\frac{(1 + \alpha a)(A_1 + K - \alpha b) - \sum k_j}{n + 1 + \alpha a} + k_i\right] \tag{41}$$

$$P_1 = \frac{(1 + \alpha a)(A_1 + K) + n\alpha b - \sum k_j}{\alpha(n + 1 + \alpha a)} \tag{42}$$

$$Q_1 = \sum q_{1i} = \frac{n(A_1 + K - \alpha b) + \sum k_j}{n + 1 + \alpha a} \tag{43}$$

与无金融输电权的情形相比，持有金融输电权使节点 1 厂商 i 的产出（保持其他厂商持有的金融输电权数量不变）增加了 $\frac{n+\alpha a}{(1+\alpha a)(n+1+\alpha a)}k_i$。由于其他厂商持有金融输电权，因此各自的产出都会相应增加。同时，当厂商在增加各自产出时，其留给其他厂商的剩余市场在减少，这样厂商就会减少产出。上面两种调整过程会一直持续到均衡状态出现。从公式（43）可以看出，与无金融输电权的情形相比，整个市场的均衡的产出水平只增加了 $\frac{\sum k_j}{n+1+\alpha a}$。

与无金融输电权的情形相比，产出的变化完全由厂商持有的金融输电权决定，即：

$$\frac{dq_{1i}}{dk_i} = \frac{n + \alpha a}{(1 + \alpha a)(n + 1 + \alpha a)} \tag{44}$$

由于分子、分母都为正值，因此 $\dfrac{dq_{2i}}{dk_i}$ 为正值，于是我们得到下面的结论：在确定性、不完全竞争的两节点阻塞均衡模型中，金融输电权只会削弱输出节点厂商的市场势力。

在其他条件不变的前提下，厂商每增加 1 单位的金融输电权，其增产的数量由其竞争对手的数量决定，如果市场只有 1 家厂商，那么厂商每增加 1 单位金融输电权，产出就会增加 $\dfrac{1}{2+\alpha a}$，整个市场的产出会增加 $\dfrac{1}{2+\alpha a}$。如果市场完全竞争，那么厂商每增加 1 单位金融输电权，其产出就会增加 $\dfrac{1}{1+\alpha a}$。需要注意的是，随着市场竞争性的增强，当厂商增加产量时，边际成本递增，但价格仍然不变，因此厂商不会因为增产而获益。当市场达到完全竞争时，每个厂商都会成为价格接受者，因此，单个厂商对金融输电权数量变化的反应可以忽略不计，整个市场的产量水平将达到 $A_1+K-\alpha b$。

假设传输容量 K 能够保证阻塞均衡出现，那么当节点 1 的厂商增加向节点 2 的售电量时，一方面获得了节点 2 市场中 K 的市场份额，另一方面增加了利润来源。厂商会通过增加本地产出的方法来提高其所持金融输电权的价值。由前面的计算可知，与没有金融输电权的情形相比，持有金融输电权同样为输出节点厂商增加了 $\dfrac{k_i\sum k_j}{\alpha\ (n+1+\alpha a)}$ 的金融输电权收益，而整个市场的金融输电权收益增加了 $\dfrac{(\sum k_j)^2}{\alpha\ (n+1+\alpha a)}$。

三 确定性分析框架下的局限性

本部分将具体说明在确定性环境下分析金融输电权与市场势力关系时存在的问题，以及问题产生的原因。

（一）输出节点厂商行为的设定错误

前面的分析表明，当两个独立市场通过传输容量有限的输电线路相连时，输电容量对两个市场的影响是对称的，只是方向不同：如果金融输电权配置给输入节点厂商，那么与没有输电线路连接时的情形相比，市场总产出水平会下降 $\dfrac{nK+\sum k_j}{n+1+\alpha a}$；与有输电线路连接而没有金融输电权的情形相比，市场总产出会下降 $\dfrac{\sum k_j}{n+1+\alpha a}$。如果金融输电权配置给输出节点厂商，那么与没有输电线路连接时的情形相比，市场总产出水平会上升 $\dfrac{nK+\sum k_j}{n+1+\alpha a}$；与有输电线路连接而没有金融输电权的情形相比，市场总产出会上升 $\dfrac{\sum k_j}{n+1+\alpha a}$。

这表明，输电线路的建设仅仅起到了在不同地区之间实现消费替代的作用，即用高价格地区的消费替代低价格地区的消费。不可否认，输电线路确实具有实现消费替代的作用，但除此之外，输电线路还具有增加消费总量的作用，只考虑消费替代显然与现实情况不符。造成这一问题的关键在于，输出节点厂商的利润函数并没有准确地反映厂商的行为。

输电线路的建设提高了节点 1 厂商面临的总需求水平，不仅包括本地需求，还包括来自节点 2 的容量为 K 的需求。需要注意的是后一种需求的价格并不由节点 1 厂商控制，其原因在于节点价格的本质：阻塞条件下，节点 2 的价格由节点 2 的需求结构和成本结构决定。因此，在阻塞均衡状态下，节点 1 厂商实际上是在按两种不同的价格水平分别向两个市场提供两种产出，因此其利润函数应该表示为：

$$\pi_{1i} = P_1(Q_1 - K)(q_{1i} - q_{ki}) + P_2 q_{ki} - C(q_{1i}) + k_i(P_2 - P_1) \tag{45}$$

其中，q_{ki} 表示节点 1 厂商向节点 2 的售电量。这种设定显然与 Gilbert，Neuhoff 和 Newbery（2004）等的设定不同，他们假设输出节点厂商的利润只包括节点 1 市场的利润，但实际上，输出节点厂商供给节点 1 和节点 2 两个市场的产出是同时决定的。尽管 Borenstein，Bushnell 和 Stoft（2000）的研究没有考虑本地厂商供给远方市场的产出决策，但他们在研究中明确地指出了这一问题。

公式（45）表明节点 1 厂商面临两种产出决策：满足本地市场（节点

1) 需求和满足远方市场（节点 2）需求。由于节点 2 的价格更高，对节点 1 厂商的利润贡献更大，因此节点 1 厂商会首先考虑满足节点 2 的市场需求，直到输电线路达到传输极限。利润最大化的目标决定其需要在两种产出之间做出最优权衡。

利用利润最大化的一阶条件，我们可以得到输出节点厂商 i 的产出、价格水平和总产出水平，分别为：

$$q_{1i} = \frac{1}{1+\alpha a}\left[\frac{(1+\alpha a)(A_1 + K - \alpha b) - \sum k_j - K}{n+1+\alpha a} + k_i + q_{ki}\right] \tag{46}$$

$$P_1 = \frac{(1+\alpha a)(A_1 + K) + n\alpha b - \sum k_j - K}{\alpha(n+1+\alpha a)} \tag{47}$$

$$Q_1 = \sum q_{1i} = \frac{n(A_1 + K - \alpha b) + \sum k_j + K}{n+1+\alpha a} \tag{48}$$

与公式（41）相比，节点 1 的产出水平增加了 $\frac{K}{n+1+\alpha a}$。不考虑金融输电权的效应，与两个市场完全分离的情形相比，节点 1 的本地总产出[1]实际上减少了 $\frac{\alpha aK}{n+1+\alpha a}$，而价格则提高了 $\frac{aK}{n+1+\alpha a}$。

到这里，我们可以很清楚地发现，在节点 1 厂商面临的总需求曲线实际上向右平移 K 后，不论是否存在金融输电权，厂商都会重新调整其产出水平。造成这种产出价格变化的根源在于，输电线路的建设使本地消费者面临的"竞争"压力增加，因此一部分消费者会重新优化自己的消费行为，从而导致总需求曲线向右移动。另一种解释则是，输电线路的建设增强了节点 1 厂商在本地市场上的议价能力，迫使消费者偏离原来的最优消费水平。总之，输电线路的建设在某种程度上能够强化输出节点厂商的市场势力，这种效应是之前研究所忽视的[2]。

---

[1] 即公式（22）中的总产出水平减去传输容量 K。
[2] 我国华东区域电力试点结果表明这种效应确实存在，当电能从低价区（安徽、福建）向高价区（上海、浙江）流动时，电价在低价区升高而在高价区降低。

（二）厂商并未实现总收支平衡

按照 Gilbert，Neuhoff 和 Newbery（2004）的倒推分析法，厂商首先在电能市场上决定产出水平，然后根据这一产出水平确定其在金融输电权市场中的购买数量。在决定产出水平时，厂商不考虑购买金融输电权的成本。那么厂商在这里会无法实现总收支的平衡，因为厂商无法收回购买金融输电权时的成本。

他们假设市场永远处于阻塞均衡，金融输电权市场的套利行为保证了金融输电权的价格等于电能现货市场上节点价格之差。其暗含的假设是，金融输电权市场的主体能够准确预想到厂商操纵节点价格的行为，因而保证厂商购买金融输电权时的成本正好等于电能现货市场上实际产生的节点价格差。但问题的关键在于，为什么厂商预想不到"金融输电权市场的主体能够准确预想到厂商操作节点价格的行为"。

在一个永远阻塞的市场中，厂商会意识到其不可能从持有金融输电权中获利，其持有金融输电权的唯一目的是保证电能市场顺利交易，而其所要保证的这部分电能产出正好是无金融输电权情形的最优产出。按照 Gilbert，Neuhoff 和 Newbery（2004）的方法，厂商必然不可能实现利润最大化，因为其利润的唯一来源——电能产出已经偏离最优水平。

（三）未考虑厂商持有金融输电权的决策

Gilbert，Neuhoff 和 Newbery（2004）以及 Joskow 和 Tirole（2000）的研究均假设市场长期处于阻塞均衡，这就把厂商评估金融输电权价格的过程排除在分析之外。

尽管从实践角度来看金融输电权拍卖和二级交易市场交易均在电能现货市场交易之前进行，厂商必然先购买金融输电权，再生产电能，但厂商是否持有金融输电权，以及持有多少金融输电权同电能产出一样，是厂商需要决策的问题，而且两种决策之间存在相关关系。忽略这一点得出的结论必然会存在问题。

是否持有金融输电权实质上是电力市场是否要引入金融输电权这一"门槛"问题。回答这一问题的关键在于市场是否存在不确定性，因为对厂商而言，金融输电权主要是一种避险工具。只有市场存在不确定性，市场主体才会依据自己对金融输电权价格的评估来持有金融输电权。不确定性的程度决定了厂商对金融输电权价格的评估情况。

总之，不考虑不确定性，就无法准确刻画厂商持有金融输电权的决策，同时无法准确刻画厂商在电能市场上的产出决策，进而无法准确描述金融输电权与市场势力之间的关系。解决这一问题的关键在于引入不确定性，因此，只有在不确定性的分析框架下，我们才能准确地研究金融输电权与市场势力的关系。这正是接下来要关注的问题。

四　小结

本部分首先设定了基本的古诺竞争模型框架，并指出电能市场可能存在两种基本的均衡状态，即阻塞均衡和无阻塞均衡。然后，本部分深入分析了之前研究结论的缺陷，指出了三个主要问题：

第一，错误地设定输出节点厂商的利润函数；

第二，没有考虑厂商总体利润的最大化；

第三，忽略不确定性，没有考虑厂商持有金融输电权的决策。

这三个问题说明，分析金融输电权与市场势力的问题需要新的框架。

第三节　不确定性下的金融输电权理论

前文提到的确定性分析框架尽管假设电力市场包括金融输电权配置市场和电能现货市场两个阶段，但在分析中假设金融输电权的配置机制对厂商的产出决策没有影响，这实际上割裂了两个阶段之间的动态联系，从而使我们无法准确分析金融输电权对厂商行为的影响。

实际上，如果厂商具有市场势力，其在购买金融输电权时，就会考虑如何调整自己在电能现货市场上的产出水平；同时，厂商在决定电能现货市场的产出水平时，也会考虑持有金融输电权所能带来的收益。因此，厂商的产出决策和金融输电权的购买数量是相互影响的。认识到这种关系对正确分析金融输电权与市场势力的关系至关重要。

本部分首先建立了不完全竞争下金融输电权拍卖市场与电能现货市场之间的动态均衡模型，说明金融输电权给电力市场带来的最大威胁在于，在一定条件下，持有金融输电权的厂商将有动机通过策略性报价形成阻塞均衡状态，进而获取由金融输电权带来的净利润。然后，本部分分别考察了输入节点和输出节点厂商持有金融输电权时的效应。最后，本部分结合两种情形下的厂商行为讨论了市场势力的含义。

一 金融输电权持有量与电能产出的动态均衡

本部分将建立厂商决定金融输电权持有量与电能市场产出的动态均衡分析框架。

（一）厂商行为方式的动态均衡框架

电能市场均衡状态的不确定性给厂商带来了利润波动的风险。为避免这种利润波动风险，厂商会购买金融输电权，同时，金融输电权能够帮助厂商有效规避这种利润波动风险，因为金融输电权给予持有者在节点价格出现差异时等于节点价格差的阻塞租金。

金融输电权确实为市场主体提供了很好的金融避险手段。不过，它也会影响厂商的市场势力，因为厂商持有金融输电权后会重新考虑其在电能市场上的产出决策。厂商之所以会重新调整产出，是因为持有金融输电权会为其带来净利润。下面首先说明金融输电权如何为厂商带来净利润。

金融输电权的价值取决于厂商对不同节点价格差的预期。如果市场均衡是无约束的古诺纳什均衡，那么两个市场的价格相同，金融输电权没有任何价值；如果市场均衡是阻塞均衡，那么两个市场的价格存在差异，金融输电权就具有价值。因此，金融输电权的价格完全由阻塞均衡状态下的节点价差及其发生的概率决定。对风险规避型厂商而言，购买金融输电权的数量取决于其对金融输电权价格的预期（Kirschen，Strbac，2004）。预期阻塞均衡的概率越大，金融输电权的价格越高；而预期阻塞均衡的概率越小，金融输电权的价格就越低。本部分假设市场主体对市场均衡状态的预期是：阻塞均衡

出现的概率为 β，无约束古诺纳什均衡出现的概率为 $1-\beta$，同时假设这一预期是外生的适应性预期，即根据历史信息而形成的对未来状态的预期。

厂商在购买金融输电权之后进入电能现货市场进行交易，厂商和消费者分别向系统运营商报价。然后，系统运营商根据报价进行经济调度，最终市场形成真实的均衡状态。Kristiansen（2004）指出，金融输电权定价基于预期的可能阻塞状态，这些状态可能实现不了。如果市场的实际均衡是无阻塞均衡，那么厂商持有的金融输电权不会为厂商产生任何收益；如果市场的实际均衡是阻塞均衡，那么厂商的金融输电权会具有完全的价值，厂商会获得相当于两节点的实际价格差，即阻塞租金的补偿。

令阻塞均衡下金融输电权的实际价值为 η，那么从预期角度来看，厂商最多只会为购买 k_i 单位的金融输电权支付 $\beta k_i \eta$，因此，其都会从持有金融输电权中获得 $(1-\beta) k_i \eta$ 的净利润。IESO 的统计数据验证了该分析（如表 4-2 所示）。

表 4-2　金融输电权拍卖收入与支付金额对比

单位：美元

时间段	2002 年 5 月至 2006 年 12 月（56 个月）	2004 年 4 月至 2006 年 12 月（33 个月）
金融输电权拍卖收入	135905000	100232945
金融输电权支付金额	261320000	141648000

资料来源：IESO，2007，"Transmission Rights Market"。

需要注意的是，本部分强调的重点在于，不确定性的引入明确表明金融输电权会给持有者带来净利润。这里没有考虑预期的内生决定问题，实际上，即使预期是内生决定的，前面的分析同样成立，因此，针对本研究，外生概率和内生概率之间不存在本质性差异，主要是定量方面的差异。

还要注意的是，金融输电权的实际价值在不同的市场结构下会有所不同。如果电能市场完全竞争，那么两节点价格差不受厂商持有金融输电权行为的影响，因此金融输电权的价值是稳定的；如果电能市场不完全竞争，那么厂商持有金融输电权的行为就可能影响阻塞线路两端市场的价格水平，进而影响金融输电权的实际价值。

不完全竞争市场下，具有市场势力的厂商在评估金融输电权的价值时会意识到自己持有金融输电权后能够进一步影响现货市场价格，进而影响金融输电权的实际价值，从而准确地选择购买金融输电权的数量，最大化其利润水平。因此，从动态均衡角度来看，在古诺竞争下，市场均衡产出与金融输电权的配置是相互影响的。与之前文献相比，这一分析结论更加符合现实，因为没有厂商在金融输电权拍卖市场购买金融输电权时不考虑其在现货市场上的产出决策。图4-3展示了厂商决策的动态均衡。

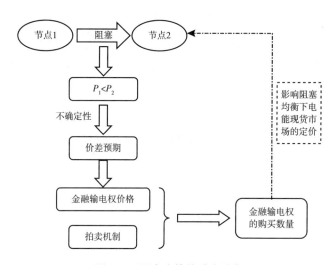

图4-3 厂商决策的动态均衡

从图4-3可以看出，受金融输电权配置影响的电能现货市场价格决定了厂商对金融输电权价格的预期，而这一预期正好能够形成该金融输电权配置结果。厂商正是考虑到这一动态均衡过程，才会采取策略性的报价方式，使市场在既定预期下，形成阻塞均衡的状态，从而获得更高利润。不确定性环境下的博弈时序如图4-4所示。

这样，金融输电权配置与市场势力的关系就变成了不论市场预期如何，金融输电权的存在都为厂商提供了一个新的利润增长点，因此厂商会受到激励提出策略性报价，从而促使实际市场均衡状态变成阻塞均衡，进而获取更大利润。这与前文所关注的问题的侧重点不同，前文关注在确定性条件下既定金融输电权配置是否会强化厂商已经存在的市场势力。本部分认为问题的关键在于，金融输电权可能会促使厂商采用策略性的报价进而改变市场均衡状态，阻碍竞争效率充分实现。

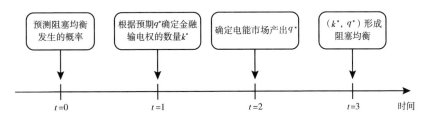

图 4-4　不确定性环境下的博弈时序

　　总结前面的分析可知，对厂商而言，金融输电权具有两种功能：第一，套期保值，规避节点价格变动的风险，保障电能交易的正常进行；第二，增加金融输电权价值，获得超额利润。在金融输电权的拍卖市场上，其价格水平完全由第一种功能决定。第二种功能使厂商由单一产出厂商变为多产出厂商，从而改变了其利润函数的形式。为实现利润最大化目标，厂商需要在两种产出之间做出最优权衡。总之，厂商在决定购买金融输电权时，除了规避价格风险、保证现货市场电能交易的顺利进行外，还要考虑如何强化自己的市场势力。

　　影响厂商最优权衡结果的最重要因素就是市场均衡状态的不确定性。金融输电权的两种功能发挥作用的相对比重同样取决于厂商对不同市场状态出现的概率的把握。不确定性的引入会使我们得出与之前文献貌似相近、实则不同的结论：当市场主体预期市场会出现阻塞均衡时，金融输电权完全不会强化任何节点厂商在阻塞均衡状态下的市场势力；当预期市场出现无阻塞均衡时，两个节点的厂商都具有最大的动机使用市场势力；当情形介于两者之间时，金融输电权会在一定程度上强化或削弱厂商的市场势力。

（二）金融输电权配置方式

根据 Lyons，Fraser 和 Parmisano（2002），金融输电权的配置方式可以有多种，新增容量所产生的金融输电权可以直接赋予投资者，而现有传输容量所产生的金融输电权既可以根据已有协议分配，也可以通过拍卖方式分配。在比较成熟的电力市场中，金融输电权一般由系统运营商通过拍卖方式分配给各个市场主体，这些主体不仅可以是发电厂商，也可以是投机者。

为了保证金融输电权能够得到合理配置，成熟市场一般需要具有相应的金融输电权拍卖机制及二次流通市场。以美国电力市场为例，市场主体能够通过三种方式获得金融输电权。

（1）年度金融输电权拍卖，将系统中的全部金融输电权容量在长期基础上出售。每年的金融输电权拍卖包括四轮竞拍过程，每轮拍卖 25% 的容量。除最后一轮外，市场主体在每一轮中获得的金融输电权都可以在之后的各轮中出售。

（2）月度拍卖，即拍卖年度拍卖后剩余的金融输电权容量。月度拍卖只有一轮。月度拍卖允许市场上的金融输电权持有者拍卖其从年度拍卖中获得的金融输电权容量。

（3）作为一个双边交易市场，二级流通市场为已持有金融输电权的市场主体提供二次交易的机会。

拍卖的方式可以是单一价格拍卖，也可以是"所付即所拍"拍卖。不过，从实践角度来看，绝大多数电力市场采用单一价格拍卖方式，比如，美国的 PJM 电力市场、纽约电力市场、新英格兰电力市场和加利福尼亚电力市场等，以及欧洲大部分电力市场。

本部分只需要假设金融输电权的配置过程是有效的，即市场的套利行为能够保证金融输电权的价格正好等于预期的节点价格差。

二 不确定性下输入节点的市场势力

假设在古诺竞争下，市场只存在从节点 1 到节点 2 方向的阻塞均衡和无约束的古诺纳什均衡两种均衡状态①。这决定了厂商持有的金融输电权数量 k_i 只能大于或等于 0。本部分只考虑纯策略均衡的情形，实际上，电能市场可能存在混合策略均衡（Borenstein，Bushnell，Stoft，2000），但就本部分研究的问题而言，我们关注的是预期如何影响厂商的行为方式，因此只考虑纯策略情形完全能够满足我们的需要。而且，刻画混合策略比较复杂，具体可参见 Gilbert，Neuhoff 和 Newbery（2004）。

假设阻塞均衡状态下，节点 2 的均衡价格水平为 P_2，节点 1 的均衡价格水平为 P_1，无约束古诺纳什均衡状态下的价格为 P'_2（$P'_2 = P'_1$）。那么节点 2 厂商的期望价格水平 $\bar{P}_2 = \beta P_2 + (1-\beta) P'_2$，节点 1 厂商的期望价格水平就是 $\bar{P}_1 = \beta P_1 + (1-\beta) P'_1$。当市场出现阻塞时，节点 2 厂商 i 的总利润函数可以写为：

$$\pi_{2i} = P_2(Q_2 + K)q_{2i} - C(q_{2i}) + k_i(P_2 - P_1) - k_i(\bar{P}_2 - \bar{P}_1) \tag{49}$$

可整理为：

$$\pi_{2i} = P_2(Q_2 + K)q_{2i} - C(q_{2i}) + k_i(1 - \beta)(P_2 - P_1) \tag{50}$$

均衡价格水平 P_2 是厂商预期到持有金融输电权并调整产出水平后的价格。公式（50）清楚地表明输入节点厂商的两个利润来源：$P_2(Q_2+K)q_{2i} - C(q_{2i})$ 表示电能市场产生的净利润；$k_i(1-\beta)(P_2-P_1)$ 表示金融输电权带来的净利润，这部分净利润等于其所得到的阻塞补偿减去购买金融输电权所付出的成本。

公式（50）还表明，当市场真实均衡状态是阻塞均衡时，厂商从持有金融输电权里得到的单位净利润为 $(1-\beta)(P_2-P_1)$，而不是 (P_2-P_1)。对厂商而言，所有的金融输电权里有 β 的比例用于规避价格风险，从而不会带来净利润。这正好与 Stoft（1999）的观点一致：厂商出于规避风险的目的持有的金融输电权为厂商使用市场势力设置了一个门槛。

利润最大化的一阶条件决定了厂商的最优产出水平，为：

---

① 我们的思路是在事后验证均衡存在的条件。

$$q_{2i} = \frac{1}{1+\alpha a}\left[\frac{(1+\alpha a)(A_2 - K - \alpha b) + (1-\beta)\sum k_j}{n+1+\alpha a} - (1-\beta)k_i\right] \tag{51}$$

相应的价格水平为：

$$P_2 = \frac{(1+\alpha a)(A_2 - K) + n\alpha b + (1-\beta)\sum k_j}{\alpha(n+1+\alpha a)} \tag{52}$$

比较公式（52）和公式（28）可知，当：

$$A_2 > A_1 + 2K - \frac{1-\beta}{1+\alpha a}\sum k_j \tag{53}$$

阻塞均衡总是存在的。在后面分析中，我们假设市场总是满足这一阻塞均衡的存在条件。

下面来看金融输电权与输入节点厂商市场势力的关系。使用最优产出对金融输电权持有量 k_i 求导，可以得到：

$$\frac{dq_{2i}}{dk_i} = -\frac{(1-\beta)(n+\alpha a)}{(1+\alpha a)(n+1+\alpha a)} \tag{54}$$

与前文内容相比，影响输入节点厂商市场势力的因素多了不确定性，即阻塞均衡发生的主观概率 β。β 的取值不同，持有金融输电权对厂商产出决策的影响就不同，而且这种影响是关键性的。我们首先来看两种极端预期，即当 $\beta=1$ 和 $\beta=0$ 时的结果，然后再看当 $\beta \in$（0，1）时的结果。

1. 市场预期阻塞均衡时的结果

当 $\beta=1$ 时，即厂商预期市场是阻塞均衡时，我们有：

$$\frac{dq_{2i}}{dk_i} = 0 \tag{55}$$

由于假设金融输电权的配置市场是有效的，因此输入节点厂商为获得金融输电权所需要支付的价格就等于电能现货市场上实际的节点价格差，厂商无法从持有金融输电权的行为中获利。换句话说，当预期与实际一致时，均衡状态下，电能产出的边际利润远远大于金融输电权的边际利润，因此厂商不会改变电能市场上的产出水平。

总之，当 $\beta=1$ 时，无论节点 2 的厂商是否持有金融输电权，其利润只来自本地电能市场，即使厂商持有金融输电权，其市场势力也不会增强。

2. 市场预期无阻塞均衡时的结果

当 $\beta=0$ 时，即厂商预期市场无阻塞时，我们有：

$$\frac{dq_{2i}}{dk_i} = -\frac{n+\alpha a}{(1+\alpha a)(n+1+\alpha a)} \tag{56}$$

从形式上来看，公式（56）与公式（39）完全相同，然而其含义不同。当厂商预期市场会处于无阻塞均衡状态时，节点 2 厂商持有的金融输电权实际上已经无法提供保值功能，但仍能发挥强化市场势力功能。由于金融输电权的拍卖价格完全由其保值功能决定，因此节点 2 的厂商可以无成本地或以极低的成本获得金融输电权。当市场产生的实际均衡是阻塞均衡时，节点 2 厂商会在电能产出和金融输电权带来的利润间做出最优的权衡。由于电能产出的减少会提高金融输电权的边际利润，因此，节点 2 厂商会不断减少产出。从整个市场角度看，节点 2 厂商减少的产出量以其所持有的金融输电权数量为限。

总之，当 $\beta=0$ 时，金融输电权提供给厂商的边际利润最大，因此厂商有最大的激励去持有金融输电权，以强化其市场势力。

3. 市场预期不确定时的结果

前面两种情形都属于极端情形，一般不会出现。厂商对阻塞均衡出现概率的把握往往满足 $\beta \in (0,1)$。

由公式（54）可知，当 $\beta \in (0,1)$ 时，$\dfrac{dq_{2i}}{dk_i}$ 严格小于 0，这说明当厂商无法准确预测真实的市场均衡状态时，厂商仍有使用市场势力的空间。阻塞均衡出现的可能性越大，不同节点的价格水平出现差异的可能性就越大；厂商越需要通过金融输电权来规避价格变动风险，输入节点厂商为购买金融输电权而支付的价格就会越来越高，这使金融输电权强化市场势力的作用越来越小。

综上所述，金融输电权强化输入节点厂商的市场势力的情况主要取决于市场主体对市场均衡状态不确定性的预期。

于是，我们有下面的命题。

命题1：在两节点的古诺竞争模型下，假设均衡状态仅可能是阻塞均衡和无约束的古诺纳什均衡，金融输电权的配置市场能够实现有效套利，市场满足阻塞均衡的存在性条件，即公式（53），输入节点厂商持有金融输电权，那么存在以下情况。

（1）当厂商预期市场均衡是阻塞均衡时，金融输电权不会对输入节点厂商的市场势力产生任何影响。

（2）当厂商预期市场均衡是无约束古诺纳什均衡时，金融输电权能够最大限度地强化输入节点厂商的市场势力。

（3）当厂商无法准确预期市场均衡状态时，金融输电权仍会强化输入节点厂商的市场势力。不过预期阻塞的概率越大，金融输电权强化输入节点厂商市场势力的作用就越小。

第四节　社会福利水平

我们再来考察输入节点厂商持有金融输电权时的福利效应。输入节点厂商持有金融输电权时，整个市场的总产出水平为：

$$Q_2 = \sum q_{2i} = \frac{n(A_2 - K - \alpha b) - (1 - \beta) \sum k_j}{n + 1 + \alpha a} \tag{57}$$

结合公式（52）可知，若 $\beta = 1$，则阻塞均衡下的总产出和价格与无金融输电权的情形完全一致。这表明两节点下的传输线路如果一直处于阻塞状态，那么引入金融输电权对输入节点厂商没有任何影响：输入节点厂商不会从持有金融输电权上获得净利，其利润仅来自本地电能市场，而且其对输入节点剩余需求的垄断地位（整体相对输出节点）也不会改变，因此产出水平和价格水平与无金融输电权的阻塞均衡结果一样。

若 $\beta = 0$，则厂商有足够的激励去影响产出水平，从而导致总产出水平下降，价格上升。所有厂商每购买 1 单位金融输电权，整个市场的电能产出水平就会下降 $\dfrac{1}{n+1+\alpha a}$，价格水平上升 $\dfrac{1}{\alpha\ (n+1+\alpha a)}$。

若 $0<\beta<1$，厂商持有的金融输电权中有 β 的比例用于保值功能，而剩余的部分则用于强化金融输电权的价值，随着阻塞均衡出现的可能性增加，厂商用于套期保值的份额会提高，为了规避风险而付出的成本也会增加，这促使整个市场的总产出水平和价格水平向无金融输电权下的阻塞均衡总产出水平和价格水平逼近。

总体来看，当允许输入节点厂商持有金融输电权时，输入节点的价格水平一般会上升，总产出水平会下降，因此，输入节点市场的福利水平一般是下降的，至少不会提高。

一 不确定性下输出节点的市场势力

与输入节点市场势力的分析方法一样，输出节点厂商 i 的总利润函数可以写为：

$$\pi_{1i} = P_1(Q_1 - K)(q_{1i} - q_{ki}) + P_2 q_{ki} - C(q_{1i}) + k_i(P_2 - P_1) - k_i(\bar{P}_2 - \bar{P}_1) \quad (58)$$

整理为：

$$\pi_{1i} = P_1(Q_1 - K)(q_{1i} - q_{ki}) + P_2 q_{ki} - C(q_{1i}) + k_i(1 - \beta)(P_2 - P_1) \quad (59)$$

公式（58）同样表明节点 1 厂商 i 的利润函数可以分成两部分：一部分是电能市场的净利润，另一部分是金融输电权带来的净利润。

同理，根据利润最大化的一阶条件，输出节点厂商 i 的最优产出水平是：

$$q_{1i} = \frac{1}{1+\alpha a}\left[\frac{(1+\alpha a)(A_1 + K - \alpha b) - (1-\beta)\sum k_j - K}{n+1+\alpha a} + (1-\beta)k_i + q_{ki}\right] \quad (60)$$

同样，与前文内容相比，影响输出节点厂商市场势力的因素多了不确定性 β。相应的价格水平为：

$$P_1 = \frac{(1 + \alpha a)(A_1 + K) + n\alpha b - (1 - \beta)\sum k_j - K}{\alpha(n + 1 + \alpha a)} \tag{61}$$

经过计算可知，保证阻塞均衡存在的条件是：

$$A_2 > A_1 + 2K - \frac{1 - \beta}{1 + \alpha a}\sum k_j - \frac{K}{1 + \alpha a} \tag{62}$$

相比输入节点厂商持有金融输电权的情形，该条件更容易得到满足。输出节点厂商持有金融输电权对产出水平的影响是：

$$\frac{dq_{1i}}{dk_i} = \frac{(1 - \beta)(n + \alpha a)}{(1 + \alpha a)(n + 1 + \alpha a)} \tag{63}$$

同样先来看两种极端预期，即当 $\beta = 1$ 和 $\beta = 0$ 时的结果，然后再看当 $\beta \in$ (0，1) 时的结果。

1. 市场预期阻塞均衡时的结果

当 $\beta = 1$ 时，即厂商预期市场是阻塞均衡，而实际均衡也是阻塞均衡时，我们有：

$$\frac{dq_{1i}}{dk_i} = 0 \tag{64}$$

同样假设金融输电权的拍卖市场是有效套利的，因此输出节点厂商为获得金融输电权所需要支付的价格就等于电能现货市场上实际的节点价格差，厂商无法从持有金融输电权的行为中获利。如果市场长期处于阻塞状态，那么，是否有金融输电权对输出节点厂商的行为没有影响。

总之，当 $\beta = 1$ 时，无论节点 1 的厂商是否持有金融输电权，其净利润只来自本地电能市场和部分节点 2 的市场（份额为 K），持有金融输电权不会影响输出节点厂商的市场势力。

2. 市场预期无阻塞均衡时的结果

当 $\beta = 0$ 时，即厂商预期市场无阻塞，而实际却产生阻塞时，我们有：

$$\frac{dq_{1i}}{dk_i} = \frac{n + \alpha a}{(1 + \alpha a)(n + 1 + \alpha a)} \tag{65}$$

形式上，公式（65）与公式（44）完全相同，不同的是，公式（44）假设 $\beta=1$，即市场处于阻塞均衡状态。

当市场预期无阻塞均衡时，节点 1 厂商可以无成本地或以极低的成本获得金融输电权。当市场产生的实际均衡是阻塞均衡时，节点 1 厂商持有金融输电权同样为其提供了新的利润来源，与节点 2 厂商不同的是，节点 1 厂商通过提高本地市场的产出、降低本地市场的价格来提高金融输电权的边际利润。

总之，当 $\beta=0$ 时，金融输电权提供给厂商的边际利润最大，因此厂商有最大的激励去持有金融输电权，与此同时，金融输电权也最大限度地削弱了输出节点厂商的市场势力。

3. 市场预期不确定时的结果

由公式（63）可知，当 $\beta\in(0,1)$ 时，$\dfrac{dq_{1i}}{dk_i}$ 严格大于 0，这说明当厂商无法准确预测市场均衡状态时，输出节点厂商在电能市场的市场势力会削弱。不过随着阻塞均衡出现的可能性越来越大，金融输电权削弱厂商市场势力的作用就越来越小。因为市场出现阻塞的可能性越大，不同区域价格出现差异的可能性越大，输出节点厂商就越需要通过金融输电权来规避价格变动风险，这时能够削弱厂商市场势力的金融输电权越少。

同样，金融输电权是否能够强化输出节点厂商的市场势力，主要取决于市场主体对市场均衡状态不确定性的预期。此时我们有下面的命题。

命题 2：两节点的古诺竞争模型下，假设均衡状态仅可能是阻塞均衡和无约束的古诺纳什均衡，金融输电权的配置市场能够实现有效套利，市场满足阻塞均衡的存在性条件即公式（62），输出节点厂商持有金融输电权，那么存在以下情况。

（1）当厂商预期市场均衡是阻塞均衡时，金融输电权不会对输出节点厂商的市场势力产生任何影响。

（2）当厂商预期市场均衡是无约束古诺纳什均衡时，金融输电权能够最大限度地削弱输出节点厂商的市场势力。

（3）当厂商无法准确预期市场均衡状态时，金融输电权仍会削弱输出节点厂商的市场势力。不过预期阻塞的概率越大，金融输电权削弱输出节点厂商市场势力的作用就越小。

根据命题 1 和命题 2，Joskow 和 Tirole（2000），Gilbert，Neuhoff 和 Newbery（2004）等的结论都存在一定局限性。他们只研究了当市场长期处于阻塞状态下的市场势力问题，得出的结论都是输入节点持有的金融输电权会强化市场势力，而输出节点持有的金融输电权会削弱市场势力。我们不否认在其特定假设下的正确性，但这些假设中不包括最关键的不确定性因素。

此外，还有几个方面的因素影响了其结论的准确性。我们在这里简单地予以说明。在两节点阻塞均衡模型下，存在以下情况。

首先，如果市场一直处于阻塞状态，那么从长期角度看，经过重复博弈，金融输电权的价格必然等于两节点的价格差，对输入节点厂商而言，是否持有金融输电权根本无差异。

其次，如果市场长期处于阻塞状态，其他阻塞管理方法未必会比节点定价方法差，因此金融输电权也就失去了存在的依据。

最后，假设市场长期处于阻塞状态不符合电力系统运营的可靠性要求，这暗示市场进入存在障碍。

4. 社会福利水平

输出节点厂商持有金融输电权时，整个市场的总产出水平是：

$$Q_1 = \sum q_{1i} = \frac{n(A_1 + K - \alpha b) + (1 - \beta) \sum k_j + K}{n + 1 + \alpha a} \tag{66}$$

结合公式（61）可知，若 $\beta = 1$，则阻塞均衡下的总产出和价格与无金融输电权下的阻塞情形完全一致。实际上，两节点下的传输线路如果一直处于阻塞状态，那么是否持有金融输电权对输出节点厂商同样没有任何影响。输出节点的厂商的利润仅来自电能市场。

若 $\beta = 0$，厂商有足够的激励去影响产出水平，增加持有金融输电权带来的净利润，这就导致输出节点市场的总产出水平上升，价格下降。所有厂商每购买 1 单位金融输电权，整个市场的电能产出水平就会上升 $\dfrac{1}{n+1+\alpha a}$，价格水平则下降 $\dfrac{1}{\alpha\,(n+1+\alpha a)}$。

若 $0<\beta<1$，厂商持有的金融输电权中有 β 份额用于套期保值，而剩余的部分则用于强化金融输电权的价值。随着阻塞均衡出现的可能性增加，厂商用于套期保值的份额会提高，为了规避风险而付出的成本也会增加，这促使整个市场的总产出和价格向无金融输电权下的阻塞均衡总产出和价格接近。

总体来看，当允许输出节点厂商持有金融输电权时，输出节点的价格一般会下降，总产出水平则会上升，整个社会的福利水平一般是提高的，至少不会降低。

二 讨论市场势力的含义

分析至此，我们面临一个非常有意思的问题，即输出节点的厂商是否会利用金融输电权强化自己的市场势力。"有意思"在于，一方面，根据市场势力的定义[①]，输出节点的厂商的确操纵了节点 1 的价格水平，从而使自己获利，这表明其确实使用了市场势力；另一方面，输出节点 1 的价格水平却是实实在在地降低了，从而提高了节点 1 的福利水平。

实际上，经济学之所以会关注市场势力，主要原因在于厂商的提价行为会损害社会福利。而在电力产业特殊的技术特征下，使用市场势力与价格水平下降却与社会福利水平提高并存。Cardell，Hitt 和 Hogan（1997）也曾举例证明了这种情形。

究其原因在于，对厂商而言，金融输电权的引入为其利润最大化行为提供了新的选择，无论是输入节点厂商还是输出节点厂商，其所做的都是调整电能市场中的产出水平，从而提高其在金融输电权上的利润。所不同的仅仅是，由于位置的差异，其调整产出的方向不同，由此造成了对社会福利水平

---

① 根据 Mas-Colell，Whinston 和 Green（1995），市场势力是厂商操纵价格从而使自己获利的能力。

的不同影响。

动机相同，效果却不一样，这表明市场势力和使用市场势力具有不同的含义。市场势力本身的含义是中性的，它仅仅表明厂商具有操纵价格的能力。这种能力是否一定会带来社会福利的损失，取决于这种能力是如何使用的，而这又取决于市场的客观条件。

经济学评判市场主体行为的标准就是看其能否提高社会福利水平，因此对相同动机的行为，我们应具体分析其福利影响，不能因为厂商具有市场势力就一律禁止。如果厂商使用市场势力的行为损害了社会福利，那么这种行为就应该被限制，而如果增进了社会福利，那就应该鼓励。

具体到我们分析的问题，输出节点厂商确实使用市场势力，而这种行为又确实提高了社会福利水平，因此，允许其持有金融输电权就是合理的选择，但是能否说金融输电权削弱了厂商的市场势力？本部分对此是持保留意见的，既然市场势力本身并不表明其一定会损害社会福利，"削弱"也就无从说起。

不过，在相关文献中，市场势力一直是被作为一个"反面案例"存在的，因此我们在本部分中坚持以往的使用惯例：将本地市场价格的上升（古诺模型下，等价于本地产出的增加）作为金融输电权强化市场势力的表现；将本地市场价格的下降（古诺模型下，等价于本地产出的减少）作为金融输电权削弱市场势力的表现。

三 小结

本部分研究了当市场主体预期市场均衡状态存在不确定性时，金融输电权的配置如何影响厂商的市场势力。

我们得出的结论是：当预期为无阻塞均衡时，金融输电权会最大限度地强化输入节点厂商的市场势力，削弱输出节点厂商的市场势力；当预期为阻塞均衡时，金融输电权对所有厂商都无影响；当预期介于上述二者之间时，金融输电权会强化输入节点厂商的市场势力，并削弱输出节点厂商的市场势力。强化和削弱的程度取决于预期。

本部分还对市场势力的含义进行探讨，认为市场势力这一概念本身对社会福利而言是中性的，如何使用市场势力才是经济学应该关注的焦点。

第五节 厂商持有金融输电权数量的决策

前文研究了不确定性环境下金融输电权配置如何影响厂商市场势力，本部分进一步考察电力市场的各种特征与厂商持有金融输电权数量之间的关系，具体而言，即市场结构、需求结构、成本结构和输电线路的传输容量等条件如何影响厂商的购买行为。其中一个重点是考察金融输电权的发行可行性条件和边界条件。金融输电权的发行可行性条件指金融输电权的总发行量不能超过输电线路的传输容量，而边界条件则是厂商不能持有负的金融输电权。本部分将分别考察输入节点厂商和输出节点厂商的购买策略以及各自的决策过程。

一 输入节点厂商持有金融输电权

假设厂商在均衡产出水平下的利润水平为 π_{2i}^*，利用利润最大化的一阶条件 $\dfrac{d\pi_{2i}^*}{dk_i}=0$，我们可以得出输入节点厂商持有金融输电权的最优数量。不过这一最优数量是无约束下的持有量，是否能实现还取决于电能市场的客观条件，如市场结构、成本结构、需求结构和输电线路的传输容量等。

由于我们设定的是一个一般性模型，因此刻画厂商购买行为的解析形式比较复杂，为了简化问题的分析，同时又不影响我们的根本结论，本部分做出一些简化假设：假设两个厂商的边际成本不变，即 $a=0$。下面我们给出主要的研究结论。

1. 市场预期阻塞均衡时的购买策略

如果市场预期 $\beta=1$，我们恒有：

$$\frac{d\pi_{2i}^*}{dk_i} = 0 \tag{67}$$

这表明，持有金融输电权不会对输入节点厂商的利润水平有任何影响，厂商此时持有金融输电权完全是为了规避价格风险，这正好与前面的分析相一致：当 $\beta = 1$ 时，金融输电权不会使厂商改变产出水平。

2. 市场预期无阻塞均衡时的购买策略

如果市场预期 $\beta = 0$，通过 $\dfrac{d\pi_{2i}^{*}}{dk_i} = 0$ 可以得到整个市场对金融输电权的总需求：

$$\sum k_j = \frac{n+1}{2}A_1 - A_2 + K - \frac{n-1}{2}\alpha b \tag{68}$$

假设输入节点厂商持有的金融输电权数量是对称的，那么有 $\sum k_j = nk_i$。因此输入节点厂商 i 持有的最优金融输电权数量是：

$$k_i^{*} = \frac{n+1}{2n}A_1 - \frac{1}{n}A_2 + \frac{1}{n}K - \frac{n-1}{2n}\alpha b \tag{69}$$

公式（69）表明，如果厂商边际成本不变，那么输入节点厂商是否持有金融输电权，进而是否会在电力市场上采取策略性的报价行为，都取决于电力市场的各种特征，具体包括两端市场的厂商数量、需求结构、边际成本结构以及输电线路的传输容量。

（1）厂商持有金融输电权的最优数量

负荷水平或电力需求水平是电力市场波动最剧烈的因素，也是影响市场均衡状态最主要的因素，而且在本部分的模型设定下，电力需求中的固定需求 A 是导致不同节点市场价格差异的唯一因素。因此，本部分把节点 2 的固定需求 A_2 当作分析的对象，考察 A_2 与其他各种特征之间满足什么条件时，厂商才会购买金融输电权。

根据金融输电权发行的可行性条件 $\sum k_j \leqslant K$ 和边界条件 $k_i \geqslant 0$（$\Leftrightarrow \sum k_j \geqslant 0$），我们能够得到在不同条件下厂商持有金融输电权的策略。需要注意的是，从公式（69）本身看，厂商有可能持有负的金融输电权。根据 Gilbert，Neuhoff 和 Newbery（2004），持有负的金融输电权可以理解为厂商会卖出反向（输入节点到输出节点）的金融输电权，但是这种解释是否合理仍存在疑问，因为这种反向的金融输电权没有任何价值。由于前面已经假设了厂商持有金融输电权的数量需要满足边界条件 $k_i \geq 0$，因此这里我们只认为负的数量表示厂商不会持有任何与阻塞方向一致的金融输电权，即相当于 $k_i = 0$。

于是，我们有下面的命题。

命题 3：在两节点模型下，假设边际成本不变，市场预期 $\beta = 0$，那么输入节点厂商购买金融输电权的策略由两个市场的市场结构、需求结构、成本结构和输电线路的传输容量共同决定。

①当 $\dfrac{n+1}{2}A_1 - \dfrac{n-1}{2}\alpha b \leq A_2 < \dfrac{n+1}{2}A_1 + K - \dfrac{n-1}{2}\alpha b$ 时，输入节点厂商会持有数量为正的金融输电权，数量为 $k_i^* = \dfrac{n+1}{2n}A_1 - \dfrac{1}{n}A_2 + \dfrac{1}{n}K - \dfrac{n-1}{2n}\alpha b$。

②当 $A_2 \geq \dfrac{n+1}{2}A_1 + K - \dfrac{n-1}{2}\alpha b$ 时，输入节点厂商不会持有任何金融输电权。

③当 $0 < A_2 < \dfrac{n+1}{2}A_1 - \dfrac{n-1}{2}\alpha b$ 时，输入节点厂商对金融输电权有过度需求，整个市场会购买所有金融输电权。

令 $A_u = \dfrac{n+1}{2}A_1 + K - \dfrac{n-1}{2}\alpha b$，$A_d = \dfrac{n+1}{2}A_1 - \dfrac{n-1}{2}\alpha b$，图 4-5 展示了输入节点厂商最优持有量。

图 4-5 粗黑实线标出的折线表明了厂商的购买策略，其中，斜线的斜率为 $-\dfrac{1}{n}$。

当 $A_2 < A_d$ 时，厂商处于过度需求区域。这时，厂商持有金融输电权的边际利润非常大，即使持有所有的金融输电权，其边际利润仍高于电能产出的边际利润。不过受金融输电权发行可行性条件的限制，厂商最多只能获得 K 的金融输电权。

当 $A_d < A_2 < A_u$ 时，厂商处于适度需求区域，随着厂商持有金融输电权数量的增加和电能市场产出的减少，厂商会在这一区域找到一个使两个边际利

润相等的电能产出和金融输电权组合（q_{2i}^*，k_i^*），这时，其持有的金融输电权数量严格为正，不过整个市场的总持有量$\sum k_j^* < K$。

在$A_2 > A_u$的区域内，电能市场为厂商带来的边际利润非常大，因此厂商不愿意持有金融输电权。

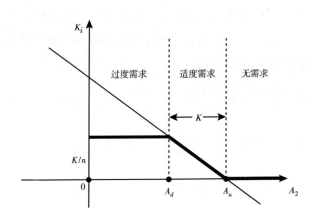

图4-5　输入节点厂商最优持有量

需要注意的是，命题3只是建立了厂商购买金融输电权数量的一般理论，结合命题1，我们知道，厂商是否会购买金融输电权取决于阻塞均衡的存在性条件，即公式（53），我们令：

$$A_2^* = A_1 + 2K - \frac{1-\beta}{1+\alpha a}\sum k_j \tag{70}$$

那么，厂商购买金融输电权的数量还要取决于A_2^*在图4-5中的位置。当$A_2^* > A_u$时，厂商只会处于无需求区域；当$A_d < A_2^* < A_u$时，厂商既可能处于适度需求区域，也可能处于无需求区域；当$A_2^* < A_d$时，厂商可能处于三个区域。而三种情形出现的决定因素则是厂商的数量或市场结构。

（2）厂商的决策过程

由上面的分析可以看出，在厂商持有金融输电权背后的决策过程本质上就是金融输电权和电能产出两种"产出"边际利润的对比。从输入节点厂商利润函数可以看出，厂商持有1单位金融输电权的边际利润是：

$$\frac{d\pi_{2i}^*}{dk_i} = \frac{dP_2}{dk_i}q_{2i} + \frac{dq_{2i}}{dk_i}P_2 - b\frac{dq_{2i}}{dk_i} + k_i\frac{dP_2}{dk_i} + P_2 - P_1$$

$$= (q_{2i} + k_i)\frac{dP_2}{dk_i} + (P_2 - b)\frac{dq_{2i}}{dk_i} + P_2 - P_1 \tag{71}$$

$$= \left(1 + \frac{dq_{2i}}{dk_i}\right)P_2 - \left(P_1 - k_i\frac{dP_2}{dk_i} + b\frac{dq_{2i}}{dk_i} - q_{2i}\frac{dP_2}{dk_i}\right)$$

而销售 1 单位电能的边际利润则是 $P_2 - b$。在均衡状态下，如果：

$$P_1 - k_i\frac{dP_2}{dk_i} + b\frac{dq_{2i}}{dk_i} - q_{2i}\frac{dP_2}{dk_i} > \left(1 + \frac{dq_{2i}}{dk_i}\right)b \tag{72}$$

输入节点厂商持有金融输电权的边际利润要小于电能产出的边际利润，因此厂商不会持有任何金融输电权。当公式（72）中的大于号变成小于号时，输入节点厂商通过电能产出得到的边际利润会小于金融输电权的边际利润，因此厂商会持有全部金融输电权。当公式（72）中两边相等时，厂商会在电能产出和金融输电权持有量之间做出最优的选择。

因此，输入节点厂商的决策过程可以在一个二维空间中通过以下公式说明：

$$P_1 = b + k_i\frac{dP_2}{dk_i} + \frac{dP_2}{dk_i}q_{2i} \tag{73}$$

这表明金融输电权的边际利润与电能产出的边际利润所需要满足的条件，我们将其定义为等利润线。

由于 $\dfrac{dP_2}{dk_i}>0$，因此该直线的斜率和截距都为正值。令：

$$u = b + k_i\frac{dP_2}{dk_i}, \ v = \frac{dP_2}{dk_i} \tag{74}$$

可将公式（74）简化为 $P_1=u+vq_{2i}$。需要注意的是，$P_1=u+vq_{2i}$ 本身是决定厂商最优金融输电权购买量的依据，同时，其位置受 k_i 的影响，当 k_i 增加时，截距项 u 也会增加，$P_1=u+vq_{2i}$ 会向上平移。

图 4-6 展示了输入节点厂商持有金融输电权决策过程。定义输入节点

厂商持有全部金融输电权时所对应的最大产出水平为 q_{2i}^t，不持有金融输电权时所对应的最小产出水平为 q_{2i}^c。这两个点区分了厂商对金融输电权需求的不同程度，当 $q_{2i} < q_{2i}^t$ 时，厂商对金融输电权有过度需求，但仅能得到 K，我们定义该区域为过度需求区域；当 $q_{2i}^t < q_{2i} < q_{2i}^c$ 时，厂商对金融输电权的全部需求都能得到满足，我们定义该区域为适度需求区域；当 $q_{2i} > q_{2i}^c$ 时，厂商持有负的金融输电权，我们定义该区域为无需求区域。

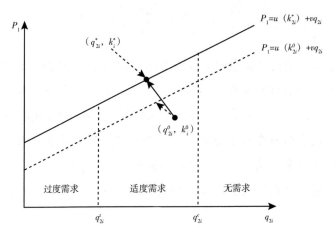

图4-6　输入节点厂商持有金融输电权决策过程

如图4-6所示，假设输入节点厂商在未达到利润最大化水平之前的任一电能产出与金融输电权组合为 (q_{2i}^0, k_i^0)，该组合位于等利润线 $P_1 = u(k_{2i}^0) + vq_{2i}$ 的下方。这时，金融输电权的边际利润大于电能产出的边际利润，因此，厂商会增加购买金融输电权 Δk，同时减少电能产出 Δq_{2i}，使电能产出组合尽量向等利润线靠拢，新的电能产出组合就变为 $(q_{2i}^0 - \Delta q_{2i}, k_i^0 + \Delta k)$。同时，在厂商调整产出组合的过程中，等利润线的位置也在发生变化，$P_1 = u(k_{2i}^0) + vq_{2i}$ 向左上方移动，因此当厂商将产出组合调整到 $P_1 = u(k_{2i}^0) + vq_{2i}$ 位置上时，利润水平仍有提高的空间，于是再次重复前面的过程。这一过程不断进行，直到产出组合 (q_{2i}^*, k_i^*) 正好落在等利润线 $P_1 = u(k_{2i}^*) + vq_{2i}$ 上，此时，厂商才真正实现利润最大化。

以上是输入节点厂商实现利润最大化的一般过程，其隐含假设目标是函数的最优解全部是内点解。不过，这一过程还要受金融输电权发行可行性条件的限制，当所有输入节点厂商对金融输电权的需求超过通过输电线路传输容量时，目标函数的最优化就无法实现一般过程所决定的无约束最优解，而只能取得边界解。这时，厂商 i 最优的电能产出水平只能达到 q_{2i}^t，而金融输电权购买量需要由系统运营商采取某种配给方式决定，由于所有厂商都是对称的，因而我们可以合理假设每个厂商都获得相同的份额。

此外，这一调整过程还要满足厂商金融输电权持有量非负的约束。当厂商产出水平非常高，同时电能市场边际利润非常高时，无论厂商如何减产，电能产出边际利润也不会低到促使厂商去购买金融输电权。输入节点厂商对金融输电权的持有量和在电能市场中的产出的最优组合如图4-7中的粗黑实线部分所示。

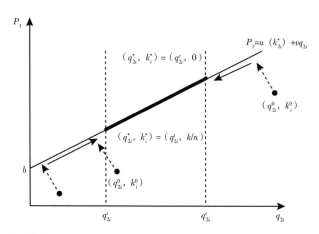

图4-7 输入节点厂商对金融输电权的持有量和在电能市场中的产出的最优组合

3. 市场预期不确定时的购买策略

如果市场预期 $0<\beta<1$，通过 $\dfrac{d\pi_{2i}^*}{dk_i}=0$ 可以得到整个市场对金融输电权的总需求，为：

$$(1-\beta)\sum k_j = \frac{n+1}{2}A_1 - A_2 + K - \frac{n-1}{2}\alpha b \qquad (75)$$

假设输入节点厂商持有的金融输电权数量是对称的，那么有 $\sum k_j = nk_i$。因此输入节点厂商 i 持有的最优金融输电权数量是：

$$k_i^* = \frac{1}{1-\beta}\left(\frac{n+1}{2n}A_1 - \frac{1}{n}A_2 + \frac{1}{n}K - \frac{n-1}{2n}\alpha b\right) \qquad (76)$$

公式（76）表明，如果厂商边际成本不变，那么输入节点厂商是否会持有金融输电权，进而是否会在电能市场上采取策略性的报价行为，同样取决于电力市场的各种特征。除此之外，厂商的持有量还取决于不确定性的程度，随着 β 增大，厂商的持有量会增加。

（1）厂商持有金融输电权的最优数量

如果市场预期 $0<\beta<1$，厂商持有金融输电权的策略基本与 $\beta=0$ 时一致，所不同的是，不同区域的界限包括不确定性 β 的影响。具体结论见命题4。

命题4：在两节点模型下，假设边际成本不变，市场预期 $0<\beta<1$，那么输入节点厂商购买金融输电权的策略由两个市场的市场结构、需求结构、成本结构和输电线路的传输容量共同决定。

①当 $\frac{n+1}{2}A_1+\beta K-\frac{n-1}{2}\alpha b \leq A_2 < \frac{n+1}{2}A_1+K-\frac{n-1}{2}\alpha b$ 时，输入节点厂商会持有数量为正的金融输电权。

②当 $A_2 \geq \frac{n+1}{2}A_1+K-\frac{n-1}{2}\alpha b$ 时，输入节点厂商不会持有任何金融输电权。

③当 $0<A_2<\frac{n+1}{2}A_1+\beta K-\frac{n-1}{2}\alpha b$ 时，输入节点厂商对金融输电权有过度需求。

同时，根据电能市场特征关系的差异，当 $A_2<\frac{n+1}{2}A_1+K-\frac{n-1}{2}\alpha b$ 时，厂商购买金融输电权的数量会随着不确定性 β 的增加而增加，因此，在满足厂商持有正的金融输电权的区域内，当市场预期阻塞均衡出现的可能性增大

时，厂商会增加持有金融输电权的数量，当然，整个市场的持有量不可能超过 K。由于我们假设厂商的购买行为是对称的，因此每个厂商最多能购买到 $\dfrac{K}{n}$ 的数量。

图 4-8 表明，随着不确定性的增加，厂商购买金融输电权的最优数量曲线 k_i^*（A_2）以横轴上的 A_u 点为圆心，按顺时针方向旋转，并无限接近于经过 A_u 点的垂线。在这一过程中，厂商的金融输电权购买量严格小于 K 的区域不断缩小，而等于 K 的区域则不断扩大，表明厂商对金融输电权的需求不断增加。

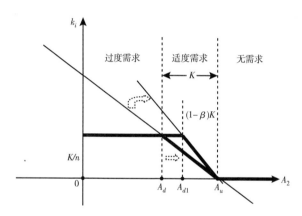

图 4-8　输入节点厂商金融输电权最优持有量随不确定性的变化趋势

从图 4-8 可以看出，当厂商预期市场出现阻塞均衡的概率变大时，决定厂商持有适度（总购买量小于传输容量）金融输电权的区域在缩小。

与对图 4-5 的分析一样，厂商的实际持有量也取决于阻塞均衡的存在性条件。A_2^* 在图 4-8 中的位置决定了厂商持有量的可能区域范围。

（2）厂商的决策过程

当市场预期满足 $0<\beta<1$ 的条件时，厂商的决策过程基本与 $\beta=0$ 时一致，所不同的是，此时的厂商所面临的适度需求区域要严格小于 $\beta=0$ 时的对应区域。

厂商 i 持有金融输电权的边际利润是：

$$\frac{d\pi_{2i}}{dk_i} = \frac{dP_2}{dk_i}q_{2i} + \frac{dq_{2i}}{dk_i}P_2 - b\frac{dq_{2i}}{dk_i} + (1-\beta)k_i\frac{dP_2}{dk_i} + (1-\beta)(P_2 - P_1)$$

$$= \left[q_{2i} + (1-\beta)k_i\right]\frac{dP_2}{dk_i} + (P_2 - b)\frac{dq_{2i}}{dk_i} + (1-\beta)(P_2 - P_1) \qquad (77)$$

$$= \left(1-\beta+\frac{dq_{2i}}{dk_i}\right)P_2 - \left[(1-\beta)P_1 - (1-\beta)k_i\frac{dP_2}{dk_i} + b\frac{dq_{2i}}{dk_i} - q_{2i}\frac{dP_2}{dk_i}\right]$$

等利润线实际上就变成了：

$$P_1 = \left(1-\beta+\frac{dq_{2i}}{dk_i}\right)k_i\frac{dP_2}{dk_i} + \frac{\left(1-\beta+\dfrac{dq_{2i}}{dk_i}\right)}{1-\beta}b\frac{dq_{2i}}{dk_i} - \frac{\left(1-\beta+\dfrac{dq_{2i}}{dk_i}\right)}{1-\beta}\frac{dP_2}{dk_i}q_{2i} \quad (78)$$

从对等利润线的观察中可以看出，随着 β 的不断增加，等利润线的截距不断下降，而斜率不断上升，正需求（包括过度需求区域和适度需求区域）区域面积变小，当 β 趋近于 1 时，等利润线无限接近于横轴，同时 q_{2i}^c 和 q_{2i}^t 无限接近。具体如图 4-9 所示。

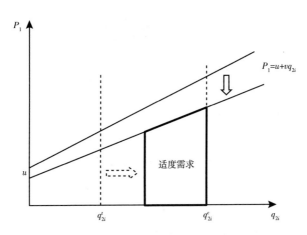

图 4-9　输入节点厂商最优决策区域变化

从图 4-9 可以看出，当厂商预期两种均衡状态都有可能出现时，相比预期无阻塞的情形，为了规避价格变动的风险，厂商对金融输电权的购买需求更加强烈，在图 4-9 中表现为过度需求区域相对变大了。随着市场不确定性的增加，厂商会在相同产出水平下，持有更多金融输电权，以规避价格变动风险。

二 输出节点厂商持有金融输电权

假设输出节点厂商 i 在均衡产出水平下的利润水平为 π_{1i}^{*}，利用利润最大化的一阶条件 $\dfrac{d\pi_{1i}^{*}}{dk_i}=0$，我们可以得出输出节点厂商最优的金融输电权购买数量。这一购买数量同样需要由市场结构、成本结构、需求结构和输电线路的传输容量等客观条件共同决定。为分析方便，本部分仍假设 $a=0$。

1. 市场预期阻塞均衡时的购买策略

如果市场预期 $\beta=1$，我们恒有：

$$\frac{d\pi_{1i}^{*}}{dk_i} = 0 \tag{79}$$

持有金融输电权不会对输出节点厂商的利润水平有任何影响，输出节点厂商持有金融输电权完全为了规避价格风险，这正好与前面的分析相一致：当 $\beta=1$ 时，金融输电权不会改变厂商的产出水平。

2. 市场预期无阻塞均衡时的购买策略

如果市场预期 $\beta=0$，通过 $\dfrac{d\pi_{1i}^{*}}{dk_i}=0$ 可以得到整个市场对金融输电权的总需求：

$$\sum k_j = A_1 - \frac{n+1}{2}A_2 + \frac{n+1}{2}K + \frac{n-1}{2}\alpha b \tag{80}$$

假设输出节点厂商持有的金融输电权数量是对称的，那么有 $\sum k_j = nk_i$。当厂商的总需求超过输电线路的传输容量时，我们假设系统运营商需要通过配给的方法来分配金融输电权，由于厂商是对称的，那么输出节点厂商 i 持有的最优金融输电权数量是：

$$k_i^{*} = \frac{n+1}{2n}A_1 - \frac{1}{n}A_2 + \frac{1}{n}K - \frac{n-1}{2n}\alpha b \tag{81}$$

公式（81）表明，如果厂商边际成本不变，那么输出节点厂商是否持有金融输电权，进而是否会在电力市场上采取策略性的报价行为，都要取决于电力市场的各种特征，具体包括两端市场的厂商数量、需求结构、边际成本以及输电线路的传输容量。

（1）厂商持有金融输电权的最优数量

本部分把节点 1 的固定需求 A_1 当作分析的对象，在考察 A_1 与其他各种特征之间满足何种条件时，厂商才会购买金融输电权。根据金融输电权发行的可行性条件 $\sum k_j \le K$ 和边界条件 $k_i \ge 0$（$\Leftrightarrow \sum k_j \ge 0$），我们能够得到在不同条件下，输出节点厂商持有金融输电权的策略。于是，我们有下面的命题。

命题 5：在两节点模型下，假设边际成本不变，市场预期 $\beta = 0$，那么输出节点厂商购买金融输电权的策略由两个市场的市场结构、需求结构、成本结构和输电线路的传输容量共同决定。

①当 $\dfrac{n+1}{2}A_2 - \dfrac{n+1}{2}K - \dfrac{n-1}{2}\alpha b \le A_1 \le \dfrac{n+1}{2}A_2 - \dfrac{n-1}{2}K - \dfrac{n-1}{2}\alpha b$ 时，输出节点厂商会持有数量为正的金融输电权，数量为 $k_i^* = \dfrac{n+1}{2n}A_1 - \dfrac{1}{n}A_2 + \dfrac{1}{n}K - \dfrac{n-1}{2n}\alpha b$。

②当 $0 < A_1 < \dfrac{n+1}{2}A_2 - \dfrac{n+1}{2}K - \dfrac{n-1}{2}\alpha b$ 时，输出节点厂商不会持有任何金融输电权。

③当 $A_1 > \dfrac{n+1}{2}A_2 - \dfrac{n-1}{2}K - \dfrac{n-1}{2}\alpha b$ 时，输出节点厂商对金融输电权有过度需求，整个市场会购买所有金融输电权。

令 $A_u = \dfrac{n+1}{2}A_2 - \dfrac{n-1}{2}K - \dfrac{n-1}{2}\alpha b$，$A_d = \dfrac{n+1}{2}A_2 - \dfrac{n+1}{2}K - \dfrac{n-1}{2}\alpha b$，图 4-10 展示了输出节点厂商最优持有量。

从图 4-10 可以看出，当其他条件不变时，粗黑实线标出的折线表明了厂商的购买策略由节点 2 的固定需求水平确定。

当 $A_1 > A_u$ 时，厂商处于过度需求区域。此时厂商持有金融输电权的边际利润非常大，即使厂商持有所有的金融输电权，其边际利润仍高于电能产出的边际利润。不过受金融输电权发行可行性条件的限制，厂商最多只能获得 K 的金融输电权。

当 $A_d < A_1 < A_u$ 时，厂商处于适度需求区域。随着厂商持有金融输电权数量的增加和电能市场产出的减少，厂商会在这一区域找到一个使两个边际利润相等的电能产出和金融输电权组合（q_{2i}^*，k_i^*），这时，其持有的金融输电权数量严格为正，市场持有总量则小于 K。

当 $A_1 < A_d$ 时，厂商处于无需求区域，电能市场为厂商带来的边际利润非常大，因此厂商不愿意持有金融输电权。

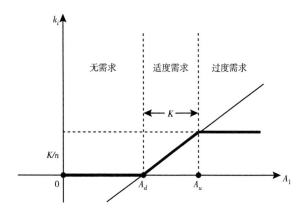

图 4-10　输出节点厂商最优持有量

命题 5 只是建立了厂商购买金融输电权数量的一般理论，结合命题 2，我们知道，厂商购买金融输电权还要取决于阻塞均衡的存在性条件，即公式（62），我们令：

$$A_1^* = A_2 - 2K + \frac{1 - \beta}{1 + \alpha a} \sum k_j + \frac{K}{1 + \alpha a} \tag{82}$$

那么，厂商购买金融输电权的数量还要取决于 A_1^* 在图 4-10 中的位置。当 $A_1^* < A_d$ 时，厂商只处于无需求区域；当 $A_d < A_1^* < A_u$ 时，厂商既可能处于适度需求区域，也可能处于无需求区域；当 $A_1^* > A_u$ 时，厂商可能处于三个区域。而三种情形出现的决定因素则是厂商的数量，或市场结构。

（2）厂商的决策过程

从上面的分析可以看出，在厂商持有金融输电权背后的决策过程本质上就是金融输电权和电能产出两种产出边际利润的对比。从输出节点厂商利润函数可以看出，厂商持有 1 单位金融输电权的边际利润是：

$$
\begin{aligned}
\frac{d\pi_{1i}}{dk_i} &= \frac{dP_1}{dk_i}q_{1i} + \frac{dq_{1i}}{dk_i}P_1 - b\frac{dq_{1i}}{dk_i} - k_i\frac{dP_1}{dk_i} + P_2 - P_1 \\
&= (q_{1i} - k_i)\frac{dP_1}{dk_i} + (P_1 - b)\frac{dq_{1i}}{dk_i} + P_2 - P_1 \\
&= P_2 - \left[\left(1 - \frac{dq_{1i}}{dk_i}\right)P_1 + k_i\frac{dP_1}{dk_i} + b\frac{dq_{1i}}{dk_i} - q_{1i}\frac{dP_1}{dk_i}\right]
\end{aligned}
\tag{83}
$$

而销售 1 单位电能的边际利润则是 $P_1 - b$。在均衡状态下，如果：

$$
P_2 - \left[\left(1 - \frac{dq_{1i}}{dk_i}\right)P_1 + k_i\frac{dP_1}{dk_i} + b\frac{dq_{1i}}{dk_i} - q_{1i}\frac{dP_1}{dk_i}\right] > P_1 - b
\tag{84}
$$

输出节点厂商持有金融输电权的边际利润要小于电能产生的边际利润，因此厂商不会持有任何金融输电权。当公式（84）中的大于号变成小于号时，输出节点厂商从电能市场得到的边际利润会小于金融输电权的边际利润，因此厂商会持有全部的金融输电权。当公式（84）两边相等时，厂商会在电能产出和金融输电权持有量之间做出最优的选择。

因此，输出节点厂商的决策过程可以在一个二维空间中通过直线说明：

$$
\begin{aligned}
P_1 &= \frac{P_2 - k_i\dfrac{dP_1}{dk_i} + \left(1 - \dfrac{dq_{1i}}{dk_i}\right)b}{2 - \dfrac{dq_{1i}}{dk_i}} + \frac{\dfrac{dP_1}{dk_i}}{2 - \dfrac{dq_{1i}}{dk_i}}q_{1i} \\
&= b + \frac{P_2 - k_i\dfrac{dP_1}{dk_i} - b}{2 - \dfrac{dq_{1i}}{dk_i}} + \frac{\dfrac{dP_1}{dk_i}}{2 - \dfrac{dq_{1i}}{dk_i}}q_{1i}
\end{aligned}
\tag{85}
$$

这个公式表明金融输电权产生边际利润与电能产出产生边际利润时所需要满足的条件，我们将其定义为等利润线。

由于 $\dfrac{dP_1}{dk_i}<0$，$\dfrac{dq_{1i}}{dk_i}=\dfrac{n+\alpha a}{(1+\alpha a)(n+1+\alpha a)}<1$，因此该直线的截距为正值，而斜率为负值。令：

$$u = b + \dfrac{P_2 - k_i \dfrac{dP_1}{dk_i} - b}{2 - \dfrac{dq_{1i}}{dk_i}}, v = \dfrac{\dfrac{dP_1}{dk_i}}{2 - \dfrac{dq_{1i}}{dk_i}} \tag{86}$$

可将公式（85）简化为 $P_1=u+vq_{1i}$。需要注意的是，$P_1=u+vq_{1i}$ 本身是决定厂商最优金融输电权购买量的依据，同时，其位置受 k_i 的影响，当 k_i 增加时，截距项 u 也会增加，$P_1=u+vq_{1i}$ 会向上平移。

图 4-11 展现了输出节点厂商持有金融输电权决策过程。定义输出节点厂商持有全部金融输电权时所对应的最大产出水平为 q_{1i}^t，不持有金融输电权时所对应的最小产出水平为 q_{1i}^c。这两个点定义了厂商对金融输电权需求的不同程度，当 $q_{1i}<q_{1i}^t$ 时，厂商对金融输电权没有需求，我们定义该区域为无需求区域；当 $q_{1i}^t<q_{1i}<q_{1i}^c$ 时，厂商对金融输电权的全部需求都能得到满足，我们定义该区域为适度需求区域；当 $q_{1i}>q_{1i}^c$ 时，厂商对金融输电权有过度需求，我们定义该区域为过度需求区域。

如图 4-11 所示，假设输出节点厂商在未达到利润最大化水平之前的任

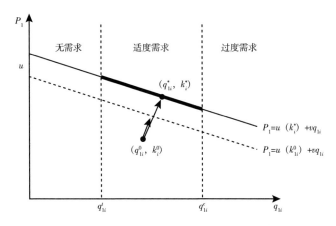

图 4-11 输出节点厂商持有金融输电权决策过程

207

一电能产出与金融输电权组合为（q_{1i}^0，k_i^0），该组合位于等利润线 $P_1 = u(k_i^0) + vq_{1i}$ 的下方。这时，金融输电权的边际利润大于电能产出的边际利润，因此，厂商会增加购买金融输电权 Δk，同时减少产出 Δq_{1i}，使产出组合尽量向等利润线靠拢，新的产出组合就变为（$q_{1i}^0 - \Delta q_{1i}$，$k_i^0 + \Delta k$）。同时，在厂商调整产出组合的过程中，等利润线的位置也在发生变化，$P_1 = u(k_i^0) + vq_{1i}$ 向左上方移动，因此当厂商将产出组合调整到 $P_1 = u(k_i^0) + vq_{1i}$ 位置上时，其发现利润水平仍有提高的空间，于是再次重复前面的过程。这一过程不断进行，直到产出组合（q_{1i}^*，k_i^*）正好落在等利润线 $P_1 = u(k_i^*) + vq_{1i}$ 上，此时，厂商才真正实现利润最大化。与输入节点持有金融输电权的情形相似，图4-11中的粗黑实线部分代表了输出节点厂商的最优组合。

3. 市场预期不确定时的购买策略

如果市场预期 $0<\beta<1$，通过 $\dfrac{d\pi_{1i}^*}{dk_i} = 0$ 可以得到，整个市场对金融输电权的总需求为：

$$(1 - \beta) \sum k_j = A_1 - \frac{n + 1}{2} A_2 + \frac{n + 1}{2} K + \frac{n - 1}{2} \alpha b \tag{87}$$

假设输出节点厂商持有的金融输电权数量是对称的，那么有 $\sum k_j = nk_i$。因此输出节点厂商 i 持有的最优金融输电权数量是：

$$k_i^* = \frac{1}{1 - \beta}\left(A_1 - \frac{n + 1}{2} A_2 + \frac{n + 1}{2} K + \frac{n - 1}{2} \alpha b\right) \tag{88}$$

公式（88）表明，如果厂商边际成本不变，那么输出节点厂商是否会持有金融输电权，进而是否会在电能市场上采取策略性的报价行为，都取决于电力市场的各种特征。除此之外，厂商的持有量还取决于不确定性的程度，随着 β 增大，厂商的持有量增加。

（1）厂商持有金融输电权的最优数量

如果市场预期 $0<\beta<1$，厂商持有金融输电权的策略基本与 $\beta=0$ 时一致，所不同的是不同区域的界限包括不确定性 β 的影响。具体结论见命题6。

命题6：在两节点模型下，假设边际成本不变，市场预期 $\beta = 0$，那么输出节点厂商购买金融输电权的策略由两个市场的市场结构、需求结构、成本结构和输电线路的传输容量共同决定。

①当 $\dfrac{n+1}{2}A_2 - \dfrac{n+1}{2}K - \dfrac{n-1}{2}\alpha b \leq A_1 \leq \dfrac{n+1}{2}A_2 - \left(\dfrac{n-1}{2} - \beta\right)K - \dfrac{n-1}{2}\alpha b$ 时，输出节点厂商会持有数量为正的金融输电权，数量为 $k_i^* = \dfrac{n+1}{2n}A_1 - \dfrac{1}{n}A_2 + \dfrac{1}{n}K - \dfrac{n-1}{2n}\alpha b$。

②当 $0 < A_1 < \dfrac{n+1}{2}A_2 - \dfrac{n+1}{2}K - \dfrac{n-1}{2}\alpha b$ 时，输出节点厂商不会持有任何金融输电权。

③当 $A_1 > \dfrac{n+1}{2}A_2 - \left(\dfrac{n-1}{2} - \beta\right)K - \dfrac{n-1}{2}\alpha b$ 时，输出节点厂商对金融输电权有过度需求，整个市场会购买所有金融输电权。

同时，根据电能市场特征关系的差异，当 $A_1 > \dfrac{n+1}{2}A_2 - \dfrac{n+1}{2}K - \dfrac{n-1}{2}\alpha b$ 时，输出节点厂商购买金融输电权的数量会随着不确定性 β 的增加而增加，因此在满足厂商持有正的金融输电权的区域内，当市场预期阻塞均衡出现的可能性增大时，厂商会增加持有金融输电权的数量，但整个市场的持有量不可能超过 K。由于我们假设厂商的购买行为是对称的，因此每个厂商最多能购买到 $\dfrac{K}{n}$ 的数量。

图4-12表明随着不确定性的增加，输出节点厂商购买金融输电权的最优数量曲线 k_i^* 以横轴上的 A_d 点为圆心，按逆时针方向旋转，并无限接近经过 A_d 点的垂线。在这一过程中，厂商的金融输电权购买量严格小于 K 的区域不断缩小，而等于 K 的区域则不断扩大，表明厂商对金融输电权的需求不断增加。

从图4-12可以看出，当厂商预期市场出现阻塞均衡的概率变大时，决定厂商持有适度（总购买量小于传输容量）金融输电权的区域。

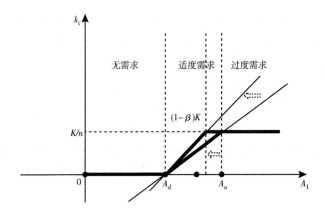

图 4-12　输出节点厂商金融输电权最优持有量随不确定性的变化趋势

与对图 4-10 的分析一样，厂商的金融输电权实际持有量也要取决于阻塞均衡的存在性条件。A_1^* 在图 4-12 中的位置决定了厂商的金融输电权持有量的可能区域范围。

（2）厂商的决策过程

当市场预期满足 $0<\beta<1$ 的条件时，厂商的决策过程基本与 $\beta=0$ 时一致，所不同的是，此时的厂商所面临的适度需求区域要严格小于 $\beta=0$ 时的对应区域。

从图 4-13 可以看出，当厂商预期两种均衡状态都有可能出现时，相比预期无阻塞的情形，为了规避价格变动的风险，厂商对金融输电权的购买需

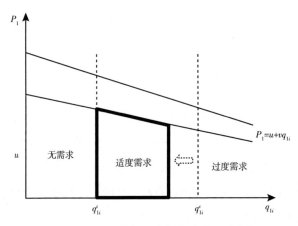

图 4-13　输出节点厂商最优决策区域变化

求更加强烈了，图 4-13 中过度需求的区域相对变大了。随着市场不确定性的增加，厂商会在相同的产出水平下，持有更多的金融输电权，以规避价格变动风险。

三　三节点模型下的扩展

在网络结构的输电网中，厂商行为方式不会有根本性的改变，其仍然会按照前文建立的动态均衡框架，综合考虑电能市场中的产出决策与持有金融输电权的决策。因此，我们认为，三（或多）节点模型下的结论与两节点模型下的结论没有本质上的区别，所不同的只是定量差异。

与两节点模型情形不同的是，在网络结构的输电网中，我们能够对金融输电权的竞争效应做出更有把握的推断：金融输电权一般不会强化厂商的市场势力。证明这一推断的论据在于，随着网络结构复杂性的增强，市场均衡状态的不确定程度会提高。

网络型输电网中最重要的特征就是环流（Loop Flow）。根据 Hogan（2000a），环流特征对竞争性电力市场的机制设计有着决定性的影响，主要包括以下四个方面：首先，无法定义一个支持双边交易的电网产权体系；其次，除非了解网络使用的所有即时信息，否则无法准确定义可用传输容量；再次，无法分离传输定价与电能现货市场；最后，产生双边交易无法处理的外部性问题。

即使不考虑厂商的策略性行为，只是电网本身的物理性质，特别是第二点影响，就已经决定了多节点模型下的不确定性程度大大提高了。我们可以通过一个简单的实例来说明这一问题。如图 4-14 所示，我们现在关注路径"1-3"（连接节点 1 和节点 2 的支路）的可用传输容量。

假设图 4-14 中节点 1 和节点 2 是净输出节点，节点 3 是需求节点，各条路径的阻抗相同，路径"1-3"的传输容量是 600MW，路径"2-3"的传输容量为 800MW，路径"1-2"传输容量足够大，不会出现阻塞。假设节点 1、2 厂商的成本结构相同，边际成本不变，不过节点 1 存在容量限制，最多只能供给 600MW 的发电容量，而节点 2 的容量足够大。

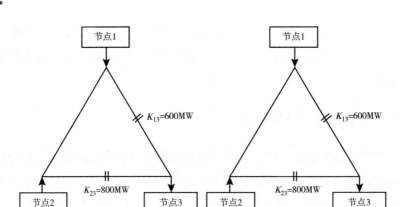

图 4-14 网络可用传输容量变动

从图 4-14 可以看出，当节点 3 的需求水平为 1200MW 时，均衡的调度结果是节点 1、2 的出力相同，均为 600MW，此时，路径"1-3"的可用传输容量是 600WM。当节点 3 的需求水平是 1400MW 时，由于节点 1 已达容量极限，新增的需求只能由节点 2 厂商满足，同时系统运营商必须重新调度两节点的出力水平，重新调度的结论是节点 2 出力 1200MW，节点 1 出力 200WM，此时，路径"2-3"已经达到传输极限，即使需求水平再度提高，产出也无法增加了，这决定路径"1-3"的可用传输容量仅为 467WM。

这还仅仅是三节点模型下的情形，当网络结构复杂程度越来越高时，单条线路的实际可用传输容量受到的影响就会越来越大。考虑到需求波动、无功供给、意外事故的影响，厂商面临的不确定性大，更准确地说，厂商面临不同程度阻塞的可能性大。比如上例中的路径 1-3 除了面临 600WM、467WM 的约束外，还可能面临更低的传输约束。当然，这还仅仅是在完全竞争假设下的结论，如果考虑到厂商的策略性行为，市场均衡的不确定性就更加复杂。

同时，电网结构的复杂化程度不断提高是由电网技术经济特征决定的。电网的技术经济特征决定了电网运行必须满足可靠性标准，主要是保证整个电网的频率稳定、电压稳定，特别是在出现线路故障、各类设备停机或负荷的剧烈变动时，能够保证不出现系统崩溃，因此，现代电网必须采用网络结构，而且从电网的发展趋势来看，电网结构的复杂程度越来越高，比较典型的情况如美国 PJM 电网的发展历史，西欧、北欧各国之间电网的互联都明确地体现了这一趋势。同时，电网规模的扩大也是电力产业实现更高程度规模经济性的前提。

现代电网结构的复杂化和规模的扩大，在为市场主体提供更加广阔市场的同时，也增加了市场区域价格波动的风险。总体来看，整个市场必然总是处于阻塞均衡的状态。因此，根据不确定性的金融输电权理论，厂商持有金融输电权主要是为了应对区域价格差异的风险，而不会强化市场势力。

当然，我们得出这一推断的隐含假设是金融输电权的拍卖市场以及二级流通市场都是有效的。如果这一假设不成立，那么金融输电权在一定条件下仍能为厂商提供强化其市场势力的空间，这与我们建立的理论并不冲突。

四　小结

本部分分别分析了两个节点厂商持有金融输电权时的最优数量及决策过程，厂商的金融输电权持有数量和决策过程均由电力市场结构、需求结构、成本结构和输电线路的传输容量共同决定。只有当这些特征满足一定条件时，厂商才会持有金融输电权。

本部分对在两节点模型下得出的结论进行了扩展。一般来说，网络的复杂程度与市场主体面临的市场均衡状态的不确定性正相关，因此，我们认为，在一个高度互联的电网中，厂商预期阻塞的概率比较高，根据我们的理论，厂商持有金融输电权主要是为了规避价格风险，因而强化市场势力的作用很小。

第六节　国际经验与中国电力市场改革

不可否认，就中国电力产业的现状而言，本部分所研究的问题具有一定的超前性，不过能够为中国电力市场改革提供方向性指引。综观世界电力市场改革的成功经验，我们不难发现，金融输电权理论已经在世界各主要电力市场中得到广泛的应用，并取得了很好的效果。需要特别注意的是，金融输电权理论的发展与应用几乎与电力市场改革的深入同步进行，在经济学理论里，似乎少有像金融输电权理论这样将理论与实践结合得如此紧密并相互促进的典范，最典型的例子当属美国 FERC 于 2002 年提出的标准电力市场机制设计（Standard Market Design，SMD）[①]。单就电力产业而言，国外业已建立的相对成熟的电力体制就是中国目前电力体制改革的目标，未来中国成功的电力体制必将采用金融输电权的设计思想。

世界电力市场改革的历程中出现了四种基本交易模式，并表现出两大发展趋势：一种是长期双边期货交易趋势，另一种是以节点边际定价为核心的 PJM 交易趋势。这两种趋势均在不同国家的电力市场改革中取得了成功。两种发展趋势的出发点都是保证市场平稳运行，促进竞争，降低电力市场主体面临的交易风险，同时为了实现输电网的有效使用，两种趋势都包括引入金融输电权机制。所不同的是，长期双边期货交易趋势强调通过长期合同的方式来降低交易风险，金融输电权的价值由主动的金融输电权交易市场决定；而 PJM 交易趋势通过系统运营商的集中调度同步决定电能市场价格和金融输电权价格的方式来降低交易风险。结合中国的实际情况，我们认为，PJM 交易模式应该成为中国电力市场改革的目标模式，并应朝着这一方面做出努力。

本部分的任务是架起金融输电权理论与中国电力产业改革实践的桥梁，目的是要为中国电力市场改革的方向提出建议。为此，本部分首先从理论上完备地介绍了四种基本交易模式和交易模式的发展趋势，并从实践角度介绍了各主要电力市场的改革轨迹，然后分析目前电力市场改革问题，并提出相应建议。

一 电力市场的交易模式与发展趋势

本部分首先介绍电力市场的四种基本交易模式，即双边交易模式、电力

---

① 由于种种原因，FERC 提出的标准电力市场设计中的具体规则并没有得到彻底的推广，但是其所倡导的基本原则均为美国各主要区域电力市场所采用。

库交易模式、PJM 交易模式和区域交易模式，然后从实践角度考察、分析交易模式发展的趋势。

（一）电力市场的四种基本交易模式

目前理论界普遍的共识是，电力市场竞争的核心问题是趸售市场设计（Stoft，2002；Sioshansi，2008）。在趸售市场设计中，实现（输）电网的有效利用是关键，因此电网功能在趸售市场设计中的作用最为明显。不同的市场设计应如何处理系统运营与电网约束的关系，以提高市场运行效率？理论上，根据是否考虑传输约束，电力交易的基本模式可以分成四种：不考虑传输约束的双边交易模式、不考虑传输约束的电力库交易模式、考虑传输约束的PJM 交易模式，以及混合了后两种情形的区域交易模式。下面我们逐一分析。

1. 双边交易模式（Bilateral Trade）

双边交易模式下，电能供求双方直接就电力交易的价格和数量进行协商，无须第三方参与，双边交易模式如图 4-15 所示。这种交易模式的特点是，每一笔交易确定一个价格。如果交易者能够从不同的交易机会中充分套利，那么，交易者的重复交易会形成一个均衡的市场出清价格。

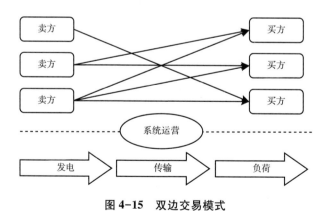

图 4-15　双边交易模式

在现实市场环境下，由于交易成本和交易时限等问题，单纯的双边交易难以达到市场出清的均衡状态，而且除交易成本之外，根据 Sioshansi（2008），还有三个方面的主要问题限制了双边交易模式的作用。首先，价格发现。由于是双边交易，对用户而言，其无法按一个固定的基准比较厂商的报价，从而造成价格信息不透明，这种不透明可能会影响到市场的长期投资和厂商进入，从而强化现有厂商的市场势力。其次，价格歧视。在双边交易下，由于厂商数量有限、用户类型容易区分，而且套利受限，因此厂商很容易进行价格歧视①，而且这种价格歧视会加剧价格的不透明性。最后，流动性。由于双边交易下的电力合同一般不是标准化的，这就增加了这些购销合同再次匹配的难度，从而限制了其在二级市场上的流动性，不利于出清市场价格的形成。

即使能够达到某种非出清的均衡状态，即无获利交易机会的均衡状态，也无法保证这种均衡是有效的，原因在于生产成本非凸性②。然而，如果市场规模非常大，那么这种低效问题就不会带来不良影响，比如，如果一个峰荷是10GW的电力市场能够与容量为1GW的输电线路及更大的电力市场互联，那么这种问题完全可以忽略不计（Stoft，2002）。

由此可见，保证双边交易的效率，克服成本非凸性带来的低效率问题，就要通过电网的发展来获得规模更大的市场。然而，当市场规模扩大的时候，交易成本等其他问题又会凸显，因此，从这个角度看，双边交易模式并不是理想的交易模式。

2. 电力库交易模式（Poolco）

电力库交易最早由Hogan（1992）等提出，它是集中交易的典型形式。集中交易与双边交易实现市场均衡的方式不同，它以一种系统的方式来决定均衡的市场出清价格。具体而言，电力供求双方都向市场运营机构提交价格、电量及厂商运营成本等方面信息的竞价，市场交易的组织者根据供求双方的所有信息计算供求曲线，然后根据供求平衡原则确定一个均衡价格，即系统边际价格。不论市场交易主体的投标价格是多少，交易都会按系统边际价格进行结算。电力库交易模式如图4-16所示。

---

① 很明显，价格歧视程度越高，厂商攫取的消费者剩余就越大。
② 其由启动成本和空载成本引起，可参见Stoft（2002，pp. 244-245）。

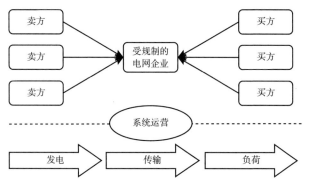

图 4-16　电力库交易模式

电力库交易模式已经在世界上许多地区的电力市场取得成功，比如，美国的新英格兰电力库、纽约电力库，澳大利亚的维多利亚电力库，以及在实行新电力交易制度模式之前的英国电力库。一般所说的电力库实际上只是一般框架，实践中的具体设计可能各不相同。这里也只分析其基本形式——强制电力库（Mandatory Poolco）。强制意味着所有厂商都要将电力卖给电力库，所有用户只能从电力库购买电力。

电力库使用多部制竞价（Multipart Bids），竞价信息包括厂商的成本和物理约束信息，系统运营机构需要根据这些信息来提供无功支持和旋转备用等辅助服务，以实现经济调度。这就意味着，系统运营机构向企业单边支付。另一种集中交易模式——交易所与电力库的差别就在于没有单边支付，其他方面则基本相同。

由于电力库以非常集中的方式进行电力系统管理，不仅负责所有物理电能交易，还要承担电网的系统运营职能。因此，电力库的运营方式是建立在系统运营基础之上的。实际上，现代电力库是由早期的电力联营体发展而来的。电力联营体是相邻电力系统通过签订协议的形式统一安排发电计划和系统运营的机构，由于协议内容和约束力不同，联营体的形式也存在差异。总之，在电力库交易模式下，电网企业在履行系统运营功能的同时，也是市场交易组织的主体。

3. PJM 交易模式

PJM 交易模式也可称为区位定价模式（Locational Pricing）或 Nodal 定价模式。之所以将这种交易模式定义为 PJM 交易模式，是因为 PJM 是目前采用这种集中调度最早、最成功的竞争性电力市场，而且 PJM 电力市场是美国最大的区域电力市场。与前两种交易组织形式不同，PJM 交易模式考虑了传输约束的问题。Schweppe，Caramanis，Tabors 和 Bohn（1989）等提出竞售市场设计应该采用 Nodal 定价模式，引入金融输电权的思想。这种模式实际上把电能和传输服务视为一种捆绑产品（Bundled Product）。PJM 交易模式如图 4-17 所示。

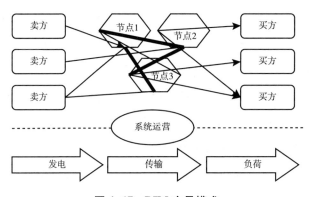

图 4-17　PJM 交易模式

由于传输容量限制了不同节点交易的可能性，因此，PJM 交易模式实质上强调了传输的重要性。在 PJM 交易模式下，市场交易组织功能与传输定价实现了统一，同时成为竞售市场设计的核心。其中金融输电权价格与电能市场价格的同步决策正是 PJM 交易模式的典型特征。

4. 区域交易模式

区域交易模式将整个电网划分成不同的区域，划分的标准是在同一区域内的各节点之间的价格相同或差异较小，也就是说，区域内不会发生或很少发生阻塞，而不同区域之间比较容易发生阻塞。如果不同区域之间不存在阻塞，那么很明显，区域交易模式就变成了电力库交易模式，整个电力市场中的所有区域只形成一个均衡价格；如果不同区域之间存在阻塞，那么整个电力市场就被阻塞界面分隔成了若干个区域电力库，每个区域电力库形成一个均衡价格，不同区域电力库之间的价格存在差异。因此，区域交易模式实质上是电力库交易模式和 PJM 交易模式的混合体。区域交易模式如图 4-18 所示。

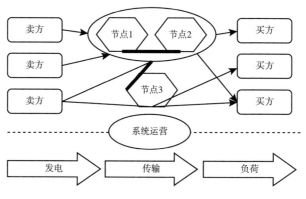

图 4-18　区域交易模式

根据周定山（2005），区域交易模式下的阻塞管理方法非常复杂，因而实践过程中出现了很多问题，比如电能市场交易与实际电网运行不一致，无法提供准确的经济信号，不能进行有效的阻塞管理，而且由于没有直接分配各区域内局部输电阻塞的管理成本，相应线路上的市场势力问题严重等。

5. 对不同交易模式的比较

在完全竞争和完美信息状态下，双边交易与集中交易的效率是一样的；但在不完全竞争和不完美信息状态下，对两者效率的比较还没有定论。不过，从现实条件来看，集中交易可能具有更多优势，比如可以降低交易成本和发电厂商的风险，从而降低发电成本。同时，从整个电力市场改革的角度来看，通过集中交易逐步向竞争性市场机制转变，改革成本和改革风险较低，也容易为市场主体所接受。当然，这种集中交易需要复杂的机制设计，以保证市场交易组织者能够获得准确的信息，这可能是进行集中交易的一个困难。但与双边交易相比，集中交易可能更容易在现实中取得成功。

不过需要注意的是，现实中的交易模式并不一定非此即彼，双边交易与集中交易可能实现某种程度的结合，二者互为补充。即使在强制电力库下，市场交易者也可能签订双边交易合同。比如，英国的差价合同（Contracts for Difference，CFD）就是在电力库下，厂商和用户直接签订的双边合同，其一方面能够满足用户的真实需求，另一方面可以规避价格变动风险。

（二）电力市场交易模式的发展趋势

综观世界电力市场改革的实践历程，电力市场交易模式呈现两种主要发展趋势：一种趋势主张发展长期双边期货交易市场，以英国电力市场为主要代表；另一种趋势则主张向 PJM 交易模式过渡，以美国电力市场为主要代表。

1. 长期双边期货交易趋势

1990 年开始的英国电力市场（英格兰和威尔士电力库）改革最早采用电力库交易模式，并建立起统一调度和竞争性投标相结合的竞争性电力市场体制，然而由于英国特殊的电力产业情况——发电资产高度集中，趸售市场的市场势力问题非常严重，市场交易者面临巨大的交易风险。

为此，英国推出了 NETA 模式。这一改革方案的主要目的是为电力交易所的形成创造条件，积极推行双边交易合同，为交易双方提供规避风险的手段。根据这一安排，绝大部分电力交易在电力交易所内或场外进行。根据 OFGEM 的报告，NETA 的市场运行是比较成功的，标志是市场竞争程度提高，趸售市场价格明显下降。

在英格兰和威尔士电力库改革取得成功后，英国开始推进苏格兰地区的改革，并改革输电管理体制。为此，英国之后推出了 BETTA，将由 NETA 建立起来的交易模式推广到整个大不列颠地区，同时成立了独立的输电网运营机构。

2. PJM 交易趋势

作为美国最大的区域电力市场，美国 PJM 电力市场最早采用 PJM 交易模式，且取得了巨大成功，因此引领美国许多区域电力市场改革的潮流。通过

表4-3我们可以很清楚地看出各主要区域电力市场的交易模式向PJM模式转变的过程。

表 4-3　国外主要电力市场交易模式及改革时间

电力市场	电力库交易模式	区域交易模式	PJM 交易模式
美国 PJM 电力市场			1998 年
美国纽约州电力市场			1999 年
新西兰电力市场	1996 年		1999 年
美国新英格兰电力市场	1999 年	2003 年	2004~2005 年
美国加利福尼亚州电力市场		1998 年	2005 年
美国中西部电力市场			2005 年
美国得克萨斯州电力市场		2001 年	2006 年

资料来源：周定山（2005）。

从表4-3中可以看出，美国各主要区域电力市场均选择把 PJM 交易模式作为电力市场改革的目标模式，也都引入了金融输电权。尽管各个市场的金融输电权机制各有特点，但总体原则均是根据本区域市场的具体特点选择合适的设计方案，以实现传输的有效定价，促进竞争效率提升。

3. 两种交易趋势与金融输电权的关系

两种交易趋势的共同目标是保证电能市场的竞争效率，同样认同实现输电网的有效利用需要通过引入金融输电权机制。但是，在实现输电网有效利用的方式上，以及由此决定的金融输电权的类型上，两种趋势表现出了差异。

长期双边期货交易趋势认为，作为一种稀缺资源，电网的传输容量的有效配置同其他产品一样，应该由市场决定，因此这种趋势主张赋予市场主体金融输电权，由市场主体通过双边交易的方式来决定金融输电权的价格和配置。与此相对应的金融输电权应该是基于潮流的金融输电权。

PJM 交易模式认为，电网的技术经济特征决定了电力系统的经济调度不可能与传输容量的有效配置分离，金融输电权的价格必然是经济调度的结果，因此这种趋势构建的是一种金融输电权的准产权制度，与此相对应的金融输电权是点对点金融输电权。

二 中国电力市场改革的方向

本部分首先指出 PJM 交易模式适合成为中国电力市场改革的目标模式，然后分析了中国电力体制存在的两个关键性问题，并针对这两个问题提出相关建议。

（一）中国电力市场改革的目标模式

从理论上讲，PJM 交易模式的效率最高，不过现实的发展趋势是除了 PJM 交易趋势外，还包括长期双边期货交易趋势，那么中国电力市场改革是否可以选择长期双边期货交易模式呢？我们认为并不适合。首先，长期双边期货交易模式具有理论上的缺陷，而且在实践操作中面临许多实际困难。其次，比较而言，目前，国际电力市场改革的主流模式是采用节点定价理论的 PJM 交易模式，采用长期双边期货交易模式的主要是英国，采用这种模式的其他国家和地区较少。再次，中国电力产业和电网体制适合朝着 PJM 交易模式方向转变，PJM 交易模式强调系统运营商在电力市场运行中的核心作用，而中国单一的电网所有制结构为电网企业职能的转变创造了条件，比如，国家电网拥有全国除南方五省区市外的所有电网，负责所辖区域内的电网调度任务，这为今后国家电网职能的转变创造了便利条件。最后，中国与美国之间的相似点多于与英国的相似点，比如，网络覆盖范围巨大，存在许多区域性市场等，因此，美国电力市场的改革经验对中国的借鉴意义更大。

实际上，从 5 号文出台开始，中国电力市场改革的目标模式就已经定位于 PJM 交易模式，中国放弃了长期双边期货交易模式。在从 2003 年开始推进的区域电力市场改革试点中，东北区域电力市场模拟了单一买方的市场结构，实质上是在"试水"电力库交易模式；而华东区域电力市场采用节点边际定价方式，实质上是在"试水"PJM 交易模式。虽然由于种种原因，这两个区域市场的试点改革都中止了，但改革的方向并不应该有所变化。

相较而言，东北区域电力市场的试点改革更贴近中国电力市场的现状，而华东区域电力市场的试点则显得步子迈大了。中国电力体制固有的一些问题决定了中国目前还不具备采用 PJM 交易模式的条件，因此，合理的路径应该是先采取电力库交易模式，再进一步深化改革。

（二）中国电力体制的问题与改革建议

人们一般认为，在经过 2003 年电力产业结构的大调整后，中国电力市场已经形成了发电侧竞争，电力市场结构也变成了单一买方。实际上，这种认识是一个误区，澄清这一误区的根本在于认清中国电力体制目前存在的两大根本问题。

第一，目前不存在趸售市场的买方实体。单一买方市场结构包括三类主体，即发电厂商、电网企业和负荷服务实体（Load Serving Entities，LSE，可以是独立的配电企业，也可以是纯粹的售电企业）。电网企业扮演的是中间商的角色，市场供求双方只与电网企业交易。在中国目前电力市场中，除了政策允许的大工业用户外，唯一的买方就是电网企业，电网企业"垄断"了所有终端用户。

第二，不存在市场价格。目前，电力市场虽有市场之名，却无市场之实，行政定价的存在决定了市场远不是单一买方市场。虽然单一买方市场下的电网企业定价要受到政府的规制，但是规制定价与行政定价完全不是一回事。行政定价使"厂网分离"的效果仅仅停留在发电容量的增长上，而无法体现在价格水平上。目前存在的"煤电之争"的根源也同样在行政定价上。

在明确了中国改革目标模式和现存的问题后，我们认为中国目前可行的改革步骤是先形成真正的单一买方市场和电力库交易模式，以为下一步改革创造条件；然后改变定价方式，引入金融输电权，向 PJM 交易模式过渡。为此，中短期内的主要任务就是解决上述两个关键问题。

针对缺乏趸售市场买方实体的问题，理论界提出了"输配分离"的改革方案，目的是通过纵向拆分国家电网公司产生趸售市场的购电主体。理论上讲，输配分离不失为一种方案，但是实际上并不可行。首先，从国外电力市场改革经验看，没有哪个国家如此大规模地进行输配分离。诚然，英国电力市场进行过输配分离改革，但其分离的背景和目的均与中国有着天壤之别。英国进行输配分离的背景是电力市场改革已经基本取得成功并且电力市场在继续完善，开始推行 BETTA 方案。其目的一方面是强化对输电网的管理，另一方面是防止输电企业对独立配电公司采取歧视性定价（OFGEM，2004）。其次，输配分离改革所产生的结构成本巨大，对此，定性和定量的证据都非常充分，而改革所产生的收益却存在很大的不确定性（张昕竹、冯永晟等，2008）。

构建竞售市场的买方实体的另一种可行方案是进行配售分离。这种方案的好处是改革成本较低，这是因为配电业务和售电业务的经济性质不同，一个是垄断业务，另一个是竞争性业务，而且配售分离不会产生分割网络资产的问题，带来的结构成本很低。同时配售分离有利于促进零售侧的竞争，冯永晟、张昕竹（2008）指出，只要能够对配电网进行有效的接入监管，那么完全能够实现零售竞争。在中国，配售分离的方案更加可行、更加合理。

尽管面临比较大的困难，定价方式的改革也必须坚定不移地推进。在特定的市场结构实施之前，对现行的电价体系进行必要的改善是从现有的市场结构过渡到竞争性市场的必要条件之一（林伯强，2005）。

电力产业作为国民经济的基础产业，是其他各行业的上游环节，电价水平的变动对整个国民经济的影响非常大。与国外相比，我国平均销售电价偏低[①]，各产业的发展在很大程度上受益于低电价的补贴。电价放开后，一旦出现剧烈上涨，国民经济遭受的负面影响就可能比较严重。考虑到这一点，国家迟迟不敢放开电价也是可以理解的。

针对这种情况，一个可行的办法是赋予电网企业适度的定价权，比如允许电网企业在一定范围内调节价格。这一方面能够反映发电成本的变动，将发电环节的成本波动传导到零售市场，缓解煤电矛盾；另一方面可以防止价格剧烈变动产生的负面效应，并使市场主体逐渐适应电价的波动，为进一步改革定价机制创造条件。总体来看，定价改革需要遵循"行政定价—监管

---

① 2007 年，我国平均销售电价折合成美元为 0.071 美元/MWh，巴西为 0.13 美元/MWh，美国为 0.089 美元/MWh，韩国为 0.08 美元/MWh。

定价—市场定价"的路径。

如果能够顺利解决前述两个根本问题，那么中长期的改革目标就可以定位为促进电力趸售市场的竞争，核心是引入金融输电权机制，向 PJM 交易模式过渡。当然，这一改革任重而道远。

国内许多学者，如史连军、韩放（2000），曾鸣、刘中书和吴至复（2006）等认为在我国现行电力市场环境下，金融输电权的引入已经具有可行性[①]。这实际上是一个误区，引入金融输电权不是解决当前两个根本问题的途径，强行推进以金融输电权为核心的 PJM 交易模式是不可行的。首先，目前，中国电力市场上的厂商不需要面对线路阻塞产生问题，电网企业是厂商的唯一买者，所有的阻塞成本都由电网企业内部化了；其次，在行政定价下，厂商不会面临电能价格波动风险。

总之，中国目前的电力市场结构还不具备采用节点边际定价方法的条件，从而不具备引入金融输电权的条件。中国电力市场改革切实可行的方案便是首先尽量在短期内建立真正的单一买方市场结构，形成电力库交易模式，然后逐步向 PJM 模式改革。

三 小结

电力市场改革的目标模式有四种：双边交易模式、电力库交易模式、PJM 交易模式和区域交易模式。相比而言，集中交易方式具有优点，同时更容易在实践中取得成功。从国外改革的成功经验看，PJM 交易模式得到了广泛的应用。

根据中国电力市场的实际情况，PJM 交易模式比较适合作为中国电力市场改革的目标模式。目前，中国电力市场改革进一步推进的障碍有两个：一是缺乏趸售市场买方实体，二是采用行政定价方式。通过输配分离来形成买

[①] 2005 年国家电力监管委员会主席办公会议通过了《电力市场运营基本规则》，其中第七条规定"电力市场交易类型包括电能交易、输电权交易、辅助服务交易等"，第二十条规定"电力市场因规避输电阻塞风险的需要，经电力监管机构批准，可以组织开展输电权交易"。有意思的是，到目前为止，其他各类政策文件中都没有对输电权含义的阐释。

方实体的方法不可行，可行的方案是推行配售分离。配售分离不但改革成本低，而且有利于促进零售竞争。改革现有定价可以采取逐步放松的方式，遵循"行政定价—监管定价—市场定价"的路径。

中短期内，中国电力市场改革的目标是构建真正的单一买方市场，建立电力库交易模式。长期内，应该改变定价方式，引入金融输电权，建立PJM交易模式。

第七节　结论

基于对不确定性金融输电权理论的分析和对中国电力市场改革问题的分析，本章得到了如下基本结论。

金融输电权影响市场势力，关键取决于厂商对市场均衡状态的预期。金融输电权对厂商而言具有规避价格风险和获取金融输电权收益两种功能，厂商对市场均衡状态的预期决定了金融输电权在两种功能间的分配。在金融输电权配置市场（包括拍卖市场和二级流通市场）能够实现有效套利的假设下，如果厂商预期市场长期处于阻塞状态，那么金融输电权的配置结果不会影响持有者的市场势力；如果厂商预期不确定，那么厂商一方面会采取策略性的报价行为，以最大化其所持金融输电权的价值；另一方面会根据预期的价格购买金融输电权。这样，在阻塞均衡状态下，金融输电权会强化输入节点厂商的市场势力，削弱输出节点厂商的市场势力。本章还指出，厂商持有金融输电权的行为受到电力市场多种条件的影响，厂商持有金融输电权及持有数量归根结底受到电力市场客观条件的限制。这与Cardell等（1997）的观点一致。

三节点模型下，厂商的行为方式不会有根本性的改变，因此与两节点模型相比，基本结论的差异主要是定量差异，而不是定性差异。不过，在网络型（相对放射型）电网中，市场的不确定性会随着网络复杂程度的提高而提高。环流特征决定了不同线路之间存在显著的外部性，这导致电能市场需求状况等的变化会带来更大幅度的节点价格波动。当处于高度互联的电网中时，厂商预期阻塞均衡出现的概率非常高，甚至接近 1。根据本章建立的理论，此时厂商持有金融输电权主要是为了规避价格波动风险，而用于强化市场势力的作用很小。因此，金融输电权对电能市场的积极作用是主要的，强化市场势力的负面影响较弱，这就解释了为什么金融输电权会在国外成功的电力市场改革中得到广泛应用。

国外的成功经验为中国正在进行的电力市场改革提供了借鉴。电力市场改革的目标可以选择四种基本模式：双边交易模式、电力库交易模式、PJM交易模式，以及混合电力库交易模式与 PJM 交易模式特点的区域交易模式。根据中国实际情况，中国电力市场改革的远期目标应该是建立 PJM 交易模式；不过中短期内还存在许多问题，不具备相关条件，可行的短期目标是形成真正的单一买方市场结构，建立电力库交易模式。中国电力市场改革仍然任重而道远，因此需要加强对相关理论的研究，并尽快形成清晰的改革方案。

尽管本章得到了丰富的结论，但仍有值得进一步发掘的研究点。

首先，本章结论建立在金融输电权的配置市场能够实现有效套利的假设之上，没有考虑金融输电权的拍卖机制对厂商行为的影响。一般来说，金融输电权的拍卖机制包括两种基本方式——单一价格拍卖和"所付即所拍"拍卖，这两种方式会如何影响厂商行为，应该是以后需要继续关注的问题。

其次，本章假设市场主体对市场均衡状态的预期是外生的。内生预期如何影响厂商对金融输电权的持有和市场势力的使用行为也是一个未来的研究点。

最后，本章建立模型时做了许多对称性假设，比如，市场结构和成本结构等。这样做能够方便分析，不过也会掩盖一些非对称效应的作用。尽管我们预计非对称假设不会对本章的结论造成根本性影响，但是能够提供很多更贴近现实的结论，比如，保持一个节点不变，分析另一节点的市场结构或成本结构所带来的影响也是今后可以深入研究的问题。

第五章 需求分析

本章第一节首先介绍需求分析面临的重要理论难题及研究进展；第二节详细说明非线性定价组合下的结构建模思路和计量估计策略；第三节介绍数据情况和数据处理办法；第四节展示实证结果和分析经济含义，并模拟不同定价政策调整的效果，讨论定价政策与电力体制改革的关系；第五节得到结论。

第一节 理论问题与研究进展

研究阶梯等非线性定价与居民电力需求的文献极为丰富，也极富争议，这是因为非线性定价下的居民电力需求建模面临极大困难，总的来说有四个方面：一是定价方式本身的非线性结构；二是电力需求的引致性特征；三是用户复杂的异质性特征；四是多种定价的组合使用。在非线性定价下，居民的消费与边际价格是同步内生决定的，这就与基于边际优化的传统需求理论不完全一致，协调这种不一致就成为需求理论发展的重要推动力之一。电力需求的引致性意味着电力需求根本上是由电器存量及电器使用行为决定的，理论上，分析用电决策应与分析电器购买和使用决策结合起来。虽然在这一方向上一直有研究跟进，比如，McFadden 等（1977）和 Rapson（2014）等，但整体而言，由于对微观信息要求极高，这一领域目前所能达到的普遍水平也仅是考虑电器存量及用电方式。用户的异质性对电力需求具有关键影响，但实证研究往往因受到模型和数据限制而无法充分体现。定价政策的丰富性及其组合使用进一步增加了刻画消费行为的难度，目前，相关文献仍十分缺乏。更重要的是，以上困难往往同时存在于所研究的问题之中，从而更增加了需求分析的难度。

针对以上困难，绝大多数文献往往通过假设绕过其中部分难题，采取简化策略估计一般性的线性（或对数线性）居民需求函数。这类文献的贡献往往是提供一个一定时期内对一国或地区的居民需求价格弹性的直观认识，但对定价政策和市场改革的指导作用非常有限。这类研究通常会忽略上述第一个困难，寄希望于在简化设定下通过丰富的数据来反映电力需求的引致性和消费者（通常是家庭）的异质性，但这些假设根本上忽视了电力需求和定价结构的本质特征，从而导致设定偏误，使实证结果无法反映真实需求行为，政策价值也因此受损。相对而言，Hausman（1985）、Moffit（1986，1990）等以虚拟收入假设为基础建立不确定性下的双误差模型，从而弥合非线性定价与传统需求理论之间的鸿沟。当然，理论界对虚拟收入的假设一开始就存在很大争论，比如这一所谓"收入"到底是一种收入补偿还是一种对价格的认知（Shin，1985；等等），近年来的一些实验经济学研究也在动摇其假设基础（Bartolome，Charles，1995；等等），无论如何，这一研究路径都是该领域内最丰富和成熟的分支，且发挥了重要的政策指导作用。Reiss 和 White（2005，以下简称 R-W）借鉴了这一研究路线，通过更为细致的结构建模综合考虑以上前三个方面的困难，深入刻画了消费与价格的内生决定问题，并利用用电模式来反映消费者的异质性，建立起分析二级递增阶梯定价下需求行为的整体计量模型，并采用矩估计方法估计得到了需求函数的一致参数。比较来看，R-W 模型不仅是最为完备的需求模型，还具有许多其他模型所不具备的优点，比如，解决了用年度数据识别月度（消费按月定价，但按年结算）参数，即跨期加总的技术难题；不需要价格的时间波动信息即可识别价格参数，即样本期内的价格可以保持不变；能够对电价改革进行前瞻性的政策评估。这些优点使我们有可能利用 R-W 模型深入地研究中国的居民电力需求问题，并对中国的定价政策评估和改革提供经济理论依据。

不过，R-W 模型仅是针对单一非线性定价（二级递增阶梯定价）的模型，无法准确刻画多种定价组合下的需求行为，而中国的很多地区（未来可能有更多的地区）将实施递增阶梯定价与峰谷定价的组合政策，那么 R-W 模型将无法用于分析中国居民电力需求，也无法评估未来的定价改革政策。考虑到这一模型综合解决各种需求分析难题的优势及政策评估效力，我们拓展了 R-W 模型以考虑定价方式的"组合"特征，建立起更为完备的需求模型，从而能够分析递增阶梯定价与峰谷定价组合。这也是目前在国内外需求分析领域内最为完备的设定。

第二节　模型设定与估计策略

一　递增阶梯定价与峰谷定价组合下的需求模型

R-W 模型创新地建立起与需求理论相契合的结构计量模型，解决了传统设定存在的偏误。该模型仅针对单一阶梯定价，无法解决阶梯和峰谷等构成的定价组合问题。下面我们从建立非线性定价下的需求函数入手，一步步建立起刻画三级递增阶梯定价和峰谷定价组合的需求模型，并具体说明模型在识别和估计等方面的细节。

（一）递增阶梯定价下的电力需求

1. 分析递增阶梯定价的起点

从 Gabor（1955）开始，经济学就已经意识到多部制定价等非线性定价会使消费者面临拐点预算约束。这时，消费者的需求并非取决于单一边际价格，而是取决于整个定价规则。从 Hall（1973）开始，主流计量经济学分析线性化预算约束，利用经典需求理论的一般需求函数形式来表示非线性定价下的需求。假设 $x(p, y)$ 代表消费者面临不变边际价格 p 和收入 y 时的需求函数，消费者面临以下三级递增阶梯定价：

$$p = \begin{cases} p_1 & x \leqslant \bar{x}_1 \\ p_2 & \bar{x}_1 < x \leqslant \bar{x}_2 \\ p_3 & \bar{x}_2 < x \end{cases} \tag{1}$$

消费者面对这一定价规则时的最优消费 x^* 就可以表示为：

$$x^* = x(p^*, y^*) \tag{2}$$

其中，p^* 是局部线性预算约束的斜率，代表消费者的均衡边际支付意愿。能够让消费者在这一价格水平上实现最优消费 x^* 的收入水平就可以表示为：

$$y_1^* = y \ 或 \ y_2^* = y + \bar{x}_1(p_2^* - p_1) \ 或 \ y_3^* = y_2^* + \bar{x}_2(p_3^* - p_2) \tag{3}$$

下文会具体解释进行这一收入设定的原因，这里需要注意的是，p^* 和 x^* 是由定价规则［即公式（1）］、需求［即公式（2）］和收入［即公式（3）］组成的方程系统内生决定的。

2. 传统设定无法准确刻画需求

多数研究明确地或隐含地采用了单一等式，即用公式（2）的简单逻辑来估计需求函数。由于边际价格由供给和需求共同决定，因此使用 p^* 的 OLS 估计会导致需求参数估计值有偏且不一致。针对这一问题，多数研究使用一些校正策略，比如用代理变量法或工具变量法等进行估计。两种方法都可以在一定程度上降低内生性，但也都产生了新的偏差：代理变量法往往错误地选择边际价格，而工具变量法则难以找到好的工具变量。

具体而言，工具变量的自然集合是价格规则的各构成部分（McFadden et al.，1977），但这种方法存在重要缺陷：样本中的定价规则可能变化很小或根本无变化，就像本研究所使用的样本一样，这就使工具变量法面临一个典型的弱工具变量问题。另一个重要也更普遍的问题是消费信息的跨期加总或跨服务（或商品）加总。本研究要处理的电量数据是按单月定价规则计费的数据，其却按双月进行结算，这就使我们无法观测到每个消费者的单月实际边际价格，从而无法使用工具变量，因为内生边际价格（更准确地说，内生边际价格序列）无法映射到任何工具变量上。针对跨期加总问题，传统处理方法往往是完全忽略，即假设问题不存在从而勉强使用工具变量，但这不仅导致价格设定错误，还掩盖了能够反映需求的本质特征。

3. 递增阶梯定价下的需求

我们首先通过求解包含公式（1）、公式（2）、公式（3）的等式系统，

把 x^* 表示为价格规则的函数，假设一般需求函数形式为：

$$x(p,y,z,\varepsilon;\beta) \tag{4}$$

除价格和收入外，z 代表可以观测到的消费者特征，ε 代表观测不到的消费者特征，β 表示待估参数。遵循 R-W 模型的设定，为避免不必要的技术处理，我们假设需求随 ε 严格递增，随 p 严格递减。对于三级递增阶梯定价而言，家庭最优消费水平 x^* 是定价规则的函数：

$$x^* = \begin{cases} x(p_1,y_1,z,\varepsilon;\beta) & \varepsilon < c_1 \\ \bar{x}_1 & c_1 < \varepsilon < c_2 \\ x(p_2,y_2,z,\varepsilon;\beta) & c_2 < \varepsilon < c_3 \\ \bar{x}_2 & c_3 < \varepsilon < c_4 \\ x(p_3,y_3,z,\varepsilon;\beta) & c_4 < \varepsilon \end{cases} \tag{5}$$

$y_1=y$，$y_2=y+\bar{x}_1$（p_2-p_1），$y_3=y_2+\bar{x}_2$（p_3-p_2）；$\bar{x}_1$（p_2-p_1）和 $\bar{x}_2$（p_3-p_2）均是超边际的价格折扣，即为保证消费者能够以不变价格购买 $x^*>\bar{x}$ 所需补偿的虚拟收入，因此这里实际上假设"非线性"特征通过改变预算约束来影响消费决策。这是线性化预算约束的自然结果。另一种处理方式是假设消费者不改变自己的预算约束，而是直接熨平定价规则，即形成认知价格（Perceived Price）。c_i 是 x（p，y，z，c_i；β）$=\bar{x}$ 的解，c_1 和 c_3 分别是 ε 在消费量位于第 1 档和第 2 档时的最大值，c_2 和 c_4 分别是 ε 在消费量位于第 2 档和第 3 档时的最小值。只要收入效应不太大，对于任何正常需求曲线都有 $c_1<c_2<c_3<c_4$。[①] 单一定价需求函数可以看作公式（5）的特例 $x^*=x$（p，y，z，ε；β）。

（二）递增阶梯定价下的识别问题

只按公式（5）的设定是否能够识别出价格对需求和供给的效应？一般而言，在线性模型下，识别需要利用额外的排除条件，即找到可靠的工具变

[①] 根据 Reiss 和 White（2005），就技术角度而言，公式（5）中的各种情形条件只对特定偏好成立。就正常情况而言，这相当于假设收入效应不是很大，或者更具体一些，超边际的折扣产生的收入效应不会超过更高边际价格产生的替代效应。实际上，无论是通过对本研究样本数据的统计分析，还是最终实证结果，抑或是从已有相关研究（Ito，2014）来看，电力需求的收入效应都是微乎其微的。

量，但在非线性定价环境下，情况并非如此。在本研究中，需求是可以完全识别的，这是因为，第一，阶梯定价规则在各档内的价格保持不变；第二，ε 给定边际价格的条件分布是可计算的。那么，利用同一档内不同家庭之间的消费差异就可以识别需求的非价格变动。价格的效应可以通过不同价格档上家庭之间的平均消费的剩余差异，减去未观测特征的平均差异来识别。这通过 ε 的边际分布和定价规则就能够计算出来。[1] 因此，我们只需要对 ε 做出一些合理的分布假设，就可以不通过价格波动而估计需求函数。[2]

总之，通过解出边际价格而得到公式（5），那么公式（2）存在的内生性问题就完全避免了。此外，公式（5）清楚地表明非线性定价规则的具体设定如何影响需求决策，从而提供了一个预测消费量如何受不同定价规则影响的分析框架。

（三）加入峰谷定价后的电力需求

考虑峰谷定价后，消费者的电力总需求是由峰段需求 x_p 和谷段需求 x_v 共同组成的，这时的最优的家庭消费水平 x_{mix}^* 就可以表示为：

$$x_{mix}^* = x_p^* + x_v^* \tag{6}$$

如果消费者面临峰谷定价且峰、谷段均采取递增阶梯定价，那么峰、谷段的需求就都用公式（5）表示。这时，消费者面临峰、谷用电的选择问题，这也正是峰谷定价存在的依据：引导消费者实现峰、谷段的消费转移。需要注意，峰、谷段的消费量和峰、谷段之间的比例关系是同步决定的，但单纯依靠公式（5）还无法保证这种同步性。

二 估计方法的选择

从计量角度，公式（5）是一个非线性删减（Censoring）模型，删减位

---

[1] 如果在峰谷阶梯定价组合中，假设谷段阶梯定价退化成单一定价，那么单独估计时就会存在识别问题，不过由于谷段阶梯定价是组合的一部分，谷段与峰段构成了组合下的不同阶梯，因此峰段的阶梯性质同样能够保证对谷段需求参数的识别。

[2] 当然，如果有价格波动，那么模型就会增加一个识别来源。

于分布的内部而非尾部。这种模型的标准处理方法是采用由 Burtless 和 Hausman（1978）、Hausman（1985）、Moffit（1986，1990）发展起来的双误差极大似然估计模型。就本研究而言，一方面，似然函数庞杂且难以估计；另一方面，峰谷从根本上使问题更为复杂，相当于给似然估计施加了新的峰谷比例约束。若不考虑这一约束，那么参数必然是不一致的；若考虑这一约束，那么似然估计将难以处理。为解决这些问题，我们拓展了 R-W 模型的广义矩估计法，引入了体现峰谷规则影响的设定。无论如何构造矩方程，我们都需要计算消费者单月消费的矩条件。对公式（5）分段积分可以得到单月期望消费：

$$E(x^* \mid \cdot) = E_\varepsilon\left[(p_3, y_3, z, \varepsilon; \beta) \right] + h(p_1, p_2, \bar{x}_1, y, z; \beta) + h(p_2, p_3, \bar{x}_2, y, z; \beta) \quad (7)$$

其中，$h(p_1, p_2, \bar{x}_1, y, z; \beta) = \tau_2 - \tau_1$ 和 $h(p_2, p_3, \bar{x}_2, y, z; \beta) = \tau_4 - \tau_3$ 是两个删减校正函数，其中的截断矩为：

$$\tau_1 = \int_{-\infty}^{c_1(\beta)} \left[\bar{x}_1 - x(p_1, y_1, z, \varepsilon; \beta) \right] dF_\varepsilon; \quad \tau_2 = \int_{-\infty}^{c_2(\beta)} \left[\bar{x}_1 - x(p_2, y_2, z, \varepsilon; \beta) \right] dF_\varepsilon;$$

$$\tau_3 = \int_{-\infty}^{c_3(\beta)} \left[\bar{x}_2 - x(p_2, y_2, z, \varepsilon; \beta) \right] dF_\varepsilon; \quad \tau_4 = \int_{-\infty}^{c_4(\beta)} \left[\bar{x}_2 - x(p_3, y_3, z, \varepsilon; \beta) \right] dF_\varepsilon \quad (8)$$

其中，$c(\cdot)$ 由公式（5）定义。假设 ε 以相加形式进入公式（4），变型整理后有：

$$\begin{aligned}
E(x^* \mid \cdot) = &\int_{-\infty}^{c_{11}} (x(p_1, y_1, z; \beta) + \varepsilon) dF_\varepsilon + \int_{c_{11}}^{c_{12}} \bar{x}_1 dF_\varepsilon \\
&+ \int_{c_{12}}^{c_{13}} (x(p_2, y_2, z; \beta) + \varepsilon) dF_\varepsilon + \int_{c_{13}}^{c_{14}} \bar{x}_2 dF_\varepsilon \\
&+ \int_{c_{14}}^{+\infty} (x(p_3, y_3, z; \beta) + \varepsilon) dF_\varepsilon
\end{aligned} \quad (9)$$

假设 ε 的分布函数 F_ε 为正态分布 $N(0, \sigma^2)$，那么单月期望消费就表示为：

$$\begin{aligned}
E(x^* \mid \cdot) = &(x(p_1, y_1, z; \beta) - \sigma\lambda_1)\Phi\left(\frac{c_1}{\sigma}\right) + \bar{x}_1\left[\Phi\left(\frac{c_2}{\sigma}\right) - \Phi\left(\frac{c_1}{\sigma}\right)\right] \\
&+ (x(p_2, y_2, z; \beta) - \sigma\lambda_3)\Phi\left(\frac{c_3}{\sigma}\right) - (x(p_2, y_2, z; \beta) - \sigma\lambda_2)\Phi\left(\frac{c_2}{\sigma}\right) \\
&+ \bar{x}_2\left[\Phi\left(\frac{c_4}{\sigma}\right) - \Phi\left(\frac{c_3}{\sigma}\right)\right] + (x(p_3, y_3, z; \beta) + \sigma\lambda_4)\left[1 - \Phi\left(\frac{c_4}{\sigma}\right)\right]
\end{aligned} \quad (10)$$

其中，$\Phi(\cdot)$ 是标准正态的累积分布函数 $N(0, \sigma^2)$。$\varphi(\cdot)$ 是概率密度函数。$\lambda_j = \varphi\left(\dfrac{c_j}{\sigma}\right) \Big/ \Phi\left(\dfrac{c_j}{\sigma}\right)$，$j = 1$，2，3；$\lambda_4 = \varphi\left(\dfrac{c_4}{\sigma}\right) \Big/ \left(1 - \Phi\left(\dfrac{c_4}{\sigma}\right)\right)$。

根据后面将要介绍的实际定价特征，假设仅峰段执行阶梯定价，而谷段执行单一线性定价，$x_v = x(p_v, y_v, z; \beta)$，那么公式（10）可以表示为：

$$
\begin{aligned}
E(x_m^* \mid \cdot) = & \, (x(p_1, y_1, z; \beta) - \sigma\lambda_1)\Phi\left(\frac{c_1}{\sigma}\right) + \bar{x}_1\left[\Phi\left(\frac{c_2}{\sigma}\right) - \Phi\left(\frac{c_1}{\sigma}\right)\right] \\
& + (x(p_2, y_2, z; \beta) - \sigma\lambda_3)\Phi\left(\frac{c_3}{\sigma}\right) - (x(p_2, y_2, z; \beta) - \sigma\lambda_2)\Phi\left(\frac{c_2}{\sigma}\right) \\
& + \bar{x}_2\left[\Phi\left(\frac{c_4}{\sigma}\right) - \Phi\left(\frac{c_3}{\sigma}\right)\right] + (x(p_3, y_3, z; \beta) + \sigma\lambda_4)\left[1 - \Phi\left(\frac{c_4}{\sigma}\right)\right] \\
& + x(p_v, y_v, z; \beta)
\end{aligned} \tag{11}
$$

三 跨期加总问题

广义矩估计法使我们能够处理跨期加总问题。在我们的样本中，用户的电费按月度计算，并按双月结算。这种跨期的不匹配会成为一个重要的偏误来源，解决这一问题需要我们刻画单月消费，以避免错误地设定消费者面对的价格，同时，我们需要电力消费逐月变化的信息。为准确起见，我们用 w_t 表示影响月份 t 的可观测的变量，包括适用的电价规则和天气状况等。令 x_{mt}^* 表示家庭在月份 t（$t = 1$，2，分别表示结算月和前一个月）的用电量（包括峰、谷段），根据公式（5）使用当月变量计算；$x_b = x_{m1}^* + x_{m2}^*$ 表示用户的双月总用电量。为了估计模型，我们需要表示双月需求的期望，假设[①]：

$$
E[x_b \mid w_1, w_2] = E[x_{m1}^* \mid w_1] + E[x_{m2}^* \mid w_2] \tag{12}
$$

其中，$E[x_{mt}^* \mid w_t]$ 由公式（11）计算。这就相当于我们通过估计两次月

---

① 实际上，这是做出了一个可分离性假设，即根据家庭的电器存量、对前一个月的电价规则和天气状况的了解并不影响结算月的电力消费。虽然这个假设比较微妙但非常合理，因为家庭无法大量储存电力，无法对电力进行跨期分配。

度需求（分别用当月和前一个月的解释变量）之和来估计双月的条件期望需求。公式（11）和公式（12）有两个重要作用：第一，估计需求模型，避免当消费者面对非线性定价时产生的加总偏误；第二，利用估计出的模型预测消费如何随定价规则的变化而变化。下面考虑如何具体设定家庭电力需求函数。

四　家庭电力需求函数的形式

电力作为引致需求，是由家电提供的服务所决定的。家电设备的寿命（或持续性）产生了短期需求与长期需求的区分，短期需求是家庭电器存量既定下的需求，长期需求则考虑了家庭对电器存量的调整。理论上，电价变化的长期效应是家用电器采购决策（需求侧）与电器制造商对技术特征和新电器价格的决策（供给侧）的均衡结果。受制于数据，几乎没有考察电价变化如何影响设备调整决策的研究。本部分描述的也仅是电器使用行为而非均衡电器存量变化对需求的影响，这种建模思路以现有电器存量为条件。由于不同家庭的电器存量不同，影响不同家庭电力需求的因素也就存在显著差异。我们通过确定各个家庭电器层面的电力需求函数来反映这种异质性。虽然无法观测到电器层面的用电量，但可以把分类电器的用电量作为潜变量，并加总这些电器层面的用电量以得到家庭的总电力需求。将电器分为 k 类，如果家庭拥有某一类电器，则该类（单月）电力需求表示为：

$$x_k = \alpha_k p + \gamma_k y + z'_k \delta_k + \varepsilon_k \tag{13}$$

向量 z'_k 是可观测的家庭特征，ε_k 是未被观测到的家庭特征。α_k、γ_k、δ_k 是待估参数（或向量）。根据不同的电器分类，z'_k 可能包括不同的家庭人口信息、住房信息和同期天气信息等。一般而言，家庭人口数、人口结构（比如 65 岁及以上人数等）、房间数和房屋建筑面积等都是影响电力需求且代表家庭异质性的重要控制变量，我们的研究将这些因素都包括在内，这也是本研究所用样本的一个独特优势。同时，天气状况是影响家电使用情况的重要因素，比如，空调等耗电量较高的电器的日常使用主要是由气温决定的，因此居民电力需求研究几乎都必须包括天气状况信息。为此，模型中加入了平均气温，不过由于气温数据的时序差异相对较小，单一气温变量难以充分反映天气状况的影响，模型进一步加入了差异较大的采暖日数（*HDD*）、制冷日数（*CDD*），以及波动更大的降雨日数等重要天气控制变量。此外，考虑到年度差异和单/双月结算的影响，我们加入了年度虚拟变量，以代表单月结算虚拟变量。

公式（13）是消费者在面临不变价格时的需求。由于家庭的总电力需求是各分类需求之和，我们可以加总公式（13）得到总需求：

$$x = \sum_k d_k \alpha_k p + \sum_k d_k \gamma_k y + \sum_k d_k z'_k \delta_k + \varepsilon_k \sum_k d_k \varepsilon_k \tag{14}$$

其中，x 是总用电量，$d_k = 1$ 表示家庭属于第 k 类，$d_k = 0$ 表示家庭不属于第 k 类。令 $\sum_k d_k \alpha_k = a$，$\sum_k d_k \gamma_k = \gamma$，公式（13）可以重新整理为：

$$x = ap + \gamma y + z'\delta + \varepsilon \tag{15}$$

尽管公式（15）像传统线性函数，但参数取决于家庭的电器组合，这就使拥有不同电器组合的用户表现出不同的价格和收入弹性。注意，我们并不是直接估计 α、γ 和 δ，而是估计 α_k、γ_k 和 δ_k。将公式（14）代入公式（6）和公式（11）就可以得到期望需求。

五 家庭需求的异方差

上文的设定还面临家庭层面的异方差问题，这是因为家庭需求设定中的误差项是分类需求的误差项之和。根据公式（12）和公式（13），家庭需求的误差项的方差是电器的函数：

$$V(\varepsilon) = \sum_{j=1}^{K} \sum_{k=1}^{K} d_j d_k \text{cov}(\varepsilon_j, \varepsilon_k) = [\sigma(d_1, d_2, \cdots, d_K)]^2 \tag{16}$$

实际上，分类需求的误差项反映了家庭对电器使用的异质性偏好。公式（16）中的协方差项倾向于为正值，即家庭需求的误差项的方差会随着所拥有的电器数量增加而增加。

从计量角度来看，公式（16）代表了一种典型的组别异质性。这往往不会对线性设定造成太大麻烦，但在非线性定价下，家庭层面的误差项就会影响消费者选择不同阶梯的可能性。如公式（10）所表明的，标准差 σ 同时具有进入条件期望和选择阶梯的概率。所以，未观测到的偏好异质性将影响对预期消费的计算和对所有需求参数的估计。

六　交叉价格的引入

由于峰、谷段的划分及峰、谷段价格的差异，消费者在峰段消费时需要考虑谷段价格的影响，对谷段消费同样如此。消费者的峰、谷用电并非独立的，而是构成一种互补或替代关系。这种互补或替代关系不仅在模型中通过假设峰谷段的用电模式差异来体现，更重要的是还通过价格反映出来。但是阶梯定价下的用电量与边际价格是同步决定的，这增加了引入交叉价格的困难。根据实际样本特征，谷段执行单一定价，因此容易在峰段引入谷段边际价格。但在谷段难以直接引入峰段边际价格，因为峰段消费量、峰段边际价格和谷段消费量三个变量都必须同时决定。理想的解决办法当然是将阶梯定价下的需求行为与峰谷段之间的选择行为联合建模，但在现有框架下，我们可以通过两步法来校正参数的不一致性问题。我们根据样本数据计算出一个双月的虚拟边际价格，假设该边际价格作为单月边际价格的代理变量，通过模型的第一步估计结果；根据该估计结果，我们预测每个样本点的单月用电量，根据该预测值预测单月边际价格，从而形成新的边际价格序列；利用这一新序列，重新估计模型，得到最终估计结果。

七　最优矩估计策略

我们利用广义矩估计思路，最小化实际双月消费量与预期双月消费量的差异。但是由于数据的性质，条件期望函数［即公式（11）］在 σ 的真实值附近，这本质上反映了样本的一阶矩包含的信息太少，无法准确估计公式（15）中的方差。为了解决这一问题，我们就需加入实际双月消费量和期望消费量的二阶矩差异。但模型仍不包含峰谷结构的信息，因此我们进一步加入实际双月峰谷电量比和期望峰谷电量比的一阶矩差异，从而形成了包括三个矩方程的矩估计模型：

$$u_1 = x_b - h_1(W, \theta)$$
$$u_2 = x_b^2 - h_2(W, \theta) - 2h_1(W, \theta)(x_b - h_1(W, \theta))$$
$$u_r = \frac{x_{bp}}{x_{bv}} - h_r(W, \theta)$$

(17)

其中，$h_r(W, \theta) = E[x_b^r | W]$，$r = 1$，2 表示双月消费量的 r 阶条件矩，h_r 表示双月峰谷电量比的一阶条件矩，θ 是待估参数，W 是影响家庭用电量的可观测变量。令 β 表示公式（15）中的需求参数，ξ 表示公式（11）中的方差向量，$\theta = (\beta, \xi)$。由于最优工具变量是协方差加权的条件矩 h_1 和 h_2 的梯度，令：

$$z_1(W, \theta)' = \nabla_\beta h_1(W, \theta), z_2(W, \theta)' = \begin{bmatrix} \nabla_\beta h_2(W, \theta) \\ \nabla_\xi h_2(W, \theta) \end{bmatrix}, z_r(W, \theta)' = \nabla_\beta h_r(W, \theta) (18)$$

根据正交性条件 $E[z', u_r] = 0$ 建立矩方程。[①] h_1 的函数形式由公式（11）和公式（12）给出，h_2 和 h_r 的函数形式也通过类似方式求出。我们假设 ε 不存在跨期自相关。

在估计时最小化目标函数为 $Au(\theta)^2$，其中，A 是权重矩阵，在每轮迭代中保持不变。$u(\theta)' = [u_1(\theta)' u_2(\theta)' u_r(\theta)']$ 是堆积起来的 $2n$ 维的一、二阶矩差异。矩阵 $A = \tilde{R}\tilde{Z}'$，其中，$\tilde{Z}$ 是在 θ 的初始一致估计值上计算的工具变量矩阵，$\tilde{R}$ 是对 $[\tilde{Z}'\tilde{\Omega}\tilde{Z}]^{-1}$ 做 Cholesky 分解的根，中间的 $\tilde{\Omega}$ 是在 θ 的初始一致估计值计算的协方差函数矩阵 $E[u(\theta)u(\theta)' | W]$。这些协方差函数都是可以直接计算的，我们在估计时使用这些解析表达式。

第三节 数据说明与数据处理

本节使用的数据集来自国家电网浙江省公司在杭州市的抽样调查数据，

---

① 注意，最优工具变量中不包括 h_1 对方差参数的梯度，其对应的样本矩方程不提供识别方差参数的信息。

样本数据为面板数据。样本期从 2009 年 1 月到 2011 年 12 月，共计 36 个月、18 个计费周期；96 个双数月结算用户，其中有 41 个用户在奇数月结算，有 55 个用户在偶数月结算。杭州市从 2001 年开始实行居民峰谷定价，2004 年进行居民三级递增阶梯定价，至 2012 年一直实行阶梯加峰谷的定价组合。样本期内杭州市的标准居民电价如表 5-1 所示。需要指出的是，虽然名义定价规则是峰、谷段都执行三级递增阶梯定价，但从我们获得的实际样本数据来看，谷段的计费仅采用谷段第一档价格，因此样本中的谷段实际上执行了单一线性定价。

表 5-1　样本期内杭州市的标准居民电价

单位：度，分/度

	峰段（8:00 至 22:00）		谷段（22:00 至次日 8:00）	
	电量	电价	电量	电价
第一档	小于等于 50	56.80	小于等于 50	28.80
第二档	51~200	59.80	51~200	31.80
第三档	大于等于 201	66.80	大于等于 201	38.80

　　如前所述，模型建立在电器使用模式基础上。根据杭州地区的社会发展程度和数据实际特征，我们将用电模式划分为基本用电模式、扩展用电模式和个性用电模式。基本用电模式是指保障居民能够达到同地区平均生活水平的用电模式，包括只有烹饪用电、洗浴用电和使用一台空调；扩展用电模式代表了拥有两台及以上空调的用电模式；个性用电模式则包括使用电磁炉等电器的用电模式。基本用电模式覆盖所有用户，但这些用户并非都拥有两台及以上空调，也并非都用电烹饪。用户实际上形成了三个分组：基本用电模式+扩展用电模式、基本用电模式+个性用电模式、三个模式均有。由于谷段时间跨度为 22:00 至次日 8:00，这段时间是人们的主要休息时段，用电行为自然与峰段存在较大差异。为了体现这种差异，我们假设峰段同时存在三种用电模式，而谷段只有基本用电模式。这样处理也是考虑了样本量的相关情况。

该样本是不平衡面板，为扩充样本量和提高模型自由度，我们对数据做汇总（Pooled）处理，形成了包括 1468 个观测点的数据集，其中包含丰富的信息，除基本的居民峰、谷段的用电量外，还包括家户信息、用电行为、电器存量和收入层次等信息。此外，我们还收集了杭州市在样本期内各月的温度数据等天气数据。样本的基本统计量如表 5-2 所示。

表 5-2 样本的基本统计量

解释变量	平均值	标准差	最小值	最大值
双月峰段电量(度)	205.86	116.71	8.00	910.00
双月谷段电量(度)	166.04	72.00	1.00	547.00
双月总电量(度)	372.19	162.92	20.00	1219.00
家庭人口数(人)	3.14	1.01	1.00	6.00
房间数(间)	3.27	0.75	2.00	6.00
房屋建筑面积(平方米)	53.92	20.50	25.00	120.00
65 岁及以上人数(人)	0.73	0.85	0.00	2.00
烹饪是否用电(是1否0)	0.67	0.47	0.00	1.00
洗浴是否用电(是1否0)	0.77	0.42	0.00	1.00
空调数量(台)	2.27	0.82	1.00	4.00
是否使用微波炉(是1否0)	0.77	0.42	0.00	1.00
家庭月收入低于8000元(是1否0)	0.53	0.50	0.00	1.00
家庭月收入为 8000~15000 元(是1否0)	0.37	0.48	0.00	1.00
家庭月收入高于15000元(是1否0)	0.10	0.30	0.00	1.00
平均气温(摄氏度)	17.20	8.53	1.40	30.60
HDD(日)	3.55	6.55	0.00	31.00
CDD(日)	6.23	10.25	0.00	31.00
降雨日数(日)	12.01	4.39	3.00	20.00
结算月份(单1双0)	0.43	0.50	0.00	1.00
样本数	1468			

第四节 实证分析与政策模拟

一 模型参数估计

最终待估模型是一个包括 52 个参数和 150 个矩方程的广义矩估计模型。

在模型估计过程中，我们首先把单位矩阵作为权重矩阵进行估计，单位矩阵的正定性保证了初始估计结果的一致性；然后利用这一估计结果，进一步构建最优权重矩阵，经过迭代得到最终估计结果。表5-3展示了居民电力需求函数的参数估计值。需要说明的是，由于样本只能提供家庭收入层次变量，为了能够得到收入弹性等关键信息，我们需给每个家庭赋值收入水平。为保证结果的稳健性，我们采用多种设定，使用均值赋值法，以及上下浮动2000元等取值，发现估计结果除收入参数略有变化外，其他关键参数和显著性均非常稳定。我们在表5-3中只报告了使用均值赋值（第三档家庭收入赋为2.5万元）的需求函数估计结果。

由表5-3可见，关键参数的估计值都与预期或已有研究相符。价格参数的估计值［第一列为加总值，依据公式（14）］为负值，特别是三种用电模式下的自价格参数均为负值，收入参数均为正值，与传统需求理论一致。就显著性而言，仅有峰段价格比较显著，而谷段价格却不显著。根据冯永晟（2014b），消费者虽然同时面对峰、谷段价格，但基本只对峰段价格做出响应，这或许是谷段价格参数不显著的原因之一。收入参数既不显著，影响也很微弱，与现有文献的结论一致。

基本用电模式下的一些峰谷参数差异明显，特别是符号相反，表明峰、谷段的电力消费确实受到家庭特征等消费者异质性的显著影响。因此，依靠峰谷定价来实现移峰填谷自然会受到许多因素制约，比如65岁及以上人数和房屋建筑面积会随着社会经济发展不断增加，但这两个因素对峰谷电量的相对影响截然不同。进一步地，考虑到不同地区的社会经济发展程度不一，广泛地采取峰谷定价必然需要进行更为细致的、差别性的考量。

在做进一步分析之前，我们还需对模型的解释力进行检验。表5-4给出了按不同样本范围计算的、样本平均的双月用电量实际值和预测值，包括峰段用电量、谷段用电量和总用电量，并计算了偏离实际值的误差。表5-4中的结果表明，峰、谷段用电量的预测效果均非常理想，各峰段预测的最大绝对误差不到7度，各谷段预测的绝对误差不到16度，如果考虑单月用电量，那么预测的绝对误差均会控制在个位数。总用电量预测精度则更高，

表5-3　居民电力需求函数的参数估计值

解释变量	总电力需求	基本需求		峰段扩展需求	峰段个性需求
		峰段	谷段		
常数项	237.85	109.99*** (5.05)	73.69*** (5.05)	35.24*** (5.79)	18.93*** (6.58)
峰段价格	−129.19	−85.04*** (8.34)	24.24*** (8.14)	−44.83*** (9.57)	−23.56*** (10.86)
谷段价格	−9.62	2.00 (17.53)	−15.38* (16.89)	2.07 (20.11)	1.69 (22.84)
收入	17.47	6.73* (5.69)	−1.29 (5.48)	6.68* (6.23)	5.35* (7.36)
家庭人口数	−1.05	3.52** (1.61)	−7.93*** (1.55)	1.80* (1.84)	1.56 (2.14)
65岁及以上人数	−7.49	0.23 (6.88)	−7.72* (6.64)		
房间数	−6.61	2.47** (1.54)	−10.88*** (1.49)	1.79* (1.73)	
房屋建筑面积	0.05	0.54*** (0.09)	0.32*** (0.09)	−0.82*** (0.10)	−0.1396 (9.29)
烹饪是否用电	3.60	0.11 (7.49)	3.63 (7.21)		
洗浴是否用电	5.06	−0.02 (6.56)	5.07* (6.33)		
平均气温	0.70	−0.07 (0.29)	0.777** (0.28)		
HDD	2.58	−0.66 (1.46)	1.29* (1.41)	1.95* (1.68)	
CDD	1.58	0.19 (0.85)	−0.27 (0.81)	1.65** (0.98)	
降雨日数	0.54	−0.45* (0.42)	0.99*** (0.42)		
2009年	4.19	−0.32 (14.85)	4.51 (14.31)		
2010年	1.04	−1.26 (15.09)	2.30 (14.55)		
是否单月结算	0.84	−2.57 (11.89)	3.41 (11.45)		

注：***、**、* 分别表示在1%、5%和10%水平下显著；括号中是估计计值的渐近标准差。

243

全样本的预测误差率不到2%；双月结算用户的预测误差相对较大，但也不足3%；单月结算用户的预测精度则非常高，接近于精准预测。这反映出我们的模型能够较好地刻画用户的真实用电行为，从而能够为我们进一步讨论需求特征和评估定价政策提供可靠支撑。[①]

表5-4　居民电力需求模型的预测结果

单位：度，%

样本范围	样本平均峰段用电量			样本平均谷段用电量			样本平均总用电量			误差率
	实际值	预测值	实际误差	实际值	预测值	实际误差	实际值	预测值	实际误差	
全样本	210.33	216.58	-6.25	175.89	163.14	12.75	386.54	379.72	6.82	1.76
双月结算	209.28	213.78	-4.49	182.27	166.84	15.43	391.56	380.62	10.94	2.79
单月结算	211.73	206.92	4.81	167.32	171.59	-4.27	379.80	378.51	1.29	0.34

注：实际值与表5-2中统计量的差异是由计算均值的方法不同所致。

二　弹性分析与政策特征

（一）基本价格弹性分析

表5-5计算了用户平均长期（按样本期计算）价格弹性，[②] 表示在样本期内保持用电模式不变的前提下，每月边际价格提高1%，整个样本期总用电量变化的比重。我们计算的弹性是用户位于最优消费点的弹性，因为该点代表了消费者的优化结果。[③]我们采用的计算方法考虑了价格在

[①] 对于模型解释力的说明得益于匿名审稿人的有益建议。

[②] 当然，根据Borenstein（2009），若电器存量缺乏变化信息，那么电力需求的价格弹性不能算作长期弹性而是中期弹性。这种区分无疑更为细致，不过从实际研究角度看，把考虑了电器存量信息后得到的弹性统称为长期弹性可以更直观地与短期弹性区分开来，长、短期的区分具有"性质"的根本差异，而长、中期的区分则相对更侧重"程度"差异。此外，理论上不能排除电器存量在相当长时间内保持稳定的可能。

[③] 需要注意，度量非线性定价下的需求弹性可能涉及许多类型的"价格变化"，比如价格变化可能来自阶梯规则，也可能来自峰谷规则；可能来自各档阶梯规则的整体变化，也可能来自某一档价格的变化，还可能来自某一档边界的调整；可能来自峰谷价格的同时变化，也可能来自峰段或谷段价格的单独变化，还可能来自峰谷时间划分的调整。

不同阶梯档之间跳跃所产生的收入补偿效应，虽然 R-W 模型采用了同样的思路，但是其对补偿收入效应的处理方式（仅适用二级递增阶梯定价）会扩大三级递增阶梯定价下第三档面临的收入效应，因此我们根据三级递增阶梯的特征重新设计了补偿收入项，以区分第二档和第三档的补偿收入效应。

表 5-5　居民电力需求的长期价格弹性

样本范围		全局价格弹性	无条件自价格弹性		条件自价格弹性		交叉价格弹性	
			峰价格	谷价格	峰价格	谷价格	谷段峰价格	峰段谷价格
全样本		-0.3152	-0.4893	-0.0413	-0.6173	-0.0618	0.2014	0.0130
基本用电模式+扩展用电模式	1	-0.3255	-0.5053	-0.0404	-0.6351	-0.0643	0.2012	0.0134
	0	-0.2414	-0.3717	-0.0472	-0.4862	-0.0452	0.2027	0.0100
基本用电模式+个性用电模式	1	-0.3156	-0.4911	-0.0394	-0.5151	-0.0510	0.1978	0.0135
	0	-0.3135	-0.4829	-0.0483	-0.9873	-0.1008	0.2145	0.0111
三个模式		-0.3294	-0.5126	-0.0378	-0.5203	-0.0521	0.1968	0.0141

注：表中的"1"表示属于该样本范围；"0"表示不属于该样本范围。

　　居民电力需求在 2009~2011 年的全局价格弹性约为-0.32，显然处于已有研究[1]确定的合理范围内。R-W 模型计算的年度价格弹性约为-0.39，与本部分弹性处于大致相等的水平。冯永晟（2014b）所得弹性为-0.6~-0.5，相对更高，[2] 其原因在于本部分根据边际价格计算弹性，而冯永晟（2014b）则根据认知价格计算弹性。这涉及消费者是对边际价格还是认知价格（一般是平均价格）做出响应的根本性假设问题。Ito（2014）对此进行了直接验证，并根据两种价格分别计算了弹性，发现边际价格弹性绝对值小于平均价格弹性绝对值，本部分的结果与冯永晟（2014b）的对比关

---

[1]　参见 Taylor（1975）、Dahl（1993）、Espey 和 Espey（2004）、Heshmati（2012）等的综述。

[2]　本节在谈及弹性大小的时候，均就绝对值的比较而言。

系，恰恰符合 Ito（2014）发现的经验规律。[①]

与以往研究不同，我们还计算了两个全样本交叉价格弹性，即谷段的峰价格弹性和峰段的谷价格弹性分别约为 0.20 和 0.01。两个弹性均为正值表明峰、谷段消费之间互为替代品，只是替代性较弱。考虑到谷段价格的效应并不显著，我们可以推断，峰、谷段之间的替代性是非对称的，峰段价格产生的替代效应高于谷段价格产生的替代效应。

（二）政策效果冲突

表 5-5 计算了针对整体定价规则的全局价格弹性，即不做峰谷区分的价格弹性，以及无条件自价格弹性、条件自价格弹性和交叉价格弹性。所谓"条件"是指施加了峰、谷段之间存在相互影响的约束。如果假设峰、谷段消费不会相互影响，即各自独立，那么计算的峰、谷自价格弹性就被称为条件自价格弹性。如果承认峰、谷段消费的影响关系，即考虑交叉价格的作用，那么峰、谷段自价格弹性就被称为无条件自价格弹性。

从表 5-5 可以发现，无论是有条件还是无条件，峰段自价格弹性均明显高于谷段自价格弹性，谷价格对谷段消费的影响极其微弱。同时，谷段的峰价格交叉弹性相对较大，而峰段谷价格的弹性极小，这表明峰、谷段的双向替代关系不对称：峰段价格的上升对谷段消费的影响相对较大，而谷段价格的上升则几乎不会影响峰段消费。

峰段消费不到 -0.5 的自价格弹性表明峰段价格上升对峰段消费不会产生明显抑制作用，因而基本的节能效果非常有限。同时，这一节能效果还会因峰谷间的替代性而变弱，在峰、谷段用电量大致相当的样本特征下，峰段阶梯提价会使原本微弱的节能效果再打折扣。出现这种现象的原因除了峰段阶梯本身的设计问题外，还有阶梯与峰谷结构之间的政策效果冲突。只有当峰、谷段存在互补性时，同时采取阶梯定价和峰谷定价才会充分发挥其促进节约用电或抑制过度用电的效果，但峰、谷消费之间表现为替代关系，因此

[①] 这涉及需求分析方法论的选择问题。越来越多的实验和计量经济学研究发现，消费者往往不会对边际价格做出响应。或许我们做出的理性假设过强，但在这一充满争议的领域，需要提供多视角的见解。

阶梯定价与峰谷定价之间出现了相互掣肘的局面，这就凸显了多元政策目标的协调困难。

此外，政策效果发生冲突是由于峰谷设计存在问题。既然谷价格的存在和变化基本不会影响谷段消费，那么区分峰谷的意义何在呢？峰谷定价本质上是一种两产品的差别定价，其理论依据是实施 Ramsey 配置可以实现最优社会福利，对低弹性的需求（谷段用电）要制定高价格，对高弹性的需求（峰段用电）要制定低价格。但是现实的峰、谷价格截然相反，谷段的所有名义价格均严格占优峰段的最低名义价格。之所以出现这种情况是因为峰谷定价的现实目的在于平滑负荷曲线从而降低系统成本和提高系统可靠性。[①]所谓谷段是指时间处于负荷曲线的低位，为了"填谷"才将谷段电价定得极低。但这种供给侧的考虑无关需求特征，导致谷段价格几乎不会引发需求响应。同时，针对居民用电实施峰谷定价的前提是居民用电在平滑负荷曲线方面具有突出作用，但居民用电水平不足全社会用电的 13%，[②] 这一前提显然值得商榷。峰谷定价根本上难以发挥预期的政策效果，但有意思的是，它又确实发挥了一些效果，至于具体发挥出何种实际效果，政策模拟的情形 2 将具体说明。

（三）促进公平了吗？

如果仅仅是难以引导有效的资源配置也就罢了，毕竟定价部门还寄希望于通过这些非线性定价来达到"促公平"的目标，但真的能够促进公平吗？图5-1展示了居民价格弹性的异质性。绝大多数用户的弹性集中在 -0.35~-0.30，还有的弹性集中在 -0.4。图 5-1 中的拟合分布表现出负偏态（Negatively Skewed）的特征，如果样本家庭数更多，那么这种负偏态可能会更加明显，比如 R-W 模型的最高弹性能够达到 -2。这意味着，如果居民电价上升，那么由此产生的社会福利净损失将主要由很少的一部分用户承担。

消费者具体位于这一分布的哪个位置取决于用户的收入及其他特征。

---

① 避免系统内机组的频繁启停。频繁的机组启停会产生高额的成本，同时威胁系统可靠运行。
② 参见国家能源局在 2015 年 1 月 26 日发布的 2014 年全社会用电量信息。

表5-6计算了不同收入和消费水平下的弹性系数。通常认为，低收入用户对电价更为敏感，表5-6中的结果验证了这一观点：低收入阶层的弹性最大，中等收入阶层的略小，高收入阶层的最小。同时结合图5-1的"负偏态"特征可以判断，低收入用户将承担相对更多的因阶梯定价和峰谷定价而产生的社会福利净损失。此外，弹性和用电量与定价规则变化有关。通常认为，用电量越多，弹性越大，表5-6的结果验证了这一观点，同时结合图5-1可以判断，消费者用电量越多，承担的净福利损失就越大。

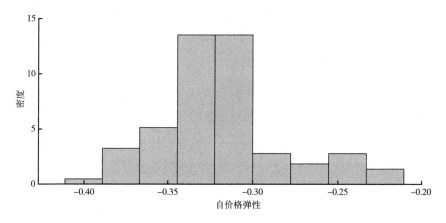

图5-1　居民电力需求自价格弹性的估计分布

以上两种情形往往被规制机构混淆，认为用电量越多定价越高就是在促进公平，但表5-6中的结果真实地表明，阶梯和峰谷的定价政策无助于减轻低收入阶层面临的不公平负担。具体来说，首先，低收入用户因为收入水平低而具有较大价格弹性；其次，由于电力需求的收入效应微弱以及可能享受的补贴少等原因，低收入用户具有较高用电水平，进而具有相对较大的价格弹性，从而更多地集中于拟合分布的左半部。[①] 在这种情况下，规制机构既想推动定价政策改革，又想促进公平，那所谓的"公平"如何

---

① 这里区分了两种需求变动：按收入划分考虑需求曲线的移动，按电量划分考虑沿需求曲线的变化。一般而言（不考虑通常价格弹性设定），收入变动不会改变"用电量越多，价格弹性越大"的需求特征。

来体现呢？唯一可能的推论就是：通过非线性定价政策继续提供可能的价格补贴。

表5-6 按收入和消费层次划分的价格弹性

分位	家庭月度收入范围	全局价格弹性	月度用电量范围	全局价格弹性
第一档	低于8000元	-0.3241	低于50度	—
第二档	8000~15000元	-0.3230	50~200度	-0.2974
第三档	高于15000元	-0.2772	高于200度	-0.3241

（四）居民电价补贴

表5-6还反映出居民的家庭月用电量基本高于50度，那么很明显第一档价格"形同虚设"，从而使前面提到的虚拟收入成为实在的价格补贴。当然，对此有两种解释：一是样本可能存在选择偏误，二是阶梯结构下存在补贴。理论上，我们不排除第一种，但可能性极低，因为首先根据杭州市的统计数据，仅考虑个别电器，城镇家庭每户平均拥有约1.96台冰箱、1.61台电视、2.12部手机等，农村家庭也仅略少一点，加之照明用电，那么即使按远低于平均水平的电器数量计算，每月50度（平均每天不足2度）也是极低水平。其次，虽然样本数量有限，但随机抽样的性质决定了样本分布与总体分布不存在系统差异。

因此，样本中的定价结构更可能是在提供补贴。这与定价的"保基本"特征紧密相关，后文中政策模拟的情形3、4将进一步进行深入的分析。实际上，《关于居民生活用电实行阶梯电价的指导意见（征求意见稿）》承认"用电量越多的用户，享受的补贴越多；用电量越少的用户，享受的补贴越少"。只是我们强调，引入阶梯定价和峰谷定价也未消除补贴，或者说，已实施的定价政策并非消除补贴的正确办法。

（五）收入弹性分析

表5-7计算了用户平均的长期（按样本期计算）收入弹性，表示在样本期内保持用电模式不变的前提下，每月家庭收入每提高1%，整个样本期

总用电量变化的比重。与预期一致，全局收入弹性约为 0.08，峰段收入弹性相对较高，也仅约为 0.13，谷段收入弹性很低，不到-0.01，这与以往研究的结果一致：收入效应微乎其微或不显著。如前所述，这表明我们对需求的设定也是合理的。

表 5-7　居民电力需求的收入弹性

样本范围		全局收入弹性	峰、谷段收入弹性	
			峰段	谷段
全样本		0.0752	0.1331	−0.0080
基本用电模式+ 扩展用电模式	1	0.0806	0.1419	−0.0083
	0	0.0365	0.0683	−0.0054
基本用电模式+ 个性用电模式	1	0.0792	0.1395	−0.0071
	0	0.0607	0.1100	−0.0142
三个模式		0.0872	0.1524	−0.0084

注：表中的"1"表示属于该样本范围；"0"表示不属于该样本范围。

三　定价调整的政策模拟

本部分实证模型的突出优点是可以对复杂非线性定价的政策效果进行事前评估。样本城市杭州从 2012 年起实施新的居民电价方案，在保持阶梯定价与峰谷定价组合特征的同时，调整了峰谷段价格水平，并将月度计费改为年度计费。改革后价格水平为：峰段的三档价格分别为 0.568 元/度、0.618 元/度和 0.868 元/度；谷段的三档价格分别为 0.288 元/度、0.338 元/度、0.588 元/度。本部分模型除了分析原有定价政策效果外，还可以评估多种定价改革方案，从而能够比较全面地考察定价方式变化对居民用电消费和支出的影响，同时能够更好地支持有关定价的改革决策。

我们设计了四种模拟情形。情形 1 模拟原有定价结构下只调整局部价格带来的消费和支出变化。假设仍按月度计费，价格采用调整后的新价格。由于电网公司在实际操作中的价格与名义价格的差异，我们只能先模拟峰段执行新价格后的消费和支出，再进一步模拟谷段的新价格，即分别执行 0.338 元/度和 0.588 元/度的消费和支出。

情形 2 模拟非线性定价变为线性定价产生的消费和支出变化，考虑峰谷段各自采取线性定价和峰谷段采取统一线性定价两种情形。单一价格按模型预测出的平均月度电价计算。

情形 3 模拟阶梯分档电量变化带来的消费和支出变化。我们考虑 4 种情形：（a）第一档为 100 度，第二档为 300 度；（b）第一档为 200 度，第二档为 400 度；（c）第一档为 25 度，第二档调整为 175 度；（d）取消第一档，第二档调整为 200 度。

情形 4 模拟价格调整后按年度而非月度计费带来的支出变化。由于模型参数只能反映用户的月度消费特征，因此我们难以模拟年度消费变化，而只能模拟年度支出变化。具体方法是先计算用户平均的峰、谷段月度预期消费和月度预期支出，得到年度的预测消费量，再根据此消费量预测年度支出。表 5-8 和表 5-9 给出了各种模拟情形的结果。

表 5-8 电价调整产生的用电量变化

单位：度，%

		调整前	情形 1			情形 2		情形 3				情形 4
			子情形 1	子情形 2	子情形 3	子情形 1	子情形 2	子情形 1	子情形 2	子情形 3	子情形 4	
月度消费	所有家庭	184.86	178.63	178.09	175.40	187.55	199.41	187.05	188.32	184.58	183.59	—
	基本用电模式+扩展用电模式	173.38	168.11	167.53	164.61	175.52	185.66	175.17	176.28	173.12	172.14	—
	基本用电模式+个性用电模式	177.40	172.77	172.18	169.18	179.21	186.82	178.94	179.75	177.18	176.37	—
	三个模式	189.91	183.08	182.57	180.01	192.93	206.09	192.34	193.74	189.62	188.59	—
变化比例	所有家庭	—	-3.37	-3.66	-5.12	1.45	7.87	1.18	1.87	-0.15	-0.69	—
	基本用电模式+扩展用电模式	—	-3.04	-3.38	-5.06	1.24	7.08	1.03	1.67	-0.15	-0.72	—
	基本用电模式+个性用电模式	—	-2.61	-2.94	-4.63	1.02	5.31	0.87	1.33	-0.12	-0.58	—
	三个模式	—	-3.59	-3.86	-5.21	1.59	8.52	1.28	2.01	-0.15	-0.69	—

表5-9 电价调整产生的支出变化

单位：元，%

		调整前	情形1			情形2		情形3				情形4
			子情形1	子情形2	子情形3	子情形1	子情形2	子情形1	子情形2	子情形3	子情形4	
月度支出	所有家庭	86.86	84.11	87.60	103.88	88.49	93.55	86.77	87.13	87.44	87.60	84.96
	基本用电模式+扩展用电模式	81.24	78.94	82.20	97.33	82.65	87.10	80.99	81.42	81.83	81.00	79.57
	基本用电模式+个性用电模式	82.97	81.11	84.46	100.09	84.16	87.64	82.49	82.78	83.59	83.85	81.24
	三个模式	89.37	86.33	89.91	106.67	91.15	96.68	89.41	89.75	89.95	90.09	87.37
变化比例	所有家庭	—	-3.16	0.85	19.59	1.88	7.70	-0.10	0.31	0.67	0.85	-2.19
	基本用电模式+扩展用电模式	—	-2.83	1.18	19.80	1.74	7.21	-0.31	0.22	0.73	0.93	-2.06
	基本用电模式+个性用电模式	—	-2.25	1.80	20.63	1.44	5.63	-0.58	-0.23	0.75	1.06	-2.09
	三个模式	—	-3.41	0.60	19.36	1.99	8.18	0.04	0.42	0.64	0.80	-2.24

综合表5-8、表5-9的情形1可以看出，峰段价格的明显上升会产生消费和支出双下降的结果，加上谷段价格的大幅上升会产生消费下降和支出增加的结果。谷段价格对消费者的影响和对支出的影响是不成比例的。三种子情形表明，在复杂定价组合下，局部价格变动产生的影响会非常复杂，使规制机构难以把握实际的政策效果，这会给定价调整带来很大的困难。

根据情形2，如果峰段从阶梯定价变为单一线性定价，那么消费和支出均仅增加约1%，表明阶梯定价的引入并未发挥充足的节约用电的作用。如果峰、谷段采用统一线性定价，那么消费和支出均会增加，变动比例基本一致，约为7.7%，相对较高。从价格水平变化看，峰谷统一定价意味着峰段价格被拉低而谷段价格被抬高，结合表5-4中的弹性可知消费变动主要来自峰段消费的增加，谷段几乎不受影响。因此，主要是峰谷结构而非阶梯结构影响消费总量，这就表明：一方面，阶梯结构在抑制过高消费方面并未发挥预期作用；另一方面，峰谷结构虽然无法发挥"移峰填谷"的作用，但能够发挥阶梯结构未发挥出的节约用电效果——这就解释了为什么价格主管部门在全面推广阶梯定价后又急于在全国推广峰谷定价——阶梯定价难以奏效，而峰谷定价能"不务正业"。

关于阶梯定价的结论似乎与直观情况不符，因为阶梯定价规则主要是为抑制过度消费，出现这种不一致的根源在于原有阶梯定价规则的设计并非以节约用电，而是以"保基本"为导向。根据情形 3 中的子情形 1 和子情形 2，在原有定价结构上，大幅提高各档电量（分别翻一番和翻两番）对消费和支出的影响均十分微小。这恰恰表明，原有各档电量设置实质上具有明显的"保基本"特征，换句话说，原有阶梯定价规则的实际效果近似于极低的线性定价，从而很可能提供补贴。另外，子情形 3 和子情形 4 表明，如果降低第一档电量，甚至取消第一档的设置，就相当于提高了用户的用电价格。即便如此，用户的用电量并未明显减少，支出也仅是略微增加。因此，我们可以推断，补贴的最大来源绝非第一档的设置，第二、三档的设置才是主要来源（无论是由于第二档电量过多，还是由于各档价格过低）。这就更加验证了，阶梯定价规则的引入未能消除可能的补贴，从而无法引导有效的电力消费。[①]

根据情形 4，消费者在保持原有消费水平不变的条件下按年计价，那么支出水平会下降约 2%。这反映出价格主管部门的定价考虑重点显然不是节约用电或抑制过高消费，反而是在促进居民用电。综合情形 3、情形 4，价格主管部门的落脚点似乎还是在"保障基本用电"上。

四　定价政策背后的体制因素

综上所述，阶梯定价与峰谷定价的组合都未能发挥出预期的政策效果，我们在此不妨简单剖析下其背后的体制因素。现行居民电价制度是严格管制下的行政定价，无法反映供电成本和支付意愿。理论上，阶梯、峰谷等定价手段的优势在于让价格更好地反映成本结构和需求特征，是经济效率导向的定价政策，而价格主管部门显然忽视了这一本质特征，将其作为保障"必

---

① 情形 3 和情形 4 的引入及结论的延伸得益于匿名审稿人的有益建议。

需"和促进"公平"的首选工具，难免造成政策目标与政策手段的错配。

问题在于，单纯调整定价政策能否纠正这一错配？回答这一问题，需要从更广的视角来考察居民电价政策所处的市场制度环境。在电力市场中，居民电价是面向最终用户的零售电价，无法在系统层面发现电力的真实社会成本（除非在极小电力系统中批发和零售合一），而只能向居民用户传递由系统层面资源配置决定的真实用电社会成本（Joskow，Tirole，2006）。如果系统层面缺乏市场机制引导电力资源配置，即缺乏竞争性电力批发市场，那么零售电价无论采取什么形式，都难以传递正确的稀缺性信号。显而易见的是，中国的居民电价改革远不具备竞争性电力批发市场这一基本制度前提，现实情况是，居民电价主要承担一种结算功能，而难以引导有效消费。在未构建竞争性电力批发市场的条件下，单纯调整居民定价手段，将不可避免地产生政策目标与手段的错配。当然，我们绝非否定阶梯和峰谷等定价政策的理论性质和应有作用，而是强调居民电价改革必须结合定价政策的本质特征和电力市场的制度环境，这样才有可能充分释放出其政策效果。

第五节　结论

本章利用基于广义矩估计的完备结构模型和微观居民电力需求数据，研究递增阶梯定价与峰谷定价组合下的居民电力需求行为，深入剖析中国居民电价政策的实际效果，讨论居民电价和电力体制的改革问题。本章为非线性定价需求理论的研究做出了贡献，并将理论研究与实践政策评估紧密结合起来，发掘了丰富的理论和政策内涵。

第一，中国居民电力需求的价格弹性极低，收入效应微乎其微，与该领域内已有研究结论一致。特别地，峰、谷段需求均缺乏价格弹性，相对差异非常明显，这意味着峰段价格高、谷段价格低的价格结构不符合 Ramsey 配置效率标准，是一种低效定价政策。

第二，峰、谷段的交叉价格弹性均为正值，但大小不同，表明峰、谷段电力需求之间呈不对称的替代关系，这会对阶梯定价与峰谷定价的组合效果产生重要影响。阶梯和峰谷定价规则之间存在政策效果冲突，而且政策目标与政策手段存在错配问题。阶梯定价规则难以促进节约用电，峰谷定价规则难以刺激移峰填谷，峰谷结构反而在抑制过度消费方面发挥相对更大的作用。

第三，在现有制度环境下，利用复杂非线性定价规则调整电价水平难以实现"促公平"的目标，因为价格变化产生的社会福利损失将主要由小部分用户承担，特别地，阶梯和峰谷定价政策无助于减轻低收入阶层面临的不公平负担。

第四，在现有制度环境下，非线性定价无助于消除补贴，补贴在阶梯和峰谷定价组合下仍长期存在。其背后是政府对"保基本"的过分关注和对非线性定价规则的不当理解，这扭曲了非线性定价政策的应有效果，也是价格主管部门在全国实施了阶梯定价后，又急于推广峰谷定价的原因，但这一尝试依旧停留在错误的路径上。

第五，非线性定价下的局部价格变动会产生极其复杂的影响，而且制约政策效果的因素非常多，要有效实施非线性定价就必须对需求做出全面、细致和差别性的考量，而这会提高政府实施定价政策的难度，出现规制低效，这也正是中国居民电价中存在的问题。

需要强调的是，本章中的观点并非否定阶梯和峰谷等定价政策及组合的应有效果，突出了此类政策发挥作用的条件性。在现有电力市场制度环境下，阶梯定价和峰谷定价的引入均无法实现决策者宣称的政策目标，原因不在于如何选择定价方式和确定价格水平，而在于缺乏市场竞争的制度环境从根本上限制了此类定价政策的效果空间，成为政策目标与政策手段错配、预期效果无法充分释放的根源。更直观地，零售侧的多种定价方式能够"锦上添花"，即有能力更有效地传递稀缺性信息，但难以"雪中送炭"，即发现用电的真实机会成本。

总而言之，居民电价改革必须在电力体制改革的大框架下协调推进。通过政府在居民电价改革上的政策选择，我们觉察到电力体制改革方向的偏差。政府是继续变换定价手段，还是着力构建竞争性电力批发市场，将决定居民电价和新一轮电力体制改革的成效。

第六章　可再生能源

本章内容是这样安排的：第一节介绍可再生能源发电的技术经济特征，阐明可再生能源发展需要补贴的必要性；第二节介绍可再生能源电力并网价格的补贴模式；第三节分析中国可再生能源定价中的问题，并提出发展思路和政策建议。

第一节　可再生能源发电的技术经济特征

根据 IEA（2009），2007 年，全球大约 13% 的一次能源供给来自可再生能源，其中大约 78% 来自传统生物能源（生物质和可燃可再生废弃物），另有 17% 来自水电，而仅有 5% 来自现代可再生能源（太阳能、风能、潮汐能、地热能等）。可再生能源的利用水平如此之低，根本在于可再生能源的技术经济特征及其较高的利用成本。

一　可再生能源发电的技术特征

与常规化石能源发电相比，可再生资源发电的技术特征是：第一，可再生能源在发电过程中没有污染和碳排放（碳中性），即使考虑全产业链的排放，可再生能源发电的污染和碳排放也远远低于常规火力发电；第二，多数可再生能源发电随着日出日落和季节变换（例如，太阳能、风能或潮汐能）具有周期性的间断特征，如果没有其他技术措施辅助，发电是不连续的，例如太阳能发电在夜间基本停止，风机在无风季节基本停转；第三，可再生能源属于一次能源，无法像以化石能源如煤炭、石油或天然气等为燃料的二次电力那样，可通过运输燃料选择发电地点，即可再生能源发电的地理位置难以改变；第四，可再生能源发电的出力和电量是不稳定的，不能像常规火电一样，降低出力和电量时可以储备燃料并可根据负荷调整出力和电量，而可再生能源发电只能即发即用，否则就会造成浪费。

可再生能源发电的间歇性、不稳定性和地理上不可移动性，从电力系统运行的角度来看，产生了一些新问题。第一，由于可再生能源发电的出力和电量完全取决于日照和风力等自然因素，为了保证系统稳定运行，必须依靠备用容量支持。第二，由于风电和太阳能发电具有间歇性，发电容量的利用时间非常有限，容量利用率很低。据统计，欧洲的太阳能光伏系统的平均利用率不足 10%，而风电的容量利用率大约为 20%。第三，可再生能源发电与负荷的距离是不可调整的，加之出力和电量的不可控性，在整个电力系统布局与运行方面基本上属于不可调整的因素，因而可再生能源电力的可调度性极低。

二　技术特征决定了经济环境价值

可再生能源的技术特征从根本上决定了其经济环境价值。与化石能源发电相比，可再生能源发电最突出的优势就是其所具有的环境价值优势。但是这一价值的差别无法被消费者直接感受。如果定价方式不能体现化石能源发电的外部成本，可再生能源发电的成本劣势就更加突出。对电网企业来讲也是如此，化石能源发电与可再生能源发电进入电网后，尽管输入的电量可能相等，但后者需要更多的备用容量和更多的输电线路和变电容量，从而使可再生能源电力并网的成本更高。因此，传统电力价格不包括环境成本，或者可再生能源电价不体现环境价值，这就构成了可再生能源发展的一个经济壁垒。

此外，目前，可再生能源电力还无法通过电力市场体现真正的价值。从电力供需的角度来看，非高峰期与高峰期电力消费的价值完全不同。高峰期的供电应该为发电厂商带来更高的价值回报，但由于可再生能源电力的供给是在竞售市场之外，无法像常规火电一样接受调度，因而其贡献水平难以准确评估。这将影响到可再生能源投资的财务和经济可行性评估，从而扭曲投资预期。但是，从长期来看，由于化石能源的不可再生性和环境管制，火力发电的成本将逐步上升，可再生能源发电成本随着技术进步将逐步下降，这种技术经济变化趋势决定了可再生能源发展的无限前景和火电及其他化石能源发电供应的有限性。

三 成本结构决定了支持政策的必要性

可再生能源发电的成本主要包括电量成本和容量成本两部分。电量成本是发电的直接相关成本，包括可变的运营维护成本和费用。对化石能源发电而言，这一部分通常相对较高，而对可再生能源发电而言，这部分往往较低。

容量成本包括设备安装成本（安装调度设备所支出的费用）和固定运维成本（劳动支出、存货等）。对可再生能源发电而言，这是最主要的成本部分，可能占总供给成本的50%~80%。随着技术进步，风电和太阳能发电设备造价大幅下降，例如，风机的千瓦造价已由原来的1.5万元降到不足4000元[1]，太阳能电池组件的国际市场价格也由原来的每瓦约80美元[2]下降到不足1美元[3]。此外，系统为实现稳定运行而为可再生能源发电额外增加的备用容量，也属于可再生能源发电的容量成本。当然，这部分容量成本往往不被计算在可再生能源发电项目之内，而是在整个电力系统之中。

目前已有许多研究提供了电力平准成本[4]的估计和比较，如EIA每年都会在其年度能源展望中发布最新结果。表6-1给出了三组平准成本的估计值。当然，三组结果之间不具有直接可比性，主要是因为各研究所做假设存在差

---

[1] 资料来源：《1.5兆瓦风电机组千瓦造价跌破4000元》，《中国高新技术产业导报》2010年11月8日，第C03版。

[2] 资料来源：阎海燕、徐波、徐逸飞（2010，第75~76页）。

[3] 资料来源：葛晓敏（2012，第50~51页）。

[4] 电力平准成本（Levelised Cost of Energy, LCOE）是一个评估发电项目的系统成本的指标，常用于对不同发电技术之间的成本比较，指能够保证发电项目在整个生命周期内实现盈亏平衡的最低价格水平；电力平准成本需要考虑项目周期内的所有成本，包括初始投资、运维成本、燃（原）料成本和资本成本等。需要特别注意的是，计算电力平准成本往往需要依赖很多假设，特别是容量因子，此外还有融资结构和技术标准等，需要谨慎处理。

异；但在发电技术的比较上，三组结果具有共同的结论：可再生能源发电与传统化石能源发电相比，处于明显的成本劣势，而且在短期内，这种劣势不会得到扭转。

表 6-1 所反映的成本劣势的根源在于可再生能源需要"靠天吃饭"，无法保持稳定出力，比如风力发电年小时数的工程设计一般在 2200 小时，而实际上只有 1800 小时左右，即使在富风季出力也并不稳定，而常规火电一般在 6000 小时以上，核电则基本全年满负荷运行。目前核电千瓦造价与太阳能光伏造价的发电接近，甚至还高一些，但核电不需要补贴，并可与常规火电竞争，原因在于核电边际成本极低，同时能够稳定出力，是满足基荷的理想电源。可再生能源电力虽然边际成本接近于 0，但由于间歇性特征，无法稳定出力，因而造成成本回收期延长和单位成本过高。

表 6-1　可再生能源发电的平准成本

技术描述	2015 年的成本[a]（2008 年不变价，美元/MWh）	2017 年的成本[a]（2010 年不变价，美元/MWh）	2025 年的成本[b]（2008 年不变价，美元/MWh）
超临界煤粉	66	110.9	86~101
整体煤气化联合循环	71	63.1	78~92
联合循环燃气轮机	74~89	101.8	67~81
核电	84	111.4	74
风电	99	96	82
生物质发电	77~90	115.4	77
太阳能光热	225~290	242.2	225~290
太阳能光伏	456	152.7	456

注："a"中的数据来源于 EPRI（2009）；"b"中的数据来源于 EIA（2012）。

我们不妨借助图形来说明可再生能源如何实现全部成本补偿。假设图 6-1 反映的是一段时间内的某个电力系统，该系统包括间断性的可再生能源电厂和火电厂，可再生能源只能在出力阶段（白天或富风季）发电。可再生能源发电容量成本较高，边际成本为 0；而火电厂容量成本较低，边际成本递增。可再生能源享受优先并网权，同时需求无弹性。假如所有需求都由火电满足，那么火电供给曲线 S_{t0}（同时也是成本函数）和需求曲线共同决定了市场价格 P_0，在该价格水平下，可再生能源电厂无法实现成本回收，这正是目前世界各国普遍面临的实际情况。换句话说，可再生能源电力仍无法与常规电力一样实现平价上网[①]。

很明显，要确保可再生能源发电能够实现成本补偿，必须依靠补贴。补贴的内容同样在图 6-1 中反映出来。第一，可再生能源电力需要获得绝对成本补贴。所谓绝对成本补贴是指在现有技术水平下，即使可再生能源发电实现最优生产效率，也无法与火电竞争，成本处于绝对劣势。在图中保证可再生能源发电回收全部成本的价格是 P_r，即可再生能源电量的平均成本；需求全部由火电满足时的价格是 P_0。二者之差为 P_r-P_0，代表了可再生能源成本与电力市场价格之间的绝对差值，即图中的斜线阴影区域 P_rABP_0。

第二，可再生能源电力的替代补贴。所谓可再生能源电力的替代补贴降低了火电出力，特别是减少高成本、高污染机组出力，这实质上是可再生能源发电的外部收益，需要给予补偿。如图 6-1 所示，由于可再生能源发电，电力价格从 P_0 下降到 P_t。这时，为了保证可再生能源电力能够按市场价格销售，必然要补偿原有市场价格与现行市场价格之间的差额，即 P_0-P_t，即图中的点状阴影区域 P_0BCP_t。

第三，可再生能源电力的备用容量补贴。提供备用容量补贴是因为可再生能源在发电时需要常规能源提供备用容量等辅助服务，此时对火电等常规发电机组而言，提供这些服务时必须获得相应的收益。如果可再生能源电力提供的电量转由火电来提供，那么火电成本为 OQ_1DP_1；如果在现行价格下发电，价格为 P_r，那么火电充当备用容量时的机会收益就是图中的波浪阴影区域 P_tCDP_1。

此外，对火电而言，生产者剩余由原来的 EP_0H 缩减至 CFG。很明显，CFG 是由可再生能源的间歇性而使火电获得的收益，即电力消费者为了获

[①] 所谓平价上网是指可再生能源发电和常规火电的收益基本相当，目前看来，按同样的上网价格并网，可再生能源发电必然面临亏损。

得稳定的电力供应而不得不支付给火电供应商的收益。从竞争替代的角度来看，这也是可再生能源电力由自身弱点而造成的收益损失，因此，我们也可以称其为可再生能源电力的间歇损失。需要注意的是，可再生能源电力的竞争补贴和备用容量补贴的相对大小会受到可再生能源电厂的容量利用率，或出力阶段的长短影响。如果可再生能源持续发电时间能够由 Q_1 延长到 Q_0，即能完全替代常规能源，那么就不需要备用补贴，间歇损失也不会发生。但替代补贴会进一步增加。如果可再生能源电力装机规模的扩张不能伴随着成本的下降，那么政策补贴就要增加。这样就难以负担。实际上，随着可再生能源电力装机规模的扩大，国外基本上会下调补贴的力度。

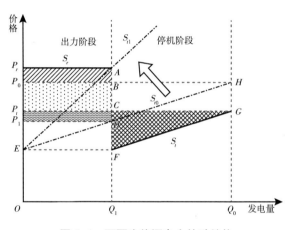

图 6-1 可再生能源电力补贴结构

当然，补贴不是根本目的，而是要促进可再生能源迅速发展，使可再生能源电力尽快实现与常规电力的平价上网，在不依赖补贴的条件下也能与常规电力展开有效竞争。图 6-1 中体现出促进可再生能源发展的两个基本思路。

首先，依靠技术进步，技术进步是降低可再生能源发电成本的根本途径。随着技术进步，可再生能源电力供给曲线 S_r 会不断下降。在下降过程中，第一，给予可再生能源的绝对成本补贴会逐渐减少，直到取消，即 P_r 不断接近 P_0；第二，替代补贴和备用容量补贴会逐渐减少，在此过程中

（即 P_r 下降到 P_0 和 P_1 之间时），我们称可再生能源电力开始具有相对竞争优势，因为可再生能源的发电成本已低于部分高成本的火电机组；第三，替代补贴逐渐减少，在此过程中（即 P_r 下降到 P_1 和 E 之间时），我们称可再生能源电力开始具有绝对竞争优势，因为可再生能源电力已有能力同低成本的火电机组竞争；第四，当 P_r 下降到 E 之下时，电力系统必然优先调度可再生能源电力（即使没有法律要求）。

其次，加强环境管制，比如通过征收环境税，将火电的环境成本体现在常规电力价格中，从而促使火电成本曲线变得更陡，即在图 6-1 中从 S_{t0} 变为 S_{t1}，主要作用是促使火电与可再生能源电力尽快实现平价上网。如果用火电补充可再生能源发电间歇期间的发电量，那么从发电价格来看，火电价格就会高于可再生能源电力，从而促使消费者更多地选择可再生能源，这不仅会刺激可再生能源电力的投资，还会推动电力储藏技术的应用，促使其在未来替代火电。此外，提高火电等常规电力价格，也有助于减少对可再生能源电力的补贴，从而降低政策成本。当然，加强环境管制，也离不开技术进步的作用，环境管制的效果在很大程度上还要取决于火力等常规发电技术的进步。

总之，可再生能源电力发展面临的主要问题仍是成本与收益不匹配，市场无法为消费者和供给者提供合理的信号，从而严重影响可再生能源发电的运营及投资可行性；同时，电力市场中仍缺乏将环境外部性内部化的机制，既无法体现可再生能源电力的经济环境价值，也无法体现化石燃料发电的环境成本，导致两类电力无法在平等的地位上比较和竞争。这就要求政府采取有效措施，给予必要支持。

第二节　可再生能源电力并网价格的补贴模式

为了消除市场扭曲和缺乏外部性内部化机制所造成的发展障碍，世界各国都针对可再生能源发展制定了特殊政策，采取干预或支持机制，目前有两种主导政策方式：通过价格干预政策和配额义务制度来实现补贴可再生能源的目标。根据 REN21 （2009），全球大约有 75% 的光伏装机容量和 45% 的风能装机容量受到并网价格政策的激励，而像德国等欧洲国家的实践更是证明了，并网价格是促进可再生能源发展的一个强有力的政策手段。根据定价依据，可再生能源发电并网电价可分为三类：基于价值、基于成本和基于传统电力市场价格。

基于价值定价是指根据可再生能源发电的社会价值或企业价值，确定给发电商的支付水平。其中，社会价值可能包括电量的价值、对环境和健康的影响、能源安全和其他外部性成本；企业价值通常用避免成本（Avoided Costs）[①] 来表示，或根据供电的时段和位置的价值而定。从理论上讲，基于社会价值的定价能更合理地反映社会成本，但执行起来非常困难；尽管基于企业价值的定价方式相对容易操作，但确定避免成本并非易事，目前只有少数国家（及其相关地区）使用这一方法，如美国、加拿大的一些州（省）和葡萄牙等，其中美国各州的成本确定方法各不相同。

基于成本定价则是世界范围内的主导定价方式，具体可以分为两种。一种是根据可再生能源发电的平准成本，加上目标收益，确定支付水平（Klein et al.，2008；REN21，2009）。另一种是根据拍卖或竞价结果确定支付水平，实际上是利用市场机制来发现价格。基于拍卖或竞价机制能够根据技术、项目规模等因素的差异来确定不同的支付水平。基于成本定价的前提是获得成本信息。平均成本加收益的方法，主要通过对现有可再生能源电力信息进行市场研究和实证分析，来确定并网价格水平，这是使用最广泛的方法，德国、西班牙等可再生能源电力市场比较成熟的国家主要使用这种方法。而拍卖方法则直接依靠市场机制来发现价格水平，使用范围相对较小，主要针对部分可再生能源电力项目出台。

尽管以上两种定价方式的差异巨大，但至少有一个共同点，即支付水平

---

① 避免成本来源于美国在 1978 年出台的 PURPA 法案，实际上，其主要在美国使用。避免成本是当公用事业公司不向独立发电商购电而自主发电时所产生的边际成本；或者说，如果公用事业公司向独立发电商购电，那么减少自主发电量就会避免产生发电成本。这一成本可以用来确定公用事业公司向独立发电商支付的价格。

的确定不依赖传统的（化石燃料发电）电力市场价格。但在德国、西班牙这些可再生能源电力市场发展相对比较成熟的国家，某些类型的可再生能源电力已经能够与传统电力进行直接竞争，那么将这部分电力与主流电力市场并轨就成为价格政策的主要目标，而不仅仅是促进可再生能源发展。[①] 它们的定价依据基本上可以归类于基于传统电力市场价格。

并网电价的补贴模式大致可以分为两类，即固定并网价格和溢价并网价格。不同的价格补贴模式具有不同的政策效果。[②]

一 固定并网价格

固定并网价格（或称固定价格并网价格，Fixed-price Feed-in Tariffs）是在确定的期限内为可再生能源发电商提供一个受到保障的支付水平，基本模型为：

$$P_{fp-fit} = \bar{p} \tag{1}$$

其中，P_{fp-fit} 表示固定并网价格，$\bar{p}$ 表示给定的价格水平。固定并网价格是所有并网价格政策中使用最为广泛的一种（Klein，2008）。在固定并网价格政策下，与传统电力市场价格相比，无论电力市场价格如何波动，其都保持稳定水平（如图6-2所示）。这样就使可再生能源投资者有了明确的价格预期，降低了价格波动风险，保证了稳定的投资激励。

既然固定并网价格与传统电力市场价格并无相关性，那么其支付水平的确定必然根据成本而定。由于决定成本差异的因素众多，比如技术类型、项目规模、地理位置、资源质量等，不同可再生能源电力项目的固定并网价格也会存在差异，从而表现出一种阶梯特征。比如，针对风电所采用的并网价格明显低于光伏发电的并网价格；规模较小的各类可再生能源发电项目会受到更高的并网价格的激励。

---

① 这里也可以反映出，并网价格政策在实现多元政策目标方面具有优势，比如，鼓励投资和促进竞争。

② 实际上，最早被普遍采用的并网价格是比例定价，德国、丹麦和西班牙都采用过，但由于比例定价的自身缺陷，这些国家后来都转而采用基于成本的并网价格。

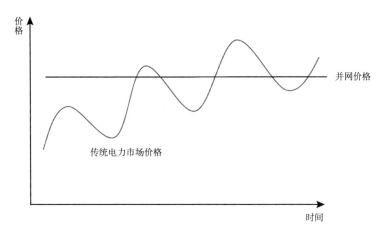

图 6-2　固定并网价格模型

需要强调的是，虽然是"固定"并网价格，但价格水平并非固定不变，仅仅是定价方式具有稳定性。实际上，在具体实施固定并网价格的过程中，政府可能会事先确定一种价格调整方式，比如按递减的方式规定每年的价格水平，这也是国际上比较通行的方式，可用公式表示：

$$
P_{fp\text{-}fit}(t) = \begin{cases} \bar{p}_1, & t = 1 \\ \bar{p}_2, & t = 2 \\ \cdots \\ \bar{p}_T, & t = T \end{cases} \qquad \bar{p}_1 > \bar{p}_2 > \cdots > \bar{p}_T \qquad (2)
$$

公式（2）表明，固定并网价格 $P_{fp\text{-}fit}(t)$ 可以看作时间 t 的函数，虽然具体价格水平会变化，但在每一期 $t \in \{1, 2, \cdots, T\}$ 中，价格水平是固定的，更重要的是，这一函数关系也是固定的。这样做的主要目的是通过递减的价格变化趋势促使可再生能源发电商降低成本。实际上，由于技术进步和学习效应，可再生能源的发电成本会呈下降趋势，如果不调整并网价格，发电商会满足于现状而缺乏创新激励，从而损害长期发展潜力[1]。比如

---

[1]　很多研究指出，光伏发电、风力发电等可再生能源电力的发展符合学习曲线模型，可通过测算进步率（Progress Rate）的方式研究成本变化，参见 McDonald（2001）、Junginger 等（2005）等。

德国 2008 年的《可再生能源法案》中就针对垃圾填埋气发电规定实行价格递减，每年降幅为 1.5% 左右（如表 6-2 所示）。

表 6-2　德国垃圾填埋气发电的递减并网价格

单位：欧分/度

项目规模	2009 年	2010 年	2011 年	2012 年	2013 年	2014 年
0~500kW	9.00	8.87	8.73	8.60	8.47	8.34
500kW~5MW	6.16	6.07	5.98	5.89	5.80	5.71

资料来源：德国《可再生能源法案》，2008。

当然，实行价格递减机制的具体方式不限于按时间递减，还可以规定按装机容量递减，但基本的一点是保持投资者对价格水平的稳定预期。就发达国家和地区而言，在发展较快的可再生能源电力市场，如光伏发电市场中，并网价格的递减速率要快于风电、水电这些相对成熟的电力市场。比如，在德国的固定并网价格政策中，水电价格每年下降1%，而太阳能光伏发电每年下降10%。需要特别注意的是，这种事先确定的按时间递减的速率不一定与真实的成本下降轨迹吻合，从而产生一个问题：当二者不吻合时，发电商要么得到过度补偿，要么投资激励下降。

因此，一些政策就规定并网价格可以根据装机容量来确定降价率（如图 6-3 所示）。发电成本与装机容量之间的关系，比其与时间之间的关系稳定得多。也正因如此，根据装机容量变化确定的并网价格水平，会更接近真实的发电成本。

无论采取何种具体方法，递减的固定并网价格政策已经在越来越多的国家和地区得到采用，而且被普遍认为是最优的定价机制之一（Ragwitz et al.，2007；Diekmann，2008；Klein，2008；Klein et al.，2008；Langniss et al.，2009）。

二　溢价并网价格

溢价并网价格（Premium-price Feed-in Tariffs）是一种基于传统电力市场价格的并网价格，根据现货市场价格加上一个溢价来确定支付水平（如

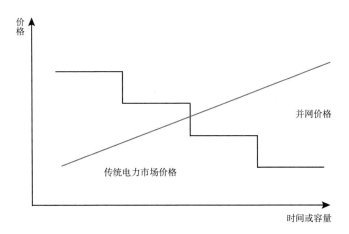

图 6-3　递减的固定并网价格模型

图 6-4 所示）。采用这种并网价格政策要达到两个目的：一是体现可再生能源电力对环境改善的作用和对社会的综合贡献；二是补偿可再生能源电力的发电成本（Couture et al. , 2010）。

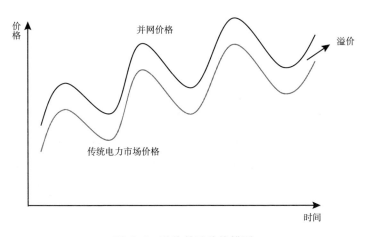

图 6-4　溢价并网价格模型

如图 6-4 所示，与之前的固定并网价格模型不同，溢价并网价格一般不低于传统电力市场价格，而且随电力市场价格波动，但波动态势并非完全一致。具体而言，溢价部分可能事先被确定在某一既定水平，即常溢价

267

（Fixed Premium-price，Held et al.，2007；Ragwitz et al.，2007；Klein et al.，2008）［如公式（3）所示］，也可能按事先确定的方式随电力现货市场价格波动而变化，即变溢价（Sliding Premium-price）［如公式（4）所示］。公式（3）和公式（4）为：

$$P_{fpp-fit} = P_{tr} + \bar{p}_{adder} \tag{3}$$

$$P_{spp-fit} = P_{tr} + p_{adder}(P_{tr})$$
$$p_{adder}{}'(P_{tr}) < 0 \tag{4}$$

其中，$P_{fpp-fit}$ 和 $P_{spp-fit}$ 分别指常溢价并网价格和变溢价并网价格，P_{tr} 是传统电力市场的现货价格，$\bar{p}_{adder}$ 是常溢价下的加价，$p_{adder}(P_{tr})$ 是变溢价下的加价决定函数，特别地，$p_{adder}{}'(P_{tr}) < 0$ 表明加价随现货市场价格的上涨而减小，反之则增大。

就常溢价并网价格政策而言，当传统电力现货市场价格提高时，由于常溢价的存在，并网价格会提高整个市场的平均支付水平，从而提高并网价格的政策成本，因为支付这部分溢价需要有资金来源。根据 Ragwitz 等（2007）的研究，常溢价并网价格比固定并网价格高 1~3 美分/度，为这部分溢价的融资必然会产生显著的直接成本和间接成本。此外，虽然常溢价并网价格强化了电力需求响应，特别是在需求高涨时能够最大限度地吸引可再生能源投资，但是这种设计也忽视了价格突然下跌的风险。投资商在价格最高时做出的投资决策，受到偏高价格的引导，导致过度投资；那么当价格下降时，就可能面临投资搁浅问题，即使有溢价也难以完全回收成本。

针对常溢价并网价格的缺陷，变溢价并网价格政策允许溢价部分与市场价格反向变化，以校正价格上涨所产生的投资信号扭曲。具体的变溢价定价方法有四种，限于篇幅，我们这里只介绍四种方法的基本内容，而不做深入比较。

（1）确定溢价总额的上下限。西班牙从 2007 年开始采取这种定价政策，原因是原来的固定并网价格政策和常溢价并网价格政策不仅使发电成本提高，还提高了政策执行成本。在新的变溢价并网价格政策中，当电力现货市场平均价格上涨时，溢价就开始下降，但当现货价格提高到某一确定水平（上限）时，溢价就变为0，这时发电商只获取现货价格；当电力现货市场价格下跌时，溢价就开始增加。当现货价格降到某一水平，从而导致现货价格与溢价之和降到某一确定水平（下限）时，发电商就按该下限值或最低支付额获取并网价格支付。

（2）确定支付总额的上下限。这种方法与上一种方法非常类似，只不过设定上下限的对象变为溢价与现货市场价格之和。丹麦在2003~2005年短暂采用这种政策，后来转回采用常溢价并网价格。很明显，这种方法限制了可再生能源发电商的投资激励，因为其缩小了发电商从电力现货市场价格上涨中获利的空间。

（3）现货市场价格上限法。这种方法与固定并网价格政策有些相似，所不同的是，它允许可再生能源发电商在电力现货市场价格高于某一水平时，按现货价格收取支付。与其他溢价政策不同的是，可再生能源发电商获得了最低支付保障。荷兰和瑞士采取这种思路，尽管具体的政策设计都有所变化。

（4）比例溢价法。这是西班牙在2004~2007年所采用的定价方式，当时，无论是定价还是溢价的并网价格都按现货市场价格的比例（通常大于1）确定，这就意味着实际支付水平可能随着价格的变化而出现突然上涨或下跌。根据Held等（2007），西班牙的电力价格在2005~2006年快速上涨，其根源在于溢价与现货市场的直接关联加剧了发电商所获支付的波动性，特别是在价格上升时，更易出现过度补偿问题。因此，西班牙从2007年开始采用溢价总额的上下限方法。

总体而言，与常溢价相比，虽然变溢价设计的复杂性大大提高，但缩小了并网价格的波动范围，起到了一个"缓震器"的作用，对传统电力市场的适应性也更强，从而有利于可再生能源电力市场与传统电力市场整合。也正因如此，政策制定者在决定使用溢价并网价格政策时，往往更加倾向于选择变溢价并网价格进行设计（Held et al.，2007；Van Erck，2008；Klein et al.，2008；Langniss et al.，2009）。

三 固定与溢价并网价格的优势与缺陷

两种定价方式在政策实践中都会根据政策目标而出现很多变形。此外，市场条件的差异，比如技术类型、项目规模、地理位置和资源质量都会影响最终政策的确定，表6-3概括了两种并网价格政策的优缺点。在政策实施过程中，往往需要政策制定者根据特定目标对这些优缺点做出适当的权衡。

表6-3　固定与溢价并网价格政策的优势与缺陷

政策设计	优势	缺陷
固定 并网价格	与溢价政策相比,发电单位成本更低	供给侧对需求变化不敏感
	支付水平与真实发电成本关联紧密,生产效率高	可能"扭曲"电力趸售市场价格
	购买义务能够减少合同风险	长期内成本会增加,特别是调整了通胀因素之后
	支付透明度高,有利于投资主体实现多元化	在最需要的地区,缺乏投资电力的激励
	定价的稳定性有助于商业化初期的技术发展	—
溢价 并网价格	对市场需求反应更加敏感	与定价政策相比,平均发电成本更高
	更有利于减轻电网压力	缺乏购买保障,投资者风险增加
	对自由竞争电力市场的适应性更强	间歇性电源无法充分从现货市场价格波动中获益
	既能促使可再生能源电力与电力系统的整合,又能促进可再生能源之间的竞争	不具有定价设计下的避险价值,允许支付水平与市场价格联动

注：根据 Couture 等（2010）整理。

第三节　关于中国可再生能源定价的思考

虽然中国已经初步形成了可再生能源电力的定价政策，并具有一定并网价格政策的特征，但仍不具备真正意义上的并网价格。无论是固定并网价格还是溢价并网价格，它们在鼓励可再生能源电力发展方面都具有一些明确的共性，即政策具有稳定性、确保成本补偿、实行差异化的定价、促进供求协调并有助于实现多重政策目标。然而，对照来看，中国目前的定价机制仍存在较大不足，完善可再生能源定价制度、推行并网价格政策任重而道远。

一　现行价格政策的问题

根据《中华人民共和国可再生能源法》的规定，可再生能源发电的上网电价包括招标电价和政府定价两种，而且招标电价不得高于同类可再生能源发电项目的政府定价。首先，这种招标定价采用竞拍机制来确定可再生能源特许权的归属，主要起到价格发现的作用，而且这一价格信息被进一步作为政府定价的依据。

现行定价政策的最大问题在于，政策目标与实现手段脱节。中国的价格政策通过筛选最低竞标来授予特许经营权，并据此确定平均上网价格，这样必然导致部分可再生能源项目无法回收成本，损害投资激励。实际上，目前，中国的可再生能源价格并非真正意义上的价格，而是一个市场准入的政策工具。与此形成对照的是，国外的并网价格政策尽量保证投资者的收益，特别是新近的并网价格政策设计都不限制可再生能源获得的收益上限，在电力市场比较成熟的国家，电力现货价格涨多少，可再生能源就会收益多少，甚至还会加上溢价。而中国的价格政策却以一个本身就偏低的政府指导价格限制可再生能源的收益空间，这必然会抑制（市场引导的）投资。

可为什么近年来中国可再生能源发电市场却呈现繁荣发展的局面？这是由一些企业不惜代价的投资冲动所支撑的。实际上，面对国资委绩效考核的压力，以及可再生能源配额制度的压力，国有企业对可再生能源发电项目的投资热情极高，一些企业甚至不惜代价压低竞价，比如，2009 年光伏竞标价就已经出现 0.69 元的超低价[①]。这一方面使这些发电项目面临未来的亏

[①]　资料来源：《国内最大光伏项目爆 0.69 元超低竞标价》，经济观察网，http://www.eeo.com.cn/industry/energy_ chem_ materials/2009/03/26/133490. shtml。

损风险；另一方面限制了民间资本的进入，从而阻碍了竞争。总之，这必然损害可再生能源发电市场的可持续发展潜力。杨贺和刘金平（2011）就指出，我国多数地区的风电标杆价格难以保证风能资源的合理开发。此外，现行的竞价机制也不完善。根据时璟丽（2008b），在许多省区市的地方政府组织开展的风电项目招标中出现了很多问题，比如，招标出来的价格既出现了同一地区风资源相近的不同项目上网电价存在较大差异的情况，也出现了上网电价畸低和畸高的情况。在同一地区风资源相近的不同项目，国家特许权项目的招标电价和地方招标电价相差 0.1 元/度。此外，这种招标过程易出现暗箱操作问题，政策执行效率会降低。比如，王正明和路正南（2008）就指出，现行风电特许权招标制度面临降低风能资源利用效率的风险。

总之，现行价格政策不利于可再生能源发电市场的持续发展，更不利于市场机制的完善——提供长期稳定的投资激励。

二　完善可再生能源发电价格的建议

对中国而言，实行并网价格政策的核心是，改变政策预期目标与现行手段脱节的状况，明确定价政策的根本目标是促进可再生能源市场的启动与发展。一方面，改革目前的特许权招标制度，放宽准入门槛，相应地改变可再生能源发电成本信息的获取方式，转向依靠市场研究和实证分析；另一方面，对非国有资本进行适当的价格倾斜，促进可再生能源电力市场形成可竞争的结构，在这方面可以借鉴加拿大安大略省的经验，为提升地方资本份额而采取加价鼓励政策（Bolinger，2004；OPA，2009a，2009b）。

在政策执行方面，中国面临的困难仍非常多，今后一段时间需要重点突破的领域主要集中在电网环节。一是要求电网企业坚决履行《中华人民共和国可再生能源法》规定的对可再生能源的全额收购义务，此外，还应以法律的形式明确规定可再生能源电力的优先上网权，并确定惩罚机制，若电网企业未能充分履行义务，则予以明确处罚；在大用户直购电改革中，也应试点大用户的可再生能源配额制度。

二是要解决可再生能源发电项目建设所产生的增量电网成本的分摊问

题，进一步完善可再生能源电价附加制度，除合理确定加价水平外，还应进一步完善分摊方式。欧盟的经验表明，实行公平透明的成本分担机制是确保并网价格政策顺利实施的重要条件，因为这能有效解决"搭便车"的问题。常见的做法是将成本在所有电力用户中分摊①。中国虽一直采取这种方式分摊各类成本，但是征收效率不高的问题需要有所应对。

三是要求电网企业向所有投资者发布明确的并网技术标准，改变一项目一议的方式，提高审批效率，这样既能节约投资成本，又能提高可再生能源项目的运行效率，从而避免一些项目上马后经常处于半开工状态的情况。

四是，我们需要强调，虽然本章关注的核心是可再生能源电力定价问题，但是我们的视角不应离开中国电力体制改革的大背景。电力体制对可再生能源电价并网价格补贴模式具有重要影响，由于篇幅所限，本章并没有深入讨论制度对电价机制的影响，此外，国际上的另一通用办法，即可再生能源配额义务收购政策也不在本章讨论范围之内。我们将在今后的研究中予以不断丰富。

---

① 这样设计基于两个方面的考虑：一方面，所有消费者都会为享受到可再生能源发展的收益（比如环境的改善）而承担成本；另一方面，这种设计为提高能源效率和节能提供了内在的、统一的激励方式。

第七章　电力与碳

第一节　双碳目标下的碳市场与电力市场建设

本节主要内容包括：第一，解释为什么电力行业减排应优先选择碳市场；第二，碳市场与电力市场之间的价格传导、市场均衡关系，以及碳成本传导可能带来的通货膨胀影响；第三，碳市场建设从电力行业起步的实际情况，对碳市场建设和电力市场建设提出哪些要求。本节并不打算详细论述碳市场及其他碳规制政策的基本原理，但为说明碳市场如何适合电力行业碳排放控制，仍会涉及对碳市场与碳税等政策的比较分析。

一　从电力减排看碳市场必要性

减少整个社会生产生活的碳排放重点在于控制高碳排放行业的碳排放，而控制电力行业碳排放是重点中的重点。碳市场和碳税政策是当前使用最广泛的碳规制政策。本节从碳市场与碳税性质的差异入手，在解析碳排放问题的总量和结构维度的基础上，指出碳排放权交易市场在控制电力市场排放中的相对优势，并从效率和公平视角说明，无论是碳市场还是碳税政策，都是整个环境规制政策体系的必要组成部分，而不是唯一选项。同时，结合电力系统转型的创新需求，进一步说明，碳市场相对于碳税的优势。

（一）为什么对于电力行业减排碳市场比碳税更有效

1. 碳排放治理理念：碳市场与碳税

应对气候变化的政策机制大致包括价格型和非价格型（或称为行政干预型）两类，价格型机制主要包括碳市场和碳税。在具体定价方式上，碳市场和碳税有所差异，通过碳市场确定减排目标并由市场机制确定价格，属于定量型的价格机制；碳税则是由政府确定碳价，属于定价型的价格机制。这种差异源于二者的理论逻辑和治理理念的不同。建立碳市场是一种以行为或责任导向为主的治理理念，强调的是各类经济主体都对气候变化负有责任，同时都追求经济最优，因此主张设计一种让责任主体具有内生减排激励的交易机制，基础是对碳排放权进行确认。这种理念可称为科斯逻辑。而碳税则是一种以既有现实排放总量偏离最优碳排放为治理前提的理念，认为偏离的原因是缺乏对碳排放的明确外部性定价，但并不考虑定价本身的效率，从而强调相对于最优污染水平，应关注减少多少碳排放，而不关注如何减少。这种理念称为庇古逻辑。

2. 碳排放的维度：总量和结构

选择治理碳排放的政策机制，需要区分碳减排的总量维度和结构维度。碳排放总量决定了碳减排的必要性和紧迫性，这常常体现在对全球升温幅度的直接控制目标上；碳排放结构则决定碳减排的可能性和可行性，这常构成国内和国际政策争论的现实基础。无论争论的具体问题是什么，碳减排政策机制选择本质上是要找到一种由结构维度决定的适宜的减排路径，来实现由总量维度决定的减排目标。

在明确总量减排的必要性之后，碳减排的结构维度就成为选择碳政策机制的基本依据。比如，对于资源禀赋型国家而言，碳排放主要来自对化石能源的开采利用，从而造成高耗能和高排放；再比如，由于全球产业分工的演化，发展中国家往往会阶段性依靠能源要素投入助推经济发展，并承接了发达国家转移的高耗能、高排放产业，这同样会造成高耗能和高排放。无论何种情况，在一些国家和地区，碳排放责任在经济主体间的分布并不平衡，相应地，推进碳减排的现实能力和演化路径也未必平衡。这种结构的时空不平衡性会表现为不同碳排放主体（或区域）的边际碳减排成本（Carbon Abatement Cost）差异。相应地，碳减排政策机制的选择就会聚焦对减排成本的分析。

3. 碳减排政策机制的选择逻辑

碳市场和碳税政策的选择差异体现在对碳减排成本的使用方式上。如果行业间、地区间的减排成本差距巨大，也就是说，碳减排的结构性特征突出，那么如何合理配置减排责任就成为社会实现有效减排必须考虑的问题，从而政策选择应关注不同碳排放主体的边际碳减排成本差异。相应地，碳市场宜成为首选。而如果碳减排的结构性特征并不明显，或者说，各类主体的边际碳减排成本差异不大，那么政策选择应关注社会的平均碳减排成本。相应地，碳税可以成为首选。

对中国而言，在全球最大碳排放国的背后，是更加现实和紧迫的结构性减排要求，这一特征与中国将供给侧结构性改革确定为全面深化改革主线的逻辑相一致。中国化石能源消费主要表现为煤炭消费比重过高，这是造成碳排放高的最主要原因，而使用一半以上煤炭资源的电力行业，成为决定这种排放结构的关键因素。在这种情况下，基于社会平均减排成本的碳税，能否有效引导电力行业的碳减排，非常值得怀疑。至少从理论上，忽略减排责任的治理逻辑，很难为电力行业提供充分减排激励。碳减排政策机制的选择必须首先考虑如何向高碳排放的发电企业施加充分的减排压力等。形象地说，就是多排了就应该多减。因此，基于对碳减排问题的结构性特征或各类发电主体边际减排成本差异的考虑，针对发电行业，以及行业内不同类型和技术的发电主体，需要有能够区分相应减排责任的机制，所以说，碳市场更加契合中国面临的电力行业减排需求。

4. 创新驱动：碳价确定性的含义

碳排放主体面临的减排压力要转化为减排的实际效果，还得依靠绿色低碳技术的创新。电力系统从以传统电源为主体转向以新能源为主体，会在发输配用各环节催生出各种技术和服务需求。但这些技术和服务能否成为未来电力系统的现实，取决于其能否获得充足投资，而投资则依赖碳价所提供的回报预期。正是从这个角度来看，很多研究主张碳价应该具备较高确定性，进而形成了碳税优于碳价的主张。但事实是否真的如此？

这种观点并没有区分绿色低碳转型中的价格风险和创新风险，而只关注价格风险。碳税相对于碳市场确实能够提供更大的价格确定性，但这种观点的隐含假设是，未来的绿色低碳技术创新本身具备比较大的确定性。然而，这一假设过于"乐观",即便全球正经历蓬勃的科技革命,不可否认的是,未来的能源技术、低碳技术创新仍面临巨大的不确定性和失败风险,这是创新本身固有的内在属性。认为碳税足以激励绿色创新的乐观主张,并没有将碳价的确定性内涵与应对气候变化所需的技术创新风险充分联系起来,从而通过一种"脱离未来"的方式而"脱离现实"。

实际上,从碳税的理论逻辑和治理理念就可以看出,碳税在促进绿色低碳技术创新上的潜力有限,对高碳排放主体而言,基于平均社会碳减排成本的碳税的实际减排水平可能远低于其应有贡献。这类主体往往通过一些边际的燃料转换、技术调整、流程优化等方式就可以确保企业能够消化碳税带来的成本压力,且不损失市场收入,但同时难以显著地减少碳排放,从而不利于碳排放总量目标的实现。这一现象从 20 世纪 90 年代就已实施碳税的北欧国家的实际减排效果体现出来了。也就是说,碳税的价格确定性会限制绿色低碳技术创新的潜在空间,进而抑制整个社会应对气候变化能力的提升。要确保碳税有效激励应对气候变化所需的绿色研发投入和绿色产业投资,理论上就必须至少达到一定水平。但应该达到何种水平,又该如何调整,才能引致所需的绿色低碳创新?目前多数理论研究和政策研究尚未予以充分解答,甚至是予以忽略的。

正如 Gollier(2021)所指出的,研究碳价和创新的多数模型对确定性减排成本的预设并不合理,从而导致对碳价未来期望的诉求也不合理。实际上,确保绿色低碳转型的重点不在于要求未来碳价具有确定性,而在于承认其面临的不确定性并在定价中体现这种不确定性,即具有风险溢价,相应地,实际碳价的变化趋势要比碳价水平对投资的激励效果更加重要。因此,由于定价波动性,碳市场能比碳税提供更大的绿色创新和投资激励。碳市场价格波动的风险可以通过金融避险交易予以对冲,其内涵将在后文予以具体的解释。

理论上,通过合理的碳市场设计使碳价水平在未来保持稳定的上升趋势,那么绿色低碳的创新投资将获得充分的激励。从国际经验看,尽管欧盟ETS 前三阶段中的碳排放配额(EUA)价格并未体现有关绿色低碳投资的充分激励，但欧盟完善 ETS 的方式无疑正呈现稳定的碳价变化趋势，比如，通过强化碳减排总量目标的跨期约束、提高配额分配的拍卖比例等方式来解决。

（二）电力行业减排需要政策组合

1. 碳减排的目标权衡：效率和公平

对碳市场和碳税的比较体现在效率与公平目标方面的差异。相对而言，碳市场因为着眼于排放责任主体的边际减排成本而更具成本效率，不过，也会伴生出收入分配的公平性问题，比如，高碳价的传导会对低收入群体产生更大的不利冲击，再比如，不完善的配额分配方式（免费发放）可能会使碳排放主体获得丰厚收益或暴利（Windfall Profit）。碳税则因考虑整个经济社会的平均减排成本而更加公平，不过对高排放主体的减排激励会更弱，在碳排放约束逐步趋紧的背景下，单纯的碳税很难实现重点行业和重点地区的减排目标。

现实的减排进程必然面临效率与公平的权衡。即使碳市场更适合高碳排放行业减排，不可否认的是，其必然伴生着显著的收入分配效应。这种分配效应会体现在行业之间、地区之间等，以及由于碳成本传导而受影响的所有经济主体身上。因此，碳排放治理中的效率和公平必须兼顾，当然，二者也完全可以共存。比如，北欧国家普遍在加入欧盟 ETS 之前就实施了碳税，同时，许多没有实施碳税的欧盟国家存在准碳税性质的能源税。实际上，正是排放权价格和碳税（以及类碳税的能源税）共同构成了 OECD 所称的"实效碳价"（Effective Carbon Rates）（OECD，2021）。

当然，这里隐含限定了讨论的前提，即以边际减排成本为基础。如果从更一般的视角看，那么二者关系可能难以明确区分，从而体现出二者配合的内在要求。比如，当电力行业碳排放的结构维度突出时，如果忽略不同电源类型和技术间的边际碳减排成本差异，那么本身就构成一种"不公平"；再比如，碳市场本身的机制边界是有限的，如果强行要求覆盖全部碳排放主体，那么看似公平的做法，实际却是低效的。因为从理论上讲，如果按各类主体的碳排放量排序，那么碳市场的最优边界必然仅覆盖部分高排放主体，覆盖所有排放主体的庞大市场并不经济。对于未覆盖的部分，必然适宜用碳税或其他碳规制政策来推进减排。如果再考虑效率与公平目标权衡的动态变化，那么可能的政策组合不会是一成不变的，但这里不再展开。

总之，以碳市场推动电力行业减排，并不排斥碳税，甚至其他非价格型碳规制机制同样作用于电力行业，并进入碳治理的政策体系，相反，只有统筹利用碳市场与碳税、价格型机制与非价格型机制的组合，才能权衡好碳减排进程中的效率与公平诉求（Stiglitz，2019），从而更加有效地解决制约电力行业乃至影响中国碳排放控制的结构性问题。

2. 现实的政策取舍：交易成本的分析

这里要解释的是，如何从交易成本视角理解碳市场与碳税的关系。很多研究认为，碳交易机制依托一种基于政府碳排放总量（或强度基准）设定的完整制度设计，从而更难以管理，因此相比碳税的交易成本更高。碳市场作为一个完全人为设计的市场，需要依托市场基础制度的构建和完善工作，主要是监测—报告—核查（Monitoring-Reporting-Verification，MRV）制度。MRV 制度主要涉及碳排放主体碳排放数据的量化与质量保障，这构成了碳市场有效运营的基础，也成为国际碳交易衔接的前提。

从碳排放主体视角来看，这似乎构成了碳市场相对于碳税的相对优势，直观上，碳税只需要依托既有财税制度引入新的税种即可，因此两种政策机制的交易成本有明显的优劣之分（Coria，Jaraitė，2019）。实际上，这种比较并不全面，因为它忽略了碳税在构成公共资金收入来源并在使用过程中存在的公共资金影子成本及使用效率问题。一般来说，公共资金影子成本高于 1，即政府实现 1 个单位的支出效果，需要在税收征管和使用环节付出高于 1 个单位的实际成本。此外，碳税收入的使用途径存在多元目标权衡困难，能否保证资金真正用于助力应对气候变化的领域（研发、保障低收入群体等），同样需要完善的财税制度。更何况，从包括中国在内的各国财税体制和财税状况来看，没有国家能保证碳税收入不被用于弥补一般性财政缺口。因此，对于碳税的真实交易成本是否真的低于碳市场，需要在相同基准下，即同时考虑成本分担和资金使用效率后，进行合理的比较。实际上，以 Coria 和 Jaraitė（2019）的结论为基础，合理假定公共资金影子成本为 1.5，那么两种机制的交易成本基本相同。因此，现实的政策机制选择还是应该更多考虑政策机制本身的功能定位，以及相应的减排问题的特征。

3. 国际经验的解读：组合的可能性

多数 OECD 国家，主要是欧盟国家的碳税（广义碳税，包括能源消费税）收入都通过税收返还给低收入群体（Marten，Dender，2019）。这体现出，一方面，碳税更多地关注转型中的收入分配及公平诉求；另一方面，欧洲碳税能够发挥这种作用在很大程度上得益于欧盟 ETS，因为 ETS 提供了更多的市场化减排激励。此外，同样以火电为主的澳大利亚在 2015 年终止了碳税，考虑转向碳市场，尽管其现在的具体碳定价政策仍无定论，但至少说明碳税的实际推行并非像表面上那么简单。

具有丰富碳排放交易经验的美国没有选择碳市场，而倾向于选择碳税。这确实很有意思，因为在欧盟 ETS 实施之前，美国是最具备碳排放权交易经验的国家，而欧盟一度并不倾向于碳市场；但实践出现戏剧性反转。实际上，美国的碳税倾向（未正式实施碳税，但加利福尼亚州等地存在能源消费税）有相对优势，它具备强大的税收征管体系，如针对大多数化石能源的税收征管，而且其税收体系以直接税为主，居民的税收意识强烈，相应地，碳税对消费者的行为引导效果更加明显。不过，其他国家和地区是否具备碳税的潜在优势，仍需认真调研分析。

对中国而言，在以间接税为主体的税收体系下，碳税到底是着眼于供给侧的低碳转型投资，还是着眼于需求侧的节能减排行为调整，仍存在政策取向的不确定性。或许，在碳市场正式建立之后，政策取向才能更加明晰。同时，在中国中低收入群体规模依旧庞大的前提下，碳税政策必须充分考虑公平性问题。从这个角度讲，欧盟的经验比美国更加契合中国实际。也就是说，在"双碳"目标下，碳税的政策空间来自存在一种针对中国结构性减排要求（碳排放相对集中的行业减排任务）的碳市场交易机制，从而使碳减排政策体系能够兼顾效率性与公平性。

二 碳市场与电力市场的经济关系

（一）碳市场价格与电力价格

1. 碳成本传导率及其理解

无论是碳市场形成的配额价格，还是碳税确定的税率，必然会影响电价，准确来说是推高电价。这种碳价推高电价的现象被称为碳成本传导，相应的实证指标一般被定义为碳成本传导率（Carbon Cost Pass-through Rate），碳成本传导率的大小反映了碳价推高电价的程度（Sijm et al.，2005，Sijm et al.，2008）。碳成本传导理论可以追溯到上下游产业间的成本传导和税收归宿等研究。

相对于其他行业间成本传导和税收归宿，碳成本传导具有特殊性。碳市场机制作为一种环境规制机制，具有强烈的政策导向性。而资本、劳动、中间品等要素市场并不预设对企业相应投入的配额限制，常规要素投入组合取决于企业针对产出和投入市场的自主决策。因此，碳价对电价的影响，必然不同于其他要素价格对电价的影响。企业既会通过投入产出、采取减排技术调整消化一部分碳价，也会向用户传导一部分碳价。笔者通过对百十篇相关研究文献的梳理发现，以100%为基准，碳成本传导大致分为欠传导、完全传导和超额传导三种类型。

当然，碳成本传导的研究结论会受到许多研究层面和现实因素的影响。由于模型设定、数据选择、研究对象和研究时段等的差异，不同研究的测算结果的差异明显。就本节的研究目的而言，这里不打算详细论述碳成本传导研究的相关细节，只说明两点结论。第一，结论差异明显的各类研究仍共同验证了一个共识，碳市场（或者碳税）形成的碳价必然会向电价传导；第二，影响碳成本传导率的各种因素，恰恰是碳市场与电力市场协同建设的必要性所在。

碳市场的建立和有效运行需要竞争性的电力市场。如果电力市场的资源配置机制以计划为主，那么碳价将不可避免地影响电力行业的整体利益和发展能力。尽管电力计划配置下的碳价仍可能以更大力度挤出高碳电源，特别是煤电，但会使电力供求面临整体失衡的风险，进而带来系统可靠性隐患，引发缺电、限电，由此造成的社会福利损失可能更高。如果政府以行政提价方式帮助电力行业传导碳成本，那么会扭曲碳价发挥的作用，降低碳市场对高碳电源的约束效果。此外，碳市场除了引导碳排放主体优化投入行为、促进减排外，还通过包含碳成本的电价引导电力用户节能减排。因此，电力市场中的电价发现效率和电力资源配置效率，在很大程度上决定了碳市场引导减排的效果能否充分实现。

因此，对碳成本传导率的研究，既是评估碳市场和电力市场资源配置效果的重要依据，也是协同推进碳市场与电力市场建设的重要依据。

2. 碳成本传导的福利影响

碳市场带来的碳成本传导不仅会因自身设计而产生直接的收入分配效应，还会在电力市场内部产生显著的福利分配效应。一个重要的影响是，免费配额发放可能使发电企业获得丰厚的利润或暴利（Sijm et al.，2006）。在早期研究中，暴利问题一直是学者和决策者关心的重要问题，他们认为由免费发放配额造成的暴利是一种不合理利润。为此，研究者提出了两种思路：一种是征收暴利税；另一种是改变配额分配方式，即从免费发放转向拍卖。

不过，征收暴利税并非一种理想的处理方式，因为这涉及税率的确定、收入的使用方式等问题，实际应用并不简单。相对而言，改变配额分配方式更为理想，这也与碳市场的理念和改革方向相一致，欧盟 ETS 正是通过逐步提升配额拍卖的比例，来解决所谓的暴利问题。

不过，抛开欧盟针对暴利的处理方式，一个更基本的问题仍需要研究者予以明确，即所谓"暴利"的经济性质。具体来说，免费配额发放一定构成暴利吗？这可能并非直观上的那样简单，或者说，暴利不一定是企业获得的不合理超额利润。比如同样以煤电为主的澳大利亚，在实施碳税期间，碳成本传导率非常高（Nelson et al.，2010，Simshauser，Doan，2009）。原因在于，超额传导或许是回收高碳电源搁浅成本所必需的。

具体来说，当针对电力行业引入碳市场时，一些高碳排放的煤电机组的经济寿命会被压缩，比如规划经济寿命是 40 年，设定减排目标后的预期运行寿命则很可能仅有 20 年。那么要实现投资者的成本回收，电价以及电价中所承担的碳成本传导是否应该提供一些保障？很明显，合理的政策目标是有效减碳，而非简单地舍弃已经投入的资产，尽管这些资产已经成为高碳排放资产。换句话说，允许超额传导比简单地舍弃高碳资产更能使社会实现经济的减排。

因此，从企业的投入调整和减排努力来看，当企业投资一种新减排技术或开发一种替代技术时，比如拥有多种电源的企业会更多地投资并使用可再生能源发电，而减少使用高碳煤电，在这种情况下，企业获得的"暴利"实际上是企业回收搁浅成本实现绿色转型的必要收入。对于一个高碳电源比重较高的转型电力系统而言，一段时间内的高碳成本传导，或许只是市场对企业回收搁浅成本的正常反应。当然，这种理解可能面临政治可接受性的挑战，但对于转型压力巨大的电力行业而言，回避搁浅成本的可能回收方式无疑也是有风险的。

（二）碳市场与电力市场均衡

碳成本传导仅考虑了两个市场间的基本价格关系，这种基本价格关系在不同下游市场的表现有所差异。电力行业不同于其他行业，电力市场由于具有固有的技术经济特性，而必须进行设计才能建立。电力市场设计的一个重要考虑是保证公平竞争（这主要围绕市场势力），那么碳市场是否会影响碳排放主体在电力市场中使用市场势力的行为呢？很多研究者从理论和实证角度指出这种现象。而且，这个问题会由于受市场结构、电源结构、网络结构、策略行为、规制政策等因素影响而变得非常复杂。对于需要协同推进电力市场与碳市场建设的中国而言，这同样重要。

碳减排约束对电力市场均衡必然产生影响。Kolstad 和 Wolak（2003）指出，电厂在碳市场约束下的产出行为不仅影响自身的边际减排成本，还会通过碳排放权交易市场而影响其他电厂的边际减排成本；同时，由于碳市场价格的波动性，企业在电力市场中的行为与碳市场的关系可能更加复杂。Yihsu 和 Hobbs（2005）以美国的 NO_x 交易机制为例，指出发电商会利用 NO_x 排放权来操纵电力市场；Limpaitoon 等（2011）则利用一个更加接近现实的存在阻塞的电力系统分析了碳市场对电力市场均衡的影响，并指出低碳发电商会策略性地利用碳市场来使用市场势力。因此，有效的碳市场需要对电力市场竞争秩序进行更严格的监管。

（三）碳市场与电力行业转型

如果说上述问题涉及碳市场与电力市场基础设计的关系，那么可再生能源发展机制涉及另一个新挑战。发展可再生能源是碳减排的主要方式之一，更准确一点即通过可再生能源对化石能源的替代来实现碳减排，但可再生能源发展机制与碳市场之间的关系因电力市场而变得复杂。尽管经过十几年的技术进步，可再生能源的平准成本具有名义上的竞争力，但由于自身的间歇性、波动性和难预测性等特征，其仍难以像常规电源（煤电、气电、水电、核电等）一样直接参与市场，并获得充分回报和投资激励，因此仍需要某种支撑机制与电力市场衔接。在财政补贴已在全球范围内"退坡"的背景下，构建市场化的可再生能源发展机制成为一个挑战。

碳市场与可再生能源之间的关系源自《京都议定书》下的三大减排机制的设计。清洁能源发展和联合履约机制作为一种"抵消机制"与碳排放交易建立联系，两种机制下的核证减排量（CER）和排放削减量（ERU）可参与碳交易，并可以作为排放主体的履约证明。由于可再生能源发展项目构成了清洁能源和联合履约机制下的主体，因此，很多人主张允许可再生能源项目通过 CCER 进入中国碳市场。但这种主张值得推敲。

抵消机制使碳市场的排放控制目标和履约工具出现内在的不一致性。由于抵消机制，碳排放主体有可能在不减少碳排放的条件下完成履约，在碳排放的结构性问题突出，比如电力行业减排压力突出时，抵消机制可能会减缓电力行业的实际碳减排进程。同时，履约工具的外部补给也容易造成碳市场的供求宽松，进而导致碳价低迷，使实际效果偏离政策初衷。正是注意到这种内在不一致性，欧盟 ETS 逐步限制了 CER 和 ERU 的市场参与。

可再生能源在碳减排中的作用，依托其发电技术的性质而存在，因此，其投资激励应由电力资源配置机制来提供，也就是竞争性电力市场。但由于可再生能源具有固有特性，单纯依靠电力市场难以保障其投资激励，因此需要专门的可再生能源发展机制，比如"配额+绿证市场"。相应地，电力市场、碳市场和绿证市场的价格关系就成为理论界和政策界关注的一个研究热点，不过这里不展开叙述。

实际上，碳市场和（配额+）绿证市场是相互配合促进电力行业转型的两大政策机制。在碳排放治理的共同目标下，二者通过电力市场建立起内在的联系。一方面，碳市场会提高高碳电源类型特别是煤电的成本，天然地使煤电在电力市场中居于成本劣势地位，进而带来可再生能源发电比重的上升，并增加可再生能源发电的预期收益。另一方面，可再生能源发电可以通过绿证市场获得额外激励，而绿证市场同样依托电力市场运行，即可再生能源发电商每发 1MWh 电，就可以获得 1 单位绿证，这成为其获得投资收益的额外途径。

如果直接建立碳市场与（配额+）绿证市场间的联系，比如抵消机制，那么可能扭曲电价、碳价和绿证价格之间的关系，进而影响电力行业碳减排目标的顺利实现。实际上，在电力市场基础之上，碳市场着力于推动高碳排放电源的碳减排，而绿证市场则着力于引导可再生能源投资。面对可再生能源仍将大规模发展的现实，明确彼此的政策目标和政策边界非常重要，否则可再生能源发展可能会稀释碳市场的激励效果，进而影响电力减排目标的实现。

（四）碳成本传导与通货膨胀

碳价格通过电力市场传导到终端用户后，与通货膨胀是什么关系？无论是碳市场，还是碳税，作为碳定价机制，一定会面临碳成本向终端用户传导，进而在整个经济循环过程中渗透的问题。从这个意义上讲，有学者提出要警惕碳价推高整个社会的生产和生活成本的风险，影响企业竞争力，甚至会加剧通货膨胀而造成经济衰退。[①] 本部分从以下几个方面看待这个问题。

---

① 参见周小川于 2021 年 4 月在"30·60 目标的实现路径和经济金融影响"研讨会上的发言。

首先，碳定价机制如何影响通货膨胀要依据具体政策而定。碳市场和碳税两种基本定价方式下的碳价对通货膨胀的影响存在差异。碳税的价格稳定性能够在一定程度上对冲通货膨胀压力。当出现通胀趋势时，碳成本相对于其他生活、生产成本，不会相应上升；当出现通货紧缩时，碳成本相对于其他生活、生产成本，不会相应下降。但是，碳市场价格可能随通货膨胀出现顺周期的变化特征，从而加剧通货膨胀。

其次，通货膨胀的阶段性特征要在绿色低碳转型的长周期下审视。一个重要的视角是，当面临通胀时，绿色低碳资产有可能成为对冲通胀风险的一种避险资产。根据 Pardo（2021）的研究，欧洲国家的 EUA 价格名义收益率与非预期通胀之间存在强正相关关系。这就意味着在通胀时期，投资者将因碳资产的存在而具备更丰富的投资组合以化解非预期的通胀风险。不过，这首先要求具备一个能够有效运转的碳市场来发现碳价格。

2020 年，西方国家，尤其是美国的经济刺激政策带来全球流动性过剩，对我国产生极大的输入性通胀压力。在这种背景下，碳价格的正式形成，并进入我国经济的产业链和价值链，无疑是一个推高生活和生产成本的客观因素。另外，碳资产也可能成为对冲通胀风险的一种避险资产。直观一点，就是说，通过碳市场建设来为绿色低碳投资提供一个稳健向好的信号，那么，碳市场通过影响通货膨胀而拖累经济增长的风险，就会被更多的财富积累收益所抵消。

同时，通货膨胀仍主要由货币政策来调控，在稳健货币政策的取向下，碳成本传导所能实质产出的通货膨胀是比较小的。因此，对碳市场可能引发通货膨胀的担心，不会成为制约碳市场建设的一个因素。

三　碳市场与电力市场建设面临的挑战

这里并非提供有关碳市场和电力市场建设的广泛建议，而是从中国电—碳市场的现实关系角度说明进行碳市场和电力市场建设需要关注的重点问题。

（一）必须澄清碳市场的实体属性与金融属性

在这里要区分碳的商品化与碳的资产化的含义。与之相对应的金融交易具有不同的性质。

1. 碳的商品化需要金融交易提升碳市场效率

碳市场首先是一个实体市场。这一点与电力市场是非常相似的，电力市场是由实物交易和金融交易共同组成的一个实体市场。在成熟的电力市场中，单看交易量会发现金融交易量远大于实际交割的物理量，但这丝毫不影响电力市场是实体市场的定位。

金融交易有助于提高碳排放权的配置效率，但同时会放大风险。碳期货、碳期权等金融衍生品种的开发，能够提高碳市场的流动性，提升碳价发现的准确性和效率。需要注意，碳市场的复杂性在于，碳市场的建设除了涉及由政府主导的设计元素外，还离不开各类主体的现实影响，以及应对各类主体碳排放特征的差异。这成为碳市场的内在风险。如果碳市场主要是现货市场，能够切实有效地运行起来，并且伴随着关键设计参数，比如配额数量和分配方式的完善而引导碳价遵循预期的上升趋势，那么就会催生出丰富的远期交易需求，主要是对冲价格风险的避险需求，以及相应的衍生产品和金融活动需求。如果碳市场不能准确有效地提供一个碳价基准，那么基于碳市场的金融活动就不会活跃。也就是说，碳市场中金融交易的成效，首先取决于碳市场能否提供一个稳定的碳价趋势，从而使金融交易能够满足交易者的各类需求，并提升碳价的发现效率。

从另一个角度看，如果碳市场难以有效运行，并且面临较大的政策不确定性和设计风险，那么即使开发出各种金融工具，并进行各类所谓金融创新，也只会带来过度金融化的结果，形成大量违约风险，并可能引发系统性金融风险，进而制约碳市场的建设和运行。

2. 碳的资产化要求金融交易助力绿色低碳投资

低碳转型需要投资，需要金融市场支持。碳的资产化有利于金融资本支撑行业低碳转型，碳排放权作为资产大致可以采取两种途径。一种是作为生息资本，即碳排放权持有者可以利用获得碳排放权到履约结束之间的时间，通过套期交易来变现所持有的碳资产，获得短期资金。另一种是作为抵押品，也就是通过加杠杆来撬动更多信贷，提供担保的是碳排放权在碳市场中的预期收入。这两种碳排放权资产化的方式在欧盟 ETS 早期阶段存在过，但均遭遇挫折，原因在于碳价的低迷，碳资产的变现和抵押降低了其作为金融资产的投资价值。

对碳市场的实体属性和金融属性必须做好清晰的划分。在中国碳市场建立运行初期，面对金融机构对碳市场的过度追捧要有清醒的认识。碳市场的金融属性必须从属于实体属性，不能本末倒置。实际上，主张碳市场是金融市场的观点错误地认为，碳资产投资信号由碳金融市场提供。碳金融交易的作用首先应该体现在提升碳市场的价格发现效率上，同时，作为远期交易，碳金融交易的参照基准必然是碳市场的预期现货价格，失去这一基准，碳金融交易将难以有效开展，自然也就无法传递投资信号。总之，碳的资产化在助力绿色低碳投资方面的作用，以碳的商品化的顺利实现为基础。

3. 以碳价趋势引导碳市场交易体系完善

怎样才能保证中国碳市场的设计支撑包括金融交易在内的各类交易顺利开展，从而引导碳排放控制和促进低碳投资呢？这需要以碳市场价格的未来趋势为参照进行碳市场设计，比如，配额的跨期约束、配额分配方案、市场参与主体等。

在中国碳市场的运行初期，碳价其实并无太多实质价值。一方面，因为这是一个短期价格，由于未来价格的不确定性，很难激励企业采取实质性投资行动；另一方面，这个价格是在并不完善的碳市场设计框架下形成的，本身的准确性仍有待提升。如果在市场运行初期追求一个相对高的碳价，那么很可能带来市场风险和金融风险。

一个相对较低的初始价格对中国碳市场建设而言是更为有利的。一方面，这有利于各类碳排放主体能够熟悉碳市场的交易环境，不至于对企业运行产生较大影响，特别是在电力市场化建设滞后、碳成本传导不畅的背景下，这有利于电力企业和行业平稳运行；另一方面，这有利于市场主体对未来价格趋势做出相对稳定的预期，能够促使整个市场形成碳价逐渐上升的共同预期。这样一来，市场主体的行为与碳市场设计、完善的路径就会保持较高的一致性，从而有利于市场建设的完善和各类金融交易的丰富。

（二）电力市场建设滞后制约碳市场建设运行

电力市场建设滞后已成为碳市场建设运行面临的障碍。在供给侧结构性改革背景下，在电力行业，自 2015 年以来，许多改革措施遵循了"降价"逻辑，包括多轮行政降电价。在这种背景下，碳成本向电价的传导无疑面临一定困难（周亚敏、冯永晟，2017）。如果不能实现碳成本向电价的合理传导，如前所述，那么碳市场自身的建设以及引导全社会低碳转型的作用将受到限制（李继峰等，2021）。因此，构建碳市场，首先需要在电价改革的政策导向上，实现从降电价向"发现合理电价"的转变。

同时，电力市场顶层设计不完善、双轨过渡特征突出、地区改革差异等问题制约碳市场有效运行。首先，电力市场建设缺乏顶层设计，导致发现电价的市场结构和市场体系仍不健全，电力现货市场建设仍面临很多认识、体制、机制和现实障碍。而电力现货市场是决定碳成本传导的一个关键设计环节。此外，现货与中长期电量的衔接、保障系统可靠性的容量充裕性和灵活性机制、防范电价风险的保障机制、支撑可再生能源消费的发展机制、适应市场化环境的电网监管体制机制等，均没有内在一致的改革方案。因此，电力市场缺乏一种合理体现碳成本的定价机制。

其次，计划电与市场电并存且衔接不畅，面临双轨传导的局面。优先使用清洁电源，一些调节性电源仍面临利润挤压的风险。基准加上下浮动的计划电定价机制可以在一定程度上适应碳价变化，总体上，碳价会压缩计划电的利润。[①] 实际上，碳市场的运行在一定程度上削弱了优先发电制度存在的必要性，因为碳市场的直接效果就是改变清洁电源与高碳排放电源的成本结构。同时，优先用电用户可能面临不发生碳成本传导，进而不会因为碳市场的出现而优化用电行为的局面，也就是说，在碳市场运行之后，电力行业实际减排的责任将更多地落在市场化用户头上。这显然是不合理的，可能引发

---

① 客观上，这或许有利于计划电向市场电转变，但具体效果是否如此，需要考虑计划电的计算和调整方式，以及与优先用电用户的可能联动方式。

市场化用户的不满，进而形成对碳市场运行的压力。

售电侧放开作为承担市场电交易任务的主要改革政策，也面临碳市场运行的压力。实际上，售电侧放开是在电力批发市场机制并不健全的条件下推进的，而且开始时其与零售侧的竞争仅是一种电量竞争，并尝试与批发现货市场衔接。与零售侧竞争的先天不足，决定了其承受价格波动的能力非常有限，反而会制约电力批发市场建设。因此，售电侧放开必然面临巨大的改革不确定性，而且现实试点也已经有所体现。再叠加碳市场运行后的碳成本传导压力，售电侧放开将处于一个比较尴尬的境地。这种局面会制约碳成本沿市场轨道传导的顺畅程度。

最后，各地区电改政策和进度差异较大，导致不同地区电力用户对碳成本传导的实际负担程度存在差异，进而产生一些不利影响。比如在电力市场化交易进展较快的地区，碳成本传导相对更加明显，考虑到地区竞争的需要，一些地方的改革意愿会受到影响。再比如，在跨区交易中，电力输入型省区市更希望由其他省区市发电企业来消化这部分碳成本，而不愿传导到本地区的电力用户身上。这些地区因素都会制约全国碳市场的建设运行。

四 结论与建议

本节从中国碳排放权交易市场从发电行业起步的现实出发，融合理论、经验和实践分析了协同推进碳市场建设和电力市场建设的几个主要问题，主要观点如下。

第一，尽管在应对气候变化问题上存在政策机制的选择争论，从碳市场与其他碳规制政策来看，与碳税相比，碳市场更契合中国碳减排的结构性特征。电力行业减排任务艰巨，电力行业减排需依赖技术创新推动系统转型，面对未来绿色低碳创新的不确定性和创新风险，确定的价格趋势比确定的价格水平更有利于激励创新。

第二，实现电力行业和社会减排目标，碳市场机制并非唯一政策机制。电力行业减排适宜通过碳市场机制进行，这主要基于对减排效率的考虑；碳税和其他非价格碳规制政策可解决由碳市场造成的收入分配问题，以兼顾低碳转型的公平性，同时还可以覆盖碳市场无法覆盖的排放领域，从而推动电力行业和全社会协同减排。从交易成本角度来看，尚难确定哪种机制更优。不同机制的性质功能和减排特征是确定政策组合的主要依据。

第三，碳市场与电力市场之间具有重要联系，最基础的是碳价与电价之间的关系。碳市场会带来碳成本向电价传导的压力，不过这是碳市场充分发挥引导碳减排的前提条件。碳成本传导会带来收入分配效应从而产生"暴利"问题，但对暴利的分析和处理仍需慎重，因为这可能关系到转型过程中搁浅成本的回收。碳市场的效率取决于电力市场的竞争性，同时，碳市场本身也会影响电力市场的均衡发展和竞争秩序。

第四，在考虑可再生能源发展问题时，要科学把握碳市场、电力市场与可能的可再生能源发展机制［主要是（配额+）绿证机制］之间的关系。碳市场助力高碳电源减排，绿证机制助力可再生能源发电，二者均依托电力市场。在中国碳市场建设中，不宜建立绿证与碳排放权之间的关联，或者说，不宜通过抵消机制使核证减排量参与碳市场。

第五，碳市场建立后，对于可能引发通货膨胀的问题，不必过度担心。碳市场建设和运行是一项长期工程，通货膨胀具有阶段性特征。在中国现实情况下，碳成本传导助长通货膨胀的效果有限，同时，依托碳市场引导的低碳资产积累有利于投资主体对冲潜在的通胀风险，特别是非预期的通胀风险。

第六，碳市场建设必须科学把握实体属性与金融属性的关系。将碳市场作为碳减排的主要政策工具，首要落脚点是碳的商品化。碳的商品化需要金融交易提升碳市场效率，从而准确发现碳价，传导低碳投资信号。碳的资产化着力推动绿色低碳投融资，但必须以碳市场的完善设计和有效运行为前提。如果碳市场设计存在明显缺陷，碳市场运行效率不高，那么碳的资产化将带来金融风险，进而抑制碳市场的作用。

第七，中国电力市场建设滞后制约碳市场建设。电力行业作为碳排放最高同时市场化建设滞后的行业，使碳市场兼顾紧迫性与挑战性。在这种情况下，一方面要对碳市场运行前景有合理的把握，避免形成短期高碳价的不合理预期，同时将碳市场设计完善与"十四五"时期的碳价发展趋势紧密结合。另一方面，要切实加快推进电力市场顶层设计，坚持系统观念，统筹推进电力体制改革，在本节的分析框架下，可以认为这是重中之重。

总之，在"双碳"目标指引下的碳市场的选择设计、建设运行，都离不开电力市场的影响。全国碳市场建设的顺利起步，并在"十四五"及之后一个时期顺利运行，引导高碳行业的碳排放控制，在很大程度上取决于电力市场的建设成效。也正因如此，电力体制改革与生态文明体制建设将更紧密地结合在一起。基于电—碳融合的改革发展思路，"十四五"时期应协调推进碳市场与电力市场建设。

第二节　二氧化碳排放与中国的电价改革——来自市级层面的实证研究与政策启示

本节利用 2006~2014 年位于 30 个省级行政区内具有工业和居民电价采样点的 36 个地级市数据，研究两种电价对二氧化碳排放的影响，并分析影响的区域差异特征。本节结合当前电力体制改革的内容，分析不同价格调整策略对二氧化碳排放的影响。以此为基础，本节对相关政策建议做了深入讨论。本节结构安排如下，第一部分介绍理论问题和实证研究的设计；第二部分介绍实证结果和基本结论，并针对不同电价改革政策的可能效果进行模拟分析；第三部分针对与电价改革和碳定价相关的政策进行讨论；第四部分得到结论。

一　理论问题与研究设计

（一）电力价格与二氧化碳排放

电力行业是排放二氧化碳的主要行业之一，甚至是最主要的行业。作为将一次能源转化为二次能源的行业，电力行业的燃料利用和能量转换过程会排放大量二氧化碳。同时，作为整个国民经济和社会生活的上游基础行业，二氧化碳定价给电力行业带来的成本将通过电力价格转移到电力用户。二氧化碳排放的价格是否能传递到终端电力价格取决于许多制度因素。这些制度因素除碳排放定价政策本身外，还包括电力市场和电力规制机制等。因此，对电力行业而言，控制二氧化碳排放的政策从根本上取决于电力定价政策，在中国，电价改革政策对二氧化碳排放控制产生至关重要的影响。

近年来，国内研究者日益重视电力行业与二氧化碳排放间的关系。一方面，研究者均认可电力行业是二氧化碳排放的主要贡献者，与电力行业相关的许多因素会深刻影响二氧化碳排放。侯建朝和史丹（2014）从电力产业链的角度综合考虑发电、输配电、国际贸易、终端消费等环节活动对电力行业碳排放的影响。王常凯和谢宏佐（2015）研究了10个影响中国电力行业碳排放动态特征的主要因素，包括电力结构、转换效率、输配损耗、电力强度等。

另一方面则考虑碳排放定价机制对电力市场的影响。王建林（2014）介绍了碳排放控制的背景和中国电价体制，分析了碳排放对电力企业影响的三种途径，即总量控制、配额分配和碳价波动，提出了电力企业应对碳排放交易的策略。张晓龙等（2015）则基于碳排放价格的电力市场发电成本模型，利用古诺竞争模式分析了碳价对电力市场均衡的影响。刘思东和朱帮助（2015）研究了在碳排放总量管制和碳排放交易机制下发电商的应对策略，提出了考虑碳排放交易和电价风险的发电商优化调度模型。

以上研究表明，近年来，国内研究者越来越重视电力行业与二氧化碳排放之间的相互关系。不过，目前的研究仍未考虑电价改革对碳排放的可能影响，特别是传统电价结构的变化对碳排放的结构性影响，也缺乏相应的政策讨论。

在发达国家，由于碳排放定价机制实施时间较早，碳排放价格与电力价格之间的关系一直是理论研究和政策研究的重点。Sijm等（2006）对德国和荷兰的研究表明，2005年上半年中有39%~73%的碳排放成本转移至终端电力价格中，而2005年全年有60%~80%的成本转移。而且这种转移比例不断上升。Hintermann（2014）发现德国发电企业面临的至少84%的甚至超额碳成本（104%）都会通过电价转嫁给消费者。O'Gorman 和 Jotzo（2014）发现在澳大利亚实施碳价政策 2 年后居民电价上升 10%，工业电价上升 15%，现货批发价格上升 59%。Ahamada 和 Kirat（2012）研究了碳排放价格对电力价格的非线性影响，发现德法两国的非线性影响也存在差异。实际上，Chernyavs'ka 和 Gullì（2007）已经从理论上指出，影响碳成本转嫁的因素包括市场集中度、容量充裕度、电源结构、配额价格水平和电力需求水平等。

这些研究表明，针对电力行业产生的二氧化碳排放的控制最终是通过电力价格来实现的。总体而言，一是通过降低电力需求，进而减少对一次能源的消耗来实现；二是通过能源替代，比如利用天然气替代煤炭、利用清洁能源替代化石能源来实现。因此，对二氧化碳排放的控制，电力市场和电价机制是关键，这绝非仅仅是碳排放的定价机制。换句话说，碳排放定价机制必须以电力定价机制为前提才能发挥作用。

在二氧化碳排放价格能够比较顺利地传递至电力价格的基础上，碳排放定价制度设计或者定价的准确性更具显著意义。所以，我们看到，尽管仍存在争论，但二氧化碳排放定价制度的选择和设计在国外一直是研究热点，相关研究也是非常丰富的（Christiansen et al.，2005；Kanen，2006；Convery，Redmond，2007）。

我们在这里强调的是，国外的研究背景是竞争性电力市场已经比较成熟，研究的侧重点在于二氧化碳排放价格向电力价格的转移或传递程度，以及碳排放定价制度的合理性。对中国而言，由于电力行业的市场化改革进程一直比较缓慢，竞争性的市场交易机制和相配套的规制机制长期没有有效建立，电力价格无法真实反映电力供给的成本特征。同时，由于碳排放交易机制建设仍处于起步阶段，全国性碳排放权交易市场仍未建立，碳排放价格的合理性本身仍是一个问题。因此，目前尚无法承担控制电力行业二氧化碳排放的重任。

中国目前正在推进新一轮电力体制改革，其中一项重要的政策就是改革电力定价机制，还原电力的商品属性。这就意味着，电价必须朝着准确反映供给成本的方向调整。然而，中国传统电价结构中存在的交叉补贴问题已经成为电价改革的棘手难题。中国长期以来实行工商业电价补贴居民电价的政策，工商业电价承担了对居民电价进行交叉补贴的重任。电价改革的目标就是要改变这种扭曲的交叉补贴结构。

电价结构的调整会对当前的碳排放控制产生重要影响。从理论上看，电价是经济活动和人民生活的基础投入，电价的变化必然会带来工商业用电和居民用电活动的变化，从而带来碳排放水平的变化。不过电价结构调整会产生更为复杂的影响。虽然居民电价的上升会抑制居民的碳排放水平，但是工商业电价的下降会降低工商业的成本，从而刺激产出和二氧化碳排放。同时，在中国电力消费结构中，居民用电仅约占13%，其余绝大部分为工商业用电。这就意味着，在不考虑其他二氧化碳排放控制政策的条件下，单纯地调整电价结构的改革可能会增加二氧化碳排放，这也是我们的实证部分所要量化验证的。这种电价改革对二氧化碳排放的影响程度，对于推进电力体制改革、制定碳排放控制政策，并协调两大领域的改革具有直接而现实的指导意义。因此，实证研究电价改革政策的二氧化碳排放效应，并讨论电价改革与碳排放政策的协调便成为本节所要研究的核心内容。

（二）模型设定与数据说明

在现有技术水平下，由于电力无法大规模地经济性存储，电力的生产和消费需同时完成，而且电力供求必须保持实时平衡，发电排放的二氧化碳实际上正是用电排放的二氧化碳，因而我们可以称其为电力需求引致型二氧化碳排放。这种定义方式首先能够使我们利用来自发电侧的必要信息计算二氧化碳排放；其次可以让我们将二氧化碳排放与电力需求行为和电力价格联系起来，从而可以研究电力价格与相应排放水平之间的关系，更进一步，可以考察基于电价水平和结构的变化对二氧化碳排放的影响。

1. 模型设定

根据以上分析，为考察电价对二氧化碳排放的影响，我们建立起如下二氧化碳排放的一般性实证模型：

$$\ln CO_{2l} = \alpha_l + \beta_l \ln p_l + \gamma_l Z_l + u_{li} + \mu_{li} + \varepsilon_{lit} \tag{1}$$

其中，CO_{2l}是二氧化碳排放量，p_l 表示电力销售价格，Z 代表控制变量集，下标 i 和 t 分别表示样本城市和年份，u_{li} 和 μ_{lt} 分别表示城市和年份固定效应，ε_{lit}是随机扰动项，$l=1$、2 分别代表工业和居民。

在控制变量 Z 的选取上，工业电力需求与居民电力需求引致型二氧化碳排放具有不同的选择。对工业而言，生产经营活动是影响碳排放的主要因素。在反映生产经营活动的同时需考虑生产的规模和生产的结构，因此我们用工业生产总值来表示生产经营活动的规模效应，用产业结构变量来表示生产经营活动的结构效应。对居民而言，家庭的收入和综合用能情况是影响碳排放的主要因素，因此我们选取家庭收入水平和人均其他能源消费。对于其他难以直接观测到的影响因素，我们将其归入固定效应项中。

一般认为，在涉及电力需求时，天气作为重要变量需要进入实证模型。针对这一点，需要特别说明，天气对电力消费的重要影响主要反映在相对短期内的负荷曲线上，在这里，只有相对短期的气温波动才有意义，比如，某天、周或月内的温度过高，会导致用电负荷过大。而对年度数据而言，年度平均气温无法反映年内温度波动特性，而各年间的平均气温差异是非常小的，进入模型反而会增加多重共线性的问题。实际上，使用年度数据意味着，年内气温波动的影响已经体现在其他主要控制变量中。

中国的规制电价政策对模型设定和估计策略产生重要影响。一方面，电价不随电力供求变化，使电价成为解释电力需求引致型二氧化碳排放的严格外生变量，这就避免了电价与电力需求之间，进而与二氧化碳排放之间的内生性问题。另一方面，电价主管部门的定价策略使居民电价与工业电价之间产生了某种内在关联。由于电价主管部门长期采取工业电价补贴居民电价的定价策略，居民电价低在某种程度上决定了工业电价必然高。这种关联虽然可以得到直观验证，但无法直接观测或准确度量，因此会同时存在于工业和居民两个方程中的随机扰动项中。这就意味着，必须通过工业方程与居民方程的联立方程模型得到准确有效的估计参数。因此，本节的实证模型是如下的联立方程系统，即：

$$\begin{cases} \ln CO_{21} = \alpha_1 + \beta_1 \ln p_1 + \gamma_{10} \ln y_1 + \gamma_{11} \ln ind_1 + \gamma_{12} \ln ind_2 + \gamma_1 \tilde{Z}_1 + u_{1i} + \mu_{1t} + \varepsilon_{1it} \\ \ln CO_{22} = \alpha_2 + \beta_2 \ln p_2 + \gamma_{20} \ln y_2 + \gamma_{21} \ln ene_1 + \gamma_{22} \ln ene_2 + \gamma_2 \tilde{Z}_2 + u_{2i} + \mu_{2t} + \varepsilon_{2it} \end{cases} \quad (2)$$

其中，γ_1 代表工业生产总值，γ_2 代表家庭收入，ind 代表产业结构，ene 代表家庭替代能源，$\tilde{Z}$ 代表其他控制变量。总之在中国特殊的电价结构下，单独分析工业或居民碳排放问题都会带来一些偏误，必须通过结构模型准确反映电价的真实影响。

2. 数据说明

价格数据来自中国价格信息网提供的采价城市 2006~2014 年的月度数据，其中工业电价的采价城市有 36 个，居民电价的采价城市有 100 个，我们将两组数据进行匹配，得到了同时具备工业电价和居民电价的 36 个样本城市的集合。针对月度数据，我们用算术平均法计算了各城市的年度电价。各城市的二氧化碳排放量根据工业和居民用电量、城市所在省区市电源结构，及所在区域电网的排放因子得到，其中火电排放因子取自国家发改委应对气候变化司发布的《关于公布 2010 年中国低碳技术化石燃料并网发电项目区域电网基准线排放因子的公告》。用电量及其他控制变量来自 2007~2015 年的《中国城市统计年鉴》。各主要变量的基本统计信息如表 7-1 所示。

表 7-1 各主要变量的基本统计信息

变量	含义	描述	平均值	标准差	最小值	最大值
ln*em_in*	人均工业碳排放量	单位为万吨，对数	0.8746	0.6848	-1.2961	2.6626
ln*em_re*	人均居民碳排放量	单位为万吨，对数	-0.4088	0.4841	-1.9143	1.0680
ln*p_in*	工业电价	单位为元/万千瓦时，对数	8.8781	0.1649	8.3894	9.1378
ln*p_re*	居民电价	单位为元/万千瓦时，对数	8.5527	0.1131	8.2428	8.8247
ln*yper_in*	工业生产总值	单位为亿元，对数	1.8863	1.6503	-9.2239	4.3342
ln*salary_av*	平均工资	单位为元，对数	10.6302	0.3569	9.8213	11.5566

续表

变量	含义	描述	平均值	标准差	最小值	最大值
induratio_c	第二产业所占比重	单位为%	42.3498	8.8659	12.4000	60.4900
lngashome_c	人均家庭用气量	单位为立方米,对数	9.3868	1.4123	1.3863	13.3399
lngasoilhome_c	人均家庭煤气量	单位为千克,对数	10.4616	1.1257	5.8861	13.0162
lnpopuintensity_c	人口密度	单位为人/平方公里,对数	6.7275	0.8456	3.0325	9.3457

二 实证结果与模拟分析

（一）实证结果与稳健性

1. 基本估计结果

表7-1展示了基于单一方程估计法得到的有限信息估计结果。所谓有限信息是指工业用电二氧化碳排放方程的估计都不考虑居民用电二氧化碳排放方程所能提供的信息，反之亦然。尽管如此，作为分析的起点，这一估计结果仍能提供重要的参考价值。其中，考虑到扰动项中可能包括一些同时影响排放和经济活动水平的变量，我们还需要考虑因加入经济活动变量而产生的内生性问题（如表7-2所示）。

表7-2　有限信息估计结果

解释变量	最小二乘法		二阶段最小二乘法	
	不考虑内生性		考虑内生性	
	工业	居民	工业	居民
lnp_in	-1.165***		-1.779***	
	(0.324)		(0.509)	
lnyper_in	0.0667**		0.508***	
	(0.0276)		(0.158)	
induratio_c	0.0314***		0.0172*	
	(0.00518)		(0.00888)	

解释变量	最小二乘法		二阶段最小二乘法	
	不考虑内生性		考虑内生性	
	工业	居民	工业	居民
$\ln p\_re$		−0.495*		−0.495*
		(0.267)		(0.267)
$\ln salary\_av$		0.611***		0.610***
		(0.148)		(0.150)
$\ln gashome\_c$		0.0114		0.0114
		(0.0276)		(0.0278)
$\ln gasoilhome\_c$		0.203***		0.203***
		(0.0234)		(0.0234)
$\ln popuintensity\_c$		0.130***		0.130***
		(0.0379)		(0.0380)
东部	0.315***	0.0178	−0.329	0.0182
	(0.110)	(0.0716)	(0.273)	(0.0724)
中部	−0.307***	0.0303	−0.620***	0.0304
	(0.111)	(0.0708)	(0.192)	(0.0710)
年份效应	控制	控制	控制	控制
常量	9.897***	−6.061**	15.27***	−6.061**
	(2.792)	(2.563)	(4.398)	(2.563)
观测值	259	259	259	259
R^2	0.263	0.496	−0.499	0.495

注：括号中的数据为标准误，*** 表示在1%水平下显著，** 表示在5%水平下显著，* 表示在10%水平下显著。

根据表7-2，两组设计下的电价均对二氧化碳排放产生反向作用，即电价水平越高，二氧化碳排放量越少，反之则越多。工业生产总值和第二产业所占比重对工业二氧化碳排放具有显著的正向作用；平均工资对居民二氧化碳排放具有显著的正向作用。同时，人均家庭用气量也会促进二氧化碳排放的增加。考虑内生性问题后，工业电价对二氧化碳排放的响应程度明显增强。为了进一步考虑交叉补贴带来的工业电价与居民电价之间的内在联系，我们通过系统估计法重新估计（如表7-3所示）。

表 7-3　完备信息估计结果

解释变量	三阶段最小二乘法			
	不考虑内生性		考虑内生性	
	工业	居民	工业	居民
lnp_in	−1.274***		−1.812***	
	(0.306)		(0.494)	
lnyper_in	0.0448*		0.504***	
	(0.0259)		(0.153)	
induratio_c	0.0289***		0.0164*	
	(0.00485)		(0.00861)	
lnp_re		−0.443*		−0.461*
		(0.251)		(0.259)
lnsalary_av		0.517***		0.610***
		(0.141)		(0.146)
lngashome_c		0.000170		0.0100
		(0.0260)		(0.0269)
lngasoilhome_c		0.174***		0.201***
		(0.0220)		(0.0227)
lnpopuintensity_c		0.0966***		0.124***
		(0.0355)		(0.0368)
东部	0.375***	0.0412	−0.315	0.0183
	(0.106)	(0.0695)	(0.265)	(0.0702)
中部	−0.256**	0.0188	−0.607***	0.0293
	(0.108)	(0.0686)	(0.186)	(0.0689)
年份效应	控制	控制	控制	控制
常量	10.98***	−6.486***	15.60***	−6.274**
	(2.637)	(2.415)	(4.264)	(2.485)
观测值	259	259	259	259
R^2	0.259	0.488	−0.486	0.495

注：括号中的数据为标准误，*** 表示在 1% 水平下显著，** 表示在 5% 水平下显著，* 表示在 10% 水平下显著。

根据表 7-3，我们发现估计结果的大致特征与基于单方程估计法的结果基本近似，同时存在两个明显差异：工业电价对二氧化碳排放的影响程度有所提升；居民电价对二氧化碳排放的影响程度有所下降。这恰是由交叉补贴造成的。交叉补贴使工业电力用户承担了额外的负担，假设不存在这种负担而估计方程，将低估用户对电价的敏感性，如果控制或剔除这种负担造成的影响，那么价格敏感性会相应提升。这与理论预期完全一致。通过一个简单的线性需求方程可以证明，当电价包括对其他用户的交叉补贴后，面对此价格的用户的供给价格弹性将下降，而享受价格补贴的用户的需求价格弹性将提升。在单方程估计下，由于未控制这种影响，两类用户的价格弹性偏离真实值，而系统估计则校正了这种偏离，因此，基于系统估计法得到的结果代表了真实的影响关系，这也成为我们下面进行政策模拟的基础。

2. 稳健性检验

之前的分析基于人均变量估计的模式，为了考察这些关键变量之间的关系是否稳健，我们采用总量变量来重新估计，得到了基本一致的估计结果（如表 7-4 所示）。综合比较来看，虽然估计值有所变化，但核心变量之间的影响关系总体上比较稳健，并未对我们的实证结论造成明显影响。这就允许我们可以根据以上实证结果进行进一步的政策模拟与讨论。

表 7-4　稳健性检验

解释变量	三阶段最小二乘法			
	不考虑内生性		考虑内生性	
	工业	居民	工业	居民
lnp_in	-1.153 ***		-1.393 **	
	(0.351)		(0.657)	
ln$yper\_in$	0.139 ***		0.780 ***	
	(0.0273)		(0.105)	
$induratio\_c$	0.0207 ***		0.00554	
	(0.00537)		(0.00928)	
lnp_re		-0.3977 *		-0.400 *
		(0.330)		(0.252)
ln$salary\_av$		0.632 ***		0.845 ***
		(0.202)		(0.217)
ln$gashome\_c$		0.193 ***		0.270 ***
		(0.0257)		(0.0275)

解释变量	三阶段最小二乘法			
	不考虑内生性		考虑内生性	
	工业	居民	工业	居民
lngasoilhome_c		0.203***		0.251***
		(0.0316)		(0.0337)
lnpopuintensity_c		0.109**		0.185***
		(0.0446)		(0.0480)
东部	0.505***	0.352***	−0.637***	0.273***
	(0.123)	(0.0888)	(0.233)	(0.0895)
中部	−0.213*	0.154*	−0.795***	0.157*
	(0.126)	(0.0900)	(0.199)	(0.0890)
年份效应	控制	控制	控制	控制
常量	15.94***	−3.110	20.25***	−4.022
	(2.991)	(3.373)	(5.387)	(3.593)
观测值	288	288	288	288
R^2	0.372	0.664	−0.377	0.691

注：括号中数据为标准误，*** 表示在1%水平下显著，** 表示在5%水平下显著，* 表示在10%水平下显著。

（二）政策模拟分析

我们在假设其他条件不变的情况下，专门考察不同电价政策对电力需求引致型二氧化碳排放的影响。我们设计了三种可能的电价改革策略。

电价改革策略 1：工业电价降1%，居民电价不变。

电价改革策略 2：工业电价与居民电价同比反向调整，即工业电价降1%，居民电价涨1%，从而形成一种增量平衡策略，即增量无交叉补贴。

电价改革策略 3：工业电价降1%，居民电价上涨至无交叉补贴，即存量无交叉补贴。

三种电价改革策略的设计都针对中国电力改革的现实状况。2015 年底中央经济工作会议确定了通过降低电价和推进市场化改革为企业减轻负担的方针，并明确指出了指导性的目标，即平均每千瓦时降 3 分钱。降电价主要针对工商业企业，而市场化改革则旨在理顺定价机制和价格结构。从短期来

看，工业电价下降有众多政策手段，而居民电价则难以调整，特别是在
2012年阶梯电价在全国推广以后，居民电价调整只是缓慢进行。从中期来
看，为了缓解工业电价下调带来的交叉补贴负担的增加，有可能适度提高居
民电价。从长期来看，随着电力市场化改革的深入，交叉补贴需要彻底消
除。三种改革策略带来的二氧化碳排放水平变化如表7-5所示。

表7-5　三种改革策略带来的二氧化碳排放水平变化

单位：万吨

年份	电价改革策略1			电价改革策略2			电价改革策略3		
	增加量	减少量	净增量	增加量	减少量	净增量	增加量	减少量	净增量
2006	12.75	——	12.75	12.75	0.87	11.88	12.75	3.66	9.09
2007	14.15	——	14.15	14.15	0.95	13.20	14.15	4.06	10.09
2008	15.09	——	15.09	15.09	1.00	14.09	15.09	4.33	10.76
2009	15.19	——	15.19	15.19	1.18	14.01	15.19	4.36	10.83
2010	17.28	——	17.28	17.28	1.27	16.02	17.28	4.96	12.32
2011	18.53	——	18.53	18.53	1.37	17.16	18.53	5.32	13.21
2012	19.22	——	19.22	19.22	1.54	17.68	19.22	5.52	13.70
2013	19.81	——	19.81	19.81	1.63	18.18	19.81	5.69	14.12
2014	20.59	——	20.59	20.59	1.67	18.92	20.59	5.91	14.68

注：增加量表示工业电力需求引致型二氧化碳排放的增加量；减少量表示居民电力需求引致型
二氧化碳排放的减少量；净增量表示电价改革策略的综合效果。

　　表7-5表明，在不考虑其他政策的效果时，单纯的电价改革将带来二
氧化碳排放水平的增加。这种增加主要来自工业电力需求引致型二氧化碳排
放。在各年电价水平下，如果工业电价降1%，居民电价不变，那么相应的
二氧化碳排放在2006年会增加12.75万吨，而到2014年则会增加20.59万
吨。在这种情况下，单纯依靠提高居民电价将无法弥补这一排放缺口。如果
居民电价与工业电价同比反向调整，即工业电价降1%，居民电价涨1%，
那么居民电价提升产生的二氧化碳排放减少量不到工业电价调整产生的排放
增加量的10%。如果将工业电价降1%，居民电价涨至无交叉补贴，那么减

排效果也不高。如表 7-5 中最后一列结果所示，按 2014 年数据计算，即便居民电价完全消除交叉补贴，理顺的定价结构仍然会产生 14.68 万吨的二氧化碳排放净增量。

还有一点值得注意，随着时间的推移，电价改革所产生的二氧化碳排放净增量也会不断增加（如图 7-1 所示）。这种变化主要受到经济增长、居民收入水平等因素的影响。这反映了电价改革的现实迫切性，电价改革进度越慢，所面临的减排压力就越大。

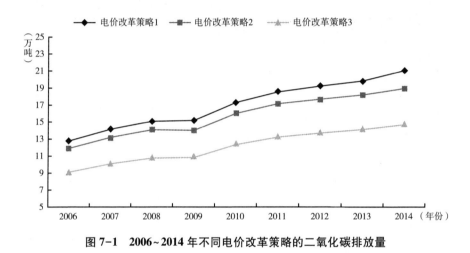

图 7-1　2006~2014 年不同电价改革策略的二氧化碳排放量

如果我们令电价改革能够保持二氧化碳排放中性，即在降低工业电价带来的二氧化碳排放增加量等于提高居民电价带来的二氧化碳排放减少量，那么居民电价应相应提高多少呢？表 7-6 模拟得到了这种情形的结果。

表 7-6 表明，保持二氧化碳排放中性，居民电价需要进行幅度较大的调整。从整体样本来看，工业电价下降 1%，按 2014 年数据计算，居民电价需提高 5.1568%。如果工业电价下降 10%，那么居民电价需要上涨一半以上。很明显，这是一项比较艰巨的任务，可以从一个侧面反映出 2012 年全国推行居民用电阶梯定价的原因。但是这项政策的特点是基本覆盖了 80%~90% 的用电量，与阶梯定价的理论性质存在明显差距。实际上，电价主管部门对居民电价的调整长期以来都采取保守策略，导致居民电价很难在短期内

实现大幅度调整，这就决定了难以实现二氧化碳排放中性。综上所述，在不考虑其他政策工具的条件下，旨在理顺电价结构的改革客观上必然会带来二氧化碳排放控制的压力。

表7-6 保持二氧化碳排放中性的居民电价调整比例

单位：%

年份	比例
2006	7.1823
2007	6.8549
2008	7.2482
2009	5.5140
2010	5.7419
2011	5.9556
2012	5.4661
2013	5.2365
2014	5.1568
平均	6.0458

注：保持二氧化碳排放中性的背景是工业电价下降1%。

三 政策讨论

根据上述实证分析和政策模拟结果，我们可以探讨电价政策与碳排放政策中的一些问题，并找出协调推进两大领域改革的权衡之策。

电力行业是二氧化碳排放的主要来源之一，电价在控制二氧化碳排放中将发挥关键性作用。由于电力的物理特性及电力行业在国民经济和人民生活中的基础性地位，控制电力需求引致型的二氧化碳排放，必须以还原电力商品属性、合理确定电力价格、理顺电价结构为根本前提。扭曲的电价结构无法发挥控制碳排放与应对气候变化的作用。

中国的电价改革目前承受着为工商业企业减负的重担，处于控制碳排放和应对气候变化的背景之下。实证研究表明，理顺电价结构将带来更大的碳排放增量，这就意味着，单纯依靠解决现有的电价交叉补贴问题，并不能有效应对气候变化压力。根据政策模拟结果，若不考虑碳排放成本，可行的电价调整政策就将无法降低碳排放水平；而能够控制碳排放的电价改革政策又不具有可行性。这就意味着，电价改革的内容必须更为丰富，或者说，令电价反映碳排放成本将是电价改革的基本内容之一。对中国而言，电价改革不仅包括校正已有的价格扭曲，消除工商业电价对居民电价的补贴，还要让电价结构更为合理以反映应对气候变化的机会成本。认清电价改革的双重任务，对于中国明确电力体制改革和碳排放交易机制改革均具有重要意义。因此，中国的电力体制改革和碳定价制度建设必须协调推进。

在协调推进的策略上，中国需要创新思路，把引入碳成本作为理顺电价结构的必要步骤，通过电价改革的契机引入碳成本，其好处是能够在很大程度上便利电价改革的推进。中国的工商业电价虽然较高，但这是以未纳入碳成本为前提的。消除交叉补贴需要降低工商业电价，而引入碳成本需要提高工商业电价。最终的改革效果取决于对两种价格变化的比较。这也就是说，目前，相对较高的工商业电价实际上为碳成本的引入预留了价格空间。这部分价格空间的用途将从提供交叉补贴转移到支付碳成本。对于居民电价而言，消除交叉补贴需要提高居民电价，引入碳成本也需要提高居民电价，但从改革的现实难度来看，以消除交叉补贴的名义提高居民电价将面临较大的社会阻力，而引入碳成本则具有合理的依据。

当然，利用消除交叉补贴的空间和契机引入碳成本，并不足以理顺电价结构。对电价结构的理顺根本上取决于系统的电力体制改革，其中包括市场机制的构建与规制机制的改革。新一轮电力体制改革的着力点在于构建竞争性电力市场，我们注意到，电力体制改革试点与已经推进的碳排放权交易市场试点并未实现有效衔接。许多电力市场改革试点致力于降低工商业电价，以应对宏观经济与电力行业的下行压力，缺乏统筹电力市场建设与碳排放权交易市场建设的动力。碳排放权交易市场建设本身面临机制探索问题，全国碳排放权交易市场建设面临重重阻力，这制约合理碳排放交易价格的形成。

尽管仍存在众多亟待解决的问题，但在全面深化改革的背景下，创新性地合力推进电力体制改革和碳排放交易机制改革仍具有可能性和可行性。2016 年，在杭州举行 G20 峰会之际，中国和美国率先批准有关应对气候变化的《巴黎协定》，标志着中国将在全球碳减排中承担更加重要的责任。在这一背景下，通过价格信号引导全社会的用能行为和碳排放行为，是顺应全面深化改革的根本方向。在当前许多进行区域或省区市电力市场改革的试点中，令碳成本进入电价并传递给电力用户的机制改革已经有一定基础。比如，北京、广东和重庆这些双试点地区，完全有条件将电力体制改革政策与已有碳排放交易机制结合起来。对于有可能推进电力现货市场建设的区域或省区市，推进电力交易机制和碳排放交易机制的协调运行，更是进行改革时应考虑的基本内容之一。当然，我们也要注意到，在当前的宏观经济和电力行业形势下，各试点地区面临较大的"保增长"压力，从而使决策者更倾向于采取有利于降低电价而非提高电价的政策。针对这种情况，我们必须正确把握短期增长效果与长期增长机制的权衡关系，引入碳成本是电价改革的基本内容，理顺电价结构才能发挥碳定价机制的作用，并有效地引导电力资源配置，这种机制的完善恰恰为经济增长注入长期活力。

四 结论

本节利用 2006～2014 年的市级数据，通过实证考察工业电价和居民电价对相应电力需求引致型二氧化碳排放的影响，分析了不同电价改革政策对碳排放的影响及电价改革在应对气候变化中所面临的问题，强调了协调推进电力体制改革与构建碳排放交易机制的重要性。

顺利实现碳中和和碳达峰，履行中国在《巴黎协定》中的承诺，会受到电力价格改革的深刻影响。中国电价结构在中长期存在严重的交叉补贴问题，导致价格信号扭曲，减少或消除价格交叉补贴是电价改革政策的目标之一。工业电力需求和居民电力需求引致型二氧化碳排放对价格的敏感度不同，这就导致单纯依靠电价改革未必有利于二氧化碳的排放控制。实证结果表明，缺乏碳定价机制的配合，理顺电价结构的改革将使二氧化碳排放净增加。这使我们必须重视两个方面的因素：一方面，电价调整决策需要考虑对二氧化碳排放的影响，理顺电价结构需要碳价政策的配合；另一方面，碳价政策的潜在效果必须以理顺的电价机制为制度前提。在当前形势下，电价改革客观上为在电价中引入碳成本提供了契机和空间，尽管面临困难，但这是未来改革必须调整的方向。

参考文献

〔英〕萨布海斯·C.巴塔查亚，2015，《能源经济学》，冯永晟、周亚敏译，经济管理出版社。

方军、张永平等，2001，《输电阻塞管理的新方法述评（一）：——基于潮流的可交易输电权》，《电网技术》第7期。

张永平、方军等，2001，《输电阻塞管理的新方法述评（二）：金融性输电权及与FGR之比较》，《电网技术》第9期。

冯永晟、马源，2008，《论输配电网的自然垄断属性》，《电力技术经济》第2期。

冯永晟，2010，《电力产业的纵向经济与电力体制改革》，《财贸经济》第6期。

冯永晟，2014a，《纵向结构的配置效率与中国电力体制改革》，《财贸经济》第7期。

冯永晟，2014b，《非线性定价组合与电力需求——基于中国居民微观数据的实证研究》，《中国工业经济》第2期。

冯永晟，2016，《电改：变型的计划不是市场》，《中国能源报》5月20日第5版。

冯永晟、马源、张昕竹，2008，《配电网的规模经济：一个理论与实证分析框架》，《数量经济技术经济研究》第11期。

冯永晟、张昕竹，2008，《输配电网管理体制改革与接入监管》，《电力技术经济》第5期。

张昕竹、冯永晟、马源，2010，《中国电网管理体制改革研究》，江西人民出版社。

高世楫、俞敏，2021，《中国提出"双碳"目标的历史背景、重大意义和变革路径》，《新经济导刊》第 2 期。

葛晓敏，2012，《中国二线光伏组件价格跌破 1 美元/W》，《太阳能》第 6 期。

国家能源局，2012，《可再生能源发展"十二五"规划》。

侯建朝、史丹，2014，《中国电力行业碳排放变化的驱动因素研究》，《中国工业经济》第 6 期。

黄少中，2009，《中国电价改革回顾与展望——献给改革开放三十周年》，《价格理论与实践》第 5 期。

刘思东、朱帮助，2015，《考虑碳排放权交易和电价风险的发电商优化调度》，《系统工程理论与实践》第 8 期。

李继峰、郭焦锋、高世楫、陈怡，2021，《我国实现 2060 年前碳中和目标的路径分析》，《发展研究》第 4 期。

李英，2006，《我国电价水平的国际比较》，《国家电网》第 10 期。

林伯强，2005，《中国电力工业发展：改革进程与配套改革》，《管理世界》第 8 期。

时璟丽，2008a，《关于在电力市场环境下建立和促进可再生能源发电价格体系的研究》，《中国能源》第 1 期。

时璟丽，2008b，《可再生能源电力定价机制和价格政策研究》，《中国电力》第 4 期。

史丹、杨帅，2012，《完善可再生能源价格的政策研究——基于发电价格补贴政策与实践效果的评述》，《价格理论与实践》第 6 期。

史连军、韩放，2000，《中国电力市场的现状与展望》，《电力系统自动化》第 3 期。

潘家华、廖茂林、陈素梅，2021，《碳中和：中国能走多快?》，《改革》第 7 期。

王常凯、谢宏佐，2015，《中国电力碳排放动态特征及影响因素研究》，《中国人口·资源与环境》第 4 期。

王建林，2014，《电价约束下碳排放交易对中国电力行业的影响》，《产业组织评论》第 3 期。

张晓龙、杜松怀、苏娟、范婷婷，2015，《考虑碳排放价格的电力市场均衡分析》，《智能电网》第 9 期。

王正明、路正南，2008，《我国风电上网价格形成机制研究》，《价格理论与实践》第 9 期。

阎海燕、徐波、徐逸飞，2010，《我国光伏产业发展问题探讨——兼论太阳能电池组件价格变动及其影响》，《价格理论与实践》第 7 期。

杨贺、刘金平，2011，《我国风电的经济合理性及上网价格政策研究》，《山西财经大学学报》第 10 期。

曾鸣、刘中书、吴至复，2006，《电力市场中金融输电权理论及其应用研究》，《中国电力教育》第 S1 期。

张昕竹、冯永晟，2007，《输配电管理体制的理论研究》，内部研究报告。

张昕竹、冯永晟等，2008，《电网市场功能的理论研究》，内部研究报告。

张昕竹、冯永晟、阙光辉，2010，《输配电网分离的定量研究》，《中国工业经济》第 2 期。

周亚敏、冯永晟，2017，《中国的电价改革与二氧化碳排放——来自市级层面的实证研究与政策启示》，《城市与环境研究》第 1 期。

〔美〕周定山，2005，《西方国家电力体制改革实践及经验教训》，中国水利水电出版社。

Aghion, P., R. Griffith, P. Howitt, 2006, "Vertical Integration and Competition," *American Economic Review*, Vol. 96, No. 2.

Alvarado, F. L., 1998, "Market Power: A Dynamic Definition," *The Bulk Power Systems Dynamics and Control*, Vol. IV.

Anderson, E. J., A. B. Philpott, H. Xu, 2007, "Modelling the Effects of Interconnection between Electricity Markets Subject to Uncertainty," *Mathematical*

Methods of Operations Research, Vol. 65, No. 1.

Anthony, P., Blair Beasley, Karen Palmer, 2013, "Taxing Electricity Sector Carbon Emissions at Social Cost," Resources for the Future Discussion Paper 13-23-REV.

Arellano, M. S., P. Serra, 2008, "The Competitive Role of Transmission System in Price-Regulated Power Industries," *Energy Economics*, Vol. 30, No. 4.

Bacon, R. W., J. Besant-Jones, 2001, "Global Electric Power Reform, Privatization, and Liberalization of the Electric Power Industry in Developing Countries," *Annual Review of Energy and the Environment*, Vol. 26, No. 1.

Baldick, R., 2003, "Shift Factors in ERCOT Congestion Pricing," Working Paper.

Baldick, R., E. Kahn, 1992, "Transmission Planning in the Era of Integrated Resource Planning: A Survey of Recent Cases," Lawrence Berkeley Laboratory, LBL-32231.

Baldick, R., E. Kahn, 1993, "Network Costs and the Regulation of Wholesale Competition in Electric Power," *Journal of Regulatory Economics*, Vol. 5, No. 4.

Bain, J., 1956, *Barriers to New Competition*, Cambridge, MA: Harvard University Press.

Bain, J., 1959, *Industrial Organization*, New York: John Wiley & Sons.

Barker, J., 1997, "Governance and Regulation of Power Pools and System Operators: An International Comparison," World Bank Publications, Vol. 382.

Barmack, M., P. Griffes, E. Kahn, S. Oren, 2003, "Performance Incentives for Transmission," *The Electricity Journal*, Vol. 16, No. 3.

Bauer, F., C. Bremberger, M. Rammerstorfer, 2010, "The Impact of Different Unbundling Scenarios on Concentration and Wholesale Prices in Energy Market," Working Paper.

Baumol, W. J., J. C. Panzar, R. D. Willig, 1982, *Contestable Markets and the Theory of Industry Structure*, New York: Harcourt Brace Jovanovich.

Bautista, Guillermo, Victor H. Quintana, 2005, "Screening and Mitigation of Exacerbated Market Power Due to Financial Transmission Rights," *IEEE Transactions on Power Systems*, Vol. 20, No. 1.

Beat Hintermann, 2014, "Pass-through of CO_2 Emission Costs to Hourly Electricity Prices in Germany," CESIFO Working Paper No. 4964.

Bhattacharyya, A., T. F. Glover, 1993, "Profit Inefficiency of Indian Farms: A System Approach," *Journal of Productivity Analysis*, Vol. 4.

Bohn, R. E., B. W. Golub, R. D. Tabors, F. C. Schweppe, 1984, "Deregulating the Generation of Electricity through the Creation of Spot Markets for Bulk Power," *Energy Journal*, Vol. 5.

Bohn, R., M. Caramanis, F. Schweppe, 1984, "Optimal Pricing in Electrical Networks over Space and Time," *The Rand Journal of Economics*, Vol. 15, No. 3.

Bohn, R., 1982, Spot Pricing of Public Utility Services, MIT Energy Laboratory Report No. MIT – EL 82 – 031, Cambridge, Mass., Massachusetts Institute of Technology.

Bolinger, M., 2004, *A Survey of State Support for Community Wind Power Development*, Berkeley, CA: Lawrence Berkeley National Laboratory, Prepared for the Clean Energy States Alliance.

Bolle, F., Y. Breitmoser, 2006, "On the Allocative Efficiency of Ownership Unbundling," Discussion Paper No. 255, European University Viadrina Frankfurt (Oder).

Borenstein, S., 2000, "Understanding Competitive Pricing and Market Power in Wholesale Electricity Markets," *The Electricity Journal*, Vol. 13, No. 6.

Borenstein, S., 2009, "To What Electricity Price Do Consumers Respond? Residential Demand Elasticity under Increasing-Block Pricing," Working Paper, University of California Energy Institute, U. S. .

Borenstein, S., J. Bushnell, 1999, "Electricity Restructuring: Deregulation or Reregulation?" *Regulation*, Vol. 23, No. 2.

Borenstein, S., J. Bushnell, S. Stoft, 2000, "The Competitive Effects of Transmission Capacity in a Deregulated Electricity Industry," *The Rand Journal of Economics*, Vol. 31, No. 2.

Borenstein, S., J. Bushnell, F. Wolak, 2002, "Measuring Market Inefficiencies in California's Restructured Wholesale Electricity Market," *American Economic Review*, Vol. 92, No. 5.

Bower, J., D. W. Bunn, 2000, "Model-Based Comparisons of Pool and Bilateral Markets for Electricity," *Energy Journal*, Vol. 21, No. 3.

Burtless, G., J. A. Hausman, 1978, "The Effect of Taxation on Labor Supply: Evaluating the Gary Negative Income Tax Experiment," *Journal of Political Economy*, Vol. 86, No. 6.

Bushnell, J., 1999, "Transmission Rights and Market Power," *The Electricity Journal*, Vol. 12.

Bushnell, J., 2004, "California's Electricity Crisis: A Market apart?" *Energy Policy*, Vol. 32, No. 9.

Bushnell, J., E. T. Mansur, C. Saravia, 2004, "Market Structure and Competition: A Cross-Market Analysis of U. S. Electricity Deregulation," CSEM Working Paper 126, University of California Energy Institute.

Bushnell, J., C. Wolfram, 2005, "Ownership Change, Incentives and Plant Efficiency," Center for Study of Energy Markets Working Paper 140.

Bushnell, J., F. Wolak, 1999, "Regulation and the Leverage of Local Market Power in the California Electricity Market," Power Working Paper PWP-070R, University of California Energy.

Bushnell, J., S. Stoft, 1996, "Electric Grid Investment under a Contract Network Regime," *Journal of Regulatory Economics*, Vol. 10.

Bushnell, J., S. Stoft, 1997, "Improving Private Incentives for Electric Grid

Investment," *Resource and Energy Economics*, Vol. 19.

Cardell, J. B. , C. C. Hitt, W. W. Hogan, 1997, "Market Power and Strategic Interaction in Electricity Networks," *Resource and Energy Economics*, Vol. 19, No. 1.

Ceriani, L. , M. Florio, 2011, "Consumer Surplus and the Reform of Network Industries: A Primer," *Journal of Economics*, Vol. 102, Issue 2.

Chao, H. , H. G. Huntington, 1998, *Designing Competitive Electricity Markets*, *International Series in Operations Research & Management Science*, Boston, MA: Springer US.

Chao, H. , S. Peck, 1996, "A Market Mechanism for Electric Power Transmission," *Journal of Regulatory Economics*, Vol. 10, No. 1.

Chao, H. , S. Peck, 1997, "An Institutional Design for an Electricity Contract Market with Central Dispatch," *The Energy Journal*, Vol. 18.

Chao, H. , S. Peck, Shmuel S. Oren, Robert B. Wilson, 2000, "Flow-Based Transmission Rights and Congestion Management," *The Electricity Journal*, Vol. 13, No. 8.

Cho, In-Koo, 2003, "Competitive Equilibrium in a Radial Network," *The Rand Journal of Economics*, Vol. 34, No. 3.

Cho, In-Koo, Kim, Hyunsook, 2007, "Market Power and Network Constraint in a Deregulated Electricity Market," *The Energy Journal*, Vol. 28, No. 2.

Christiansen, A. C. , A. Arvanitakis, K. Tangen, H. Hasselknippe, 2005, "Price Determinants in the EU Emissions Trading Scheme," *Climate Policy*, Vol. 5.

Commission of the European Communities, 2005, *Report on Progress in Creating the Internal Gas and Electricity Market*, Luxembourg: European Union.

Convery, F. J. , L. Redmond, 2007, "Market and Price Developments in the European Union Emissions Trading Scheme, " *Review of Environmental Economics and Policy*, Vol. 1, No. 1.

Coria, J., J. Jaraitė, 2019, "Transaction Costs of Upstream Versus Downstream Pricing of CO_2 Emissions," *Environmental and Resource Economics*, Vol. 72, No. 4.

Couture, T., K. Cory, E. Williams, 2010, "A Policymaker's Guide to Feed-in Tariff Policy Design," Technical Report, NREL/TP-6A2-44849.

Cramton, P., S. Stoft, 2006, "The Convergence of Market Designs for Adequate Generating Capacity," White Paper for the California Electricity Oversight Board.

Cramton, P., A. Ockenfels, S. Stoft, 2013, "Capacity Market Fundamentals," *Economics of Energy & Environmental Policy*, Vol. 2, No. 2.

Cremer, H., J. Crémer, P. D. Donder, 2006, "Legal vs Ownership Unbundling in Network Industries," IDEI Working Paper.

Dahl, C. A., 1993, "A Survey of Energy Demand Elasticities in Support of the Development of the NEMS," MPRA Paper No. 13962, Colorado U. S..

De Bartolome, A. M. Charles, 1995, "Which Tax Rate Do People Use: Average or Marginal?" *Journal of Public Economics*, Vol. 56, No. 1.

Deng, S., S. Oren, 2003, "Will Price Discovery and Learning Lead to Convergence of FTR Auction Prices to the Value of Hedged Congestion?" Presentation at IEEE-PES Meeting Toronto.

Diekmann, J. (Coordinator), 2008, "Economic Analysis and Evaluation of the Effects of the Renewable Energy Act," Prepared for the Federal Ministry for the Environment, Nature Conservation and Nuclear Safety by DIW, DLR, ZSW, IZES, Berlin, Stuttgart, Saarbrucken.

Dietl, H. M., T. Duschl, M. Grossmann, M. Lang, 2011, "Explaining Cooperative Enterprises through Knowledge Acquisition Outcomes," University of Zurich-Institute for Strategy and Business Economics-Working Paper No. 68.

EIA, 2012, Annual Energy Outlook 2012.

EPRI, 2009, "Program on Technology Innovation: Integrated Generation

Technology Options, Technical Update," Electric Power Research Institute, Palo Alto, California.

Espey, J. A., M. Espey, 2004, "Turning on the Lights: A Meta-analysis of Residential Electricity Demand Elasticities," *Journal of Agricultural and Applied Economics*, Vol. 36, No. 1.

EU, 2005, Vertical Separation of the Energy-Distribution Industry: An Assessment of Several Options for Unbundling.

Evans, D., S. Grossman, Edited by David S. Evans, 1983, "*Integration*" in *Breaking up Bell Essays on Industrial Organization and Regulation*, New York: North-Holland.

Evans, L., R. Meade, 2001, "Economic Analysis of Financial Transmission Rights (FTRs) with Specific Reference of the Transpower Proposal for New Zealand," SCSR.

Farrell, M. J., 1957, "The Measurement of Productive Efficiency," *Journal of the Royal Statistical Society*, Series A.

Fraquelli, G., M. Piacenza, D. Vannoni, 2005, "Cost Saving from Generation and Distribution with an Application to Italian Electric Utilities," *Journal of Regulatory Economics*, Vol. 28, No. 3.

Gabor, A., 1955, "A Note on Block Tariffs," *Review of Economic Studies*, Vol. 23, No. 1.

Gan, D., D. V. Bourcier, 2002, "Locational Market Power Screening and Congestion Management: Experience and Suggestions," *IEEE Transactions on Power System*, Vol. 17.

Germany, Stromeinspeisungsgesetz (StrEG), 1990, Germany's Act on Feeding Renewable Energies into the Grid.

Gilbert, R., E. Kahn, 1996, *International Comparisons of Electricity Regulation*, Cambridge: Cambridge University Press.

Gilbert, R., K. Neuhoff, D. Newbery, 2004, "Allocating Transmission to

Mitigate Market Power in Electricity Networks," *The Rand Journal of Economics*, Vol. 35, No. 4.

Gilsdorf, K., 1994, "Vertical Integration Efficiencies and Electric Utilities: A Cost Complementarity Perspective," *The Quarterly Review of Economics and Finance*, Vol. 34, No. 3.

Gilsdorf, K., 1995, "Testing for Subadditivity of Vertically Integrated Electric Utilities," *Southern Economic Journal*, Vol. 62, No. 1.

Gollier, C., 2021, "The Cost-Efficiency Carbon Pricing Puzzle," CEPR Discussion Paper No. DP15919.

Green, R., 1996, "Increasing Competition in the British Electricity Spot Market," *Journal of Industrial Economics*, Vol. 44, No. 2.

Green, R., 2004, "Did English Generators Play Cournot? Capacity Withholding in the Electricity Pool," CMI Working Paper 41.

Green, R., D. Newbery, 1992, "Competition in the British Electricity Spot Market," *Journal of Political Economy*, Vol. 100, No. 5.

Griffin, J. M., S. L. Puller, 2005, *Electricity Deregulation-Choices and Challenges*, Chicago: The University of Chicago Press.

Grossman, S., O. Hart, 1986, "The Costs and Benefits of Ownership: A Theory of Vertical Integration," *Journal of Political Economy*, Vol. 94, No. 4.

Gutiérrez-Alcaraz, Guillermo, Gerald B. Sheblé, 2007, "Blocking Strategies against Financial Transmission Right's Market Power," International Conference on Intelligent Systems Applications to Power Systems.

Hall, R., 1973, "Wages, Income, and Hours of Work in the U. S. Labor Force," in G. Cain, H. Watts, eds., *Income Maintenance and Labor Supply*, New York: Academic Press.

Halvorsen, R., 1991, "The Effects of Tax Policy on Investment in Agriculture," *Review of Economics and Statistics*, Vol. 73.

Hart, O., J. Moore, 1990, "Property Rights and the Nature of the Firm,"

Journal of Political Economy, Vol. 98, No. 6.

Harvey, S. M., W. W. Hogan, Susan L. Pope, 1996, "Transmission Capacity Reservations Implemented through a Spot Market with Transmission Congestion Contracts," *The Electricity Journal*, Vol. 9, No. 9.

Harvey, S. M., W. W. Hogan, 2002a, "Market Power and Market Simulations," Mimeo, Harvard Electricity Policy Group.

Harvey, S. M., W. W. Hogan, 2002b, "Loss Hedging Financial Transmission Rights," Working Paper.

Hausman, J. A., 1985, "The Econometrics of Nonlinear Budget Sets," *Econometrica*, Vol. 53, No. 6.

Hansmann, H., 1996, *The Ownership of Enterprise*, Belknap Harvard.

Hayashi, P. M., J. Y. Goo, W. C. Chamberlain, 1997, "Vertical Economies: The Case of U. S. Electric Utility Industry, 1983 – 1987," *Southern Economic Journal*, Vol. 63, No. 3.

Held, A., M. Ragwitz, C. Huber, G. Resch, T. Faber, K. Vertin, 2007, *Feed-in Systems in Germany, Spain and Slovenia: A Comparison*, Karlsruhe, Germany: Fraunhofer Institute Systems and Innovations Research.

Henderson, J. S., Edited by A. C. Michael, 1985, "Cost Estimation for Vertically Integrated Firms: The Case of Electricity," *Analyzing the Impact of Regulatory Change in Public Utilities*, Lexington, Mass: Lexington Books.

Heshmati, A., 2012, "Survey of Models on Demand, Customer Base-Line and Demand Response and Their Relationships in the Power Market," IZA Discussion Paper No. 6637, Bonn Germany.

Höffler, F., S. Kranz, 2011a, "Legal Unbundling Can be a Golden Mean between Vertical Integration and Ownership Separation," *International Journal of Industrial Organization*, Vol. 29.

Höffler, F., S. Kranz, 2011b, "Imperfect Legal Unbundling of Monopolistic Bottlenecks," *Journal of Regulatory Economics*, Vol. 39, Issue 3.

Höffler, F. , S. Kranz, 2015, "Using forward Contracts to Reduce Regulatory Capture," *The Journal of Industrial Economics*, Vol. 63, No. 4.

Hogan, W. , 1992, "Contract Networks for Electric Power Transmission," *Journal of Regulatory Economics*, Vol. 4, No. 3.

Hogan, W. , 1995, "A Wholesale Pool Spot Market Must Be Administered by the Independent System Operator: Avoiding the Separation Fallacy," *Electricity Journal*, Vol. 8, No. 10.

Hogan, W. , Comments on Joskow, Tirole, Johnsen, Verma, Wolfman, 2000a, "Market Power in Theory and Practice," Power Conference, University of California, Berkeley, CA.

Hogan, W. , 2000b, "Flowgate Rights and Wrongs," Center for Business and Government, JFK School of Government, Harvard University.

Hogan, W. , 2000c, "Financial Transmission Right Incentives: Applications beyond Hedging," Presentation to HEPG Twenty-Eight Plenary Sessions.

Hogan, W. , 2002, "Financial Transmission Right Formulations," Working Paper, Center for Business and Government, John F. Kennedy School of Government, Harvard University, Cambridge, MA.

Hogan, W. , 2003, "Transmission Market Design," Paper Prepared for the Conference " Electricity Deregulation: Where form Here?" at the Bush Presidential Conference Center, Texas A&M University.

Hogan, W. , 2005, "On an 'Energy-Only' Electricity Market Design for Resource Adequacy," Paper Prepared for the California ISO.

Hogan, W. , J. Rosellón, I. Vogelsang, 2010, " Toward a Combined Merchant-Regulatory Mechanism for Electricity Transmission Expansion," *Journal of Regulatory Economics*, Vol. 38, No. 2.

Hunt, S. , G. Shuttleworth, 1996, *Competition and Choice in Electricity*, New York: John Wiley & Sons Ltd.

Ibrahim Ahamada, Djamel Kirat, 2012, "Evidence of a Nonlinear Effect of the EU ETS on the Electricity-generation Sector, " CES Working Paper.

IEA, 2008, *Deploying Renewables: Principles for Effective Policies.*

IEA, 2009, *Renewables Information.*

Ito, K., 2014, "Do Consumers Respond to Marginal or Average Price? Evidence from Nonlinear Electricity Pricing," *American Economic Review*, Vol. 104, No. 2.

Jasmsb, T., M. Pollitt, 2001, "Benchmarking and Regulation: International Electricity Experience," *Utilities Policy*, Vol. 9, No. 3.

Jamasb, T., 2002, "Refrom and Regulation of The Electricity Sectors in Developing Countries," Department of Applied Economics, University of Cambridge.

Joskow, P., 2000, "Why Do We Need Electricity Retailers? Or Can You Get It Cheaper Wholesale?" Working Paper, MIT.

Joskow, P., 2001, "California's Electricity Crisis," *Oxford Review of Economic Policy*, Vol. 17, No. 3.

Joskow, P., 2003, "Electricity Sector Restructuring and Competition: Lessons Learned," *Cuadernos de Economia*, Vol. 40, No. 121.

Joskow, P., 2005, "Patterns of Transmission Investment," Working Paper.

Joskow, P., 2007, "Regulation of Natural Monopoly," Handbook of Law and Economics, Elsevier.

Joskow, P., 2008, "Incentive Regulation and Its Application to Electricity Networks," *Review of Network Economics*, Vol. 7, No. 4.

Joskow, P., E. Kahn, 2002, "A Quantitative Analysis of Pricing Behavior in California's Wholesale Electriciy Market during 2000," *The Energy Journal*, Vol. 23, No. 4.

Joskow, P., J. Tirole, 2000, "Transmission Rights and Market Power on Electric Power Networks," *The Rand Journal of Economics*, Vol. 31, No. 3.

Joskow, P., J. Tirole, 2002, Transmission Investment: Alternative Institutional Frameworks, Draft, MIT.

Joskow, P., J. Tirole, 2005a, "Merchant Transmission Investment," *Journal of Industrial Economics*, Vol. 53, No. 2.

Joskow, P., J. Tirole, 2005b, Reliability and Competitive Electricity Markets-Supplementary Material: Procurement by the ISO, Working Paper, MIT.

Joskow, P., J. Tirole, 2006, "Retail Electricity Competition," *The Rand Journal of Economics*, Vol. 37, No. 4.

Joskow, P., J. Tirole, 2007, "Reliability and Competitive Electricity Markets," *The Rand Journal of Economics*, Vol. 38, No. 1.

Joskow, P., R. Schmalensee, 1983, *Markets for Power: An Analysis of Electric Utility Deregulation*, Cambridge, Massachusetts, London, England: The MIT Press.

Joung, M., R. Baldick, Y. S. Son, 2008, "The Competitive Effects of Ownership of Financial Transmission Tights in a Deregulated Electricity Industry," *The Energy Journal*, Vol. 29, No. 2.

Junginger, M., A. Faaij, W. C. Turkenburg, 2005, "Global Experience Curves for Wind Farms," *Energy Policy*, Vol. 33, No. 2.

Kahn, Alfred E., 1988, *The Economics of Regulation: Principles and Institutions*, Cambridge, Massachusetts, London, England: The MIT Press.

Kanen, J. L. M., 2006, *Carbon Trading and Pricing*, Environmental Finance Publication, London.

Kaserman, D. L., J. W. Mayo, 1991, "The Measurement of Vertical Economies and the Efficient Structure of the Electric Utility Industry," *The Journal of Industrial Economics*, Vol. 39, No. 5.

Kench, B., 2004, "Let's Get Physical! Or Financial? A Study of Electricity Transmission Rights," *Journal of Regulatory Economics*, Vol. 25, No. 2.

Kessides, I. N., 2004, "Reforming Infrastructure: Privatization,

Regulation, and Competition," World Bank Publications.

Kirschen, D. S., G. Strbac, 2004, *Fundamentals of Power System Economics*, New York: John Wiley & Sons Ltd.

Klein, A., 2008, *Feed-in Tariff Designs: Options to Support Electricity Generation from Renewable Energy Sources*, Saarbrucken, Germany: VDM Verlage De. Muller Aktiengesellschaft & Co. KG.

Klein, A., B. Pfluger, A. Held, M. Ragwitz, G. Resch (Fraunhofer ISI), 2008, *Evaluation of Different Feed-in Tariff Design Options: Best Practice Paper for the International Feed-in Cooperation*, 2nd Edition, Berlin, Germany: BMU.

Klemperer, Paul D., Margaret A. Meyer, 1989, "Supply Function Equilibria in Oligopoly under Uncertainty," *Econometrica*, Vol. 57, No. 6.

Kolstad, J., F. Wolak, 2003, "Using Environmental Emissions Permit Prices to Raise Electricity Prices: Evidence from the California Electricity Market," CSEM WP 113.

Kristiansen, Tarjei, 2004, "Markets for Financial Transmission Rights," *Energy Studies Review*, Vol. 13, No. 1.

Kühn, K., M. Machado, 2004, "Market Power and Vertical Integration in the Spanish Electricity Market," CEPR Working Paper No. 4590.

Kwoka, J. E., 1996, *Power Structure: Ownership, Integration, and Competition in the U. S. Electricity Industry*, Kluwer, Boston.

Kwoka, J. E., 2002, "Vertical Economies in Electric Power: Evidence on Integration and Its Alternatives," *International Journal of Industrial Organization*, Vol. 20, Issue 5.

Kwoka, J. E., 2005, "Electric Power Distribution: Economies of Scale, Mergers, and Restructuring," *Applied Economics*, Vol. 37, No. 20.

Landon, J. H., 1983, "Theories of Vertical Integration and Their Application to the Electric Utility Industry," Antitrust Bulletin.

Langniss, O., J. Diekmann, U. Lehr, 2009, "Advanced Mechanisms for the

Promotion of Renewable Energy: Models for the Future Evolution of the German Renewable Energy Act," *Energy Policy*, Vol. 37, No. 4.

Lau, L. J., 1976, "A Characterization of the Normalized Restricted Profit Function," *Journal of Economic Theory*, Vol. 12, No. 1.

Léautier, T. -O., 2000, "Regulation of an Electric Power Transmission Company," *The Energy Journal*, Vol. 21, No. 4.

Léautier, T. -O., 2001, "Transmission Constraints and Imperfect Markets for Power," *Journal of Regulatory Economics*, Vol. 19, No. 1.

Lee, B., 1995, "Separability Tests for the Electricity Supply Industry," *Journal of Applied Econometrics*, Vol. 10, No. 1.

Liliya Chernyavs'ka, Francesco Gullì, 2007, "Interaction of Carbon and Electricity Prices under Imperfect Competition," IEFE Working Paper No. 2.

Limpaitoon, T., Y. Chen, S. S. Oren, 2011, "The Impact of Carbon Cap and Trade Regulation on Congested Electricity Market Equilibrium," *Journal of Regulatory Economics*, Vol. 40, No. 3.

Littlechild, S., 2000, "Why We Need Electricity Retailers: A Reply to Joskow on Wholesale Spot Price Pass-through," Working Paper, University of Cambridge, England.

Liu, Youfei, F. F. Wu, 2006, "Transmission Rights and Generator's Strategic Bidding in Electricity Markets," Power Engineering Society General Meeting, IEEE.

Lyons, K., H. Fraser, H. Parmisano, 2002, "An Introduction to Financial Transmission Rights," *The Electricity Journal*, Vol. 13, No. 10.

Makadok, R., R. Coff, 2009, "Both Market and Hierarchy: An Incentive-System Theory of Hybrid Governance Forms," *The Academy of Management Review*, Vol. 34, No. 2.

Marianna O'Gorman, Frank Jotzo, 2014, "Impact of the Carbon Price on Australia's Electricity Demand, Supply and Emissions," CCEP Working

Paper 1411.

Marten, M. , K. V. Dender, 2019, "The Use of Revenues from Carbon Pricing," OECD Taxation Working Papers, No. 43.

Martinez-Budria, E. , S. Jara-Diaz, F. J. R. Real, 2003, "Adapting Productivity Theory to the Quadratic Cost Function: An Application to the Spanish Electric Sector," Working Paper.

Mas-Colell, Andreu, Michael Dennis Whinston, Jerry R. Green, 1995, *Microeconomic Theory*, New York: Oxford University Press.

McDonald, A. , L. Schrattenholzer, 2001, "Learning Rate for Energy Technologies," *Energy Policy*, Vol. 29, No. 4.

McFadden, D. , C. Puig, D. Kirshner, 1977, "Determinants of the Long-Run Demand for Electricity," *Proceedings of the Business and Economic Statistics Section* (*Part 2*).

Menard, C. , 2004, "The Economics of Hybrid Organizations," *Journal of Institutional and Theoretical Economics*, Vol. 160, No. 3.

Michaels, R. , 2006, "Vertical Integration and the Restructuring of the U. S. Electricity Industry," *Policy Analysis*, No. 572.

Moffit, R. , 1986, "The Econometrics of Piecewise-Linear Budget Constraints: A Survey and Exposition of the Maximum Likelihood Method," *Journal of Economics and Business Statistics*, Vol. 4, No. 3.

Moffit, R. , 1990, "The Econometrics of Kinked Budget Constraints," *The Journal of Economic Perspectives*, Vol. 4, No. 2.

Nardi, P. , 2012, "Transmission Network Unbundling and Grid Investment: Evidence from the UCTE Counties," *Utilities Policy*, Vol. 23.

Nasser, T. O. , 1997, *Imperfect Markets for Power: Competition and Residual Regulation in the Electricity Industry*, PhD Dissertation, Department of Economics, MIT.

Nelson, T. , F. Orton, S. Kelley, 2010, "The Impact of Carbon Pricing on

Deregulated Wholesale Electricity and Gas Markets," AGL Applied Economic & Policy Research," Working Paper, No. 20.

Nepal, Rabindra, Tooraj Jamasb, 2012, "Reforming the Power Sector in Transition: Do Institutions Matter?" *Energy Economics*, Vol. 34, No. 5.

NERC, 1996, "Glossary of Terms," Report Prepared by the Glossary of Terms Task Force, Princeton, New Jersey.

Newbery, D., 1999, "Privatization, Restructuring, and Regulation of Network Utilities," Massachusetts Institute of Technology.

Newbery, D., Edited by F. P. Sioshansi, W. Pfaffenberger, 2006, "Electricity Liberalization in Britain and the Evolution of Market Design," in *Electricity Market Reform: An International Perspective*, Elservier Ltd.

Newbery, D., M. Pollitt, 1997, "The Restructuring and Privatization of Britain's CEGB-Was it Worth It?" *Journal of Industrial Economics*, Vol. 45, Issue 3.

Nemoto, J., M. Goto, 2004, "Technological Externalities and Economies of Vertical Integration in the Electric Utility Industry," *International Journal of Industrial Organization*, Vol. 22, No. 1.

Nikogosian, V., T. Veith, 2011, "Vertical Integration, Separation and Non-price Discrimination: An Empirical Analysis of German Electricity Markets for Residential Customers," ZEW Discussion Papers 11 − 069, ZEW / Center for European Economic Research.

OECD, 2021, *Effective Carbon Rates* 2021: *Effective Carbon Rates: Pricing CO$_2$ through Taxes and Emissions Trading Systems*, OECD Publishing.

OFGEM, 2004, Legal Separation between Transco's NTS and RDN Businesses.

OPA, 2009a, "Feed-in Tariff Program: FIT Rules Version 1. 2. "

OPA, 2009b, "Price Adder. "

Oren, S. S., 1996, "Preemption of TCCs and Deadweight Loss in Centrally Dsipatched Electricity Systems with Competitive Generation," University of California Energy Institute Power Working Paper, No. 41.

Oren, S. S. , P. Spiller, F. Wu, 1995, "Nodal Prices and Transmission Rights: A Critical Appraisal," *Energy Journal*, Vol. 8, Issue 3.

Oren, S. S. , 1997, "Economic Inefficiency and Passive Transmission Rights in Congested Electric Systems with Competitive Generation," *Energy Journal*, Vol. 18, No. 1.

O'Neill, R. P. , U. Helman, B. Hobbs, W. R. Stewart, M. H. Rothkopf, 2002, "A Joint Energy and Transmission Rights Auction: Proposal and Properties," IEEE Transactions on Power Systems, Vol. 17, No. 4.

Pakula, B. , G. Götz, 2011, "Organisational Structures in Network Industries-An Application to the Railway Industry," MAGKS Papers on Economics 201109, Philipps-Universität Marburg, Faculty of Business Administration and Economics, Department of Economics.

Panzar, J. C. , Edited by R. Schmalensee, R. D. Willig, 1989, "Technological Determinants of Firm and Industry Structure," Handbook of Industrial Organization, Vol. I, Elsevier Science Publishers B. V. .

Pardo, A. , 2021, "Carbon and Inflation," Finance Research Letters, Vol. 38.

Parker, D. , C. Kirkpatrick, 2005, "Privatisation in Developing Countries: A Review of Evidence and Policy Lessons," *Journal of Development Studies*, Vol. 41, No. 4.

Patton, D. , 2002, "Summer 2002 Review of New York Electricity Markets," *New York Independent System Operator*.

Piacenza, M. , D. Vannoni, 2005, "Vertical and Horizontal Economies in the Electric Utility Industry: An Integrated Approach," Working Paper.

Pritchard, G. , A. Philpott, 2005, "On Financial Transmission Rights and Market Power," *Decision Support Systems*, Vol. 40, Issue 3-4.

Ragwitz, M. , A. Held, G. Resch, T. Faber, R. Haas, C. Huber,

R. Coenraads，M. Voogt，G. Reece，P. E. Morthorst，S. G. Jensen，I. Konstan-tinaviciute，B. Heyder，2007，Assessment and Optimization of Renewable Energy Support Schemes in the European Electricity Market：Final Report，Karlsruhe，Germany：Optimization of Renewable Energy Support（OPTRES）Project for the European Commission，DG TREN，and Intelligent Energy for Europe（IEE）.

Ragwitz，M.，C. Panzer，G. Resch，2009，"Background for National Renewable Action Plans，" Feed-in Cooperation 7th Workshop.

Rapson，D.，2014，"Durable Goods and Long-Run Electricity Demand：Evidence from Air Conditioner Purchase Behavior，" *Journal of Environmental Economics and Management*，Vol. 68，No. 1.

Reiss，P. C.，M. W. White，2005，"Household Electricity Demand，Revisited，" *Review of Economic Studies*，Vol. 72，No. 3.

Renewable Energy Policy Network for the 21st Century（REN21），2009，"Renewables Global Status Report：2009 Update，" Paris：REN21 Secretariat.

Roberts，M. J.，1986，"Economies of Density and Size in the Production and Delivery of Electric Power，" *Land Economics*，Vol. 62，No. 4.

Rosellón，J.，2003，"Different Approaches towards Transmission Expansion，" *Review of Network Economics*，Vol. 2，Issue 3.

Sauma，E. E.，S. S. Oren，2007，"Economic Criteria for Planning Transmission Investment in Restructured Electricity Market，" *IEEE Transaction on Power Systems*，Vol. 22，No. 4.

Schweppe，F.，M. Caramanis，R. Tabors，R. Bohn，1989，"Spot Pricing of Electricity，" Kluwer Academic Publishers.

Sexton，R.，1984，"Perspectives on the Development of the Economic Theory of Cooperatives，" *Canadian Journal of Agricultural Economics*，Vol. 32，No. 2.

Shin，J. S.，1985，"Perception of Price When Price Information Is Costly：

Evidence from Residential Electricity Demand," *The Review of Economics and Statistics*, Vol. 67, No. 4.

Sibley, D., D. Weisman, 1998, "Raising Rivals' Costs: The Entry of an Upstream Monopolist into Downstream Markets," *Information Economics and Policy*, Vol. 10, No. 4.

Sijm, J., K. Neuhoff, Y. Chen, 2006, "CO_2 Cost Pass through and Windfall Profits in the Power Sector," CWPE 0639 and EPRG 0617.

Sijm, J. P. M., S. J. A. Bakker, Y. Chen, H. W. Harmsen, W. Lise, 2005, "CO_2 Price Dynamics, The Implications of EU Emissions Trading for the Price of Electricity," ECN-C--05-081.

Sijm, J. P. M., S. J. Hers, W. Lise, B. J. H. W. Wetzelaer, 2008, "The Impact of the EU ETS on Electricity Prices: Final Report to DG Environment of the European Commission," ECN-E--08-007.

Simshauser, P., T. Doan, 2009, "Emissions Trading, Wealth Transfers and the Wounded Bull Scenario in Power Generation," *Australian Economic Review*, Vol. 42, No. 1.

Sioshansi, F. P., 2008, *Competitive Electricity Markets: Design, Implementation, Performance*, Elsevier.

Sioshansi, F., W. Pfaffenberger, 2006, *Electricity Market Reform—An International Perspective*, Elsevier Ltd.

Stigler, G., 1964, "A Theory of Oligopoly," *Journal of Political Economy*, Vol. 72, No. 1.

Stigler, G., 1971, "The Theory of Economic Regulation," *Bell Journal of Economics and Management Science*, Vol. 2, No. 1.

Stiglitz, J. E., 2019, "Addressing Climate Change through Price and Non-Price Interventions," National Bureau of Economic Research Working Paper Series.

Stoft, S., 1998, "Fewer Prices than Zones," POWER Working Paper

PWP-055, University of California Energy Institute.

Stoft, S. , 1999, "Financial Transmission Rights Meet Cournot: How TCCs Curb Market Power," *The Electricity Journal*, Vol. 20, No. 1.

Stoft, S. , 2002, *Power System Economics: Designing Markets for Electricity*, Chichester, Wiley.

Sweeney, J. , 2002, *The California Electricity Crisis*, Stanford: Hoover Institution.

Swiss Federal Office of Energy (SFOE), 2008, " Ordonnancesurl' approvisionnementenélectricité (OApEl)," Bern, Switzerland.

Taylor, L. , 1975, "The Demand for Electricity: A Survey," *Bell Journal of Economics*, Vol. 6, No. 1.

Thompson, H. G. , 1997, "Cost Efficiency in Power Procurement and Delivery Service in the Electric Utility Industry," *Land Economics*, Vol. 72, No. 3.

Tirole, J. , 1988, *The Theory of Industrial Organization*, Cambridge, Mass. : MIT Press.

Valeri, L. M. , 2008, "Welfare and Competition Effect of Electricity Interconnection between Great Britain and Ireland," Working Paper.

Van Erck, R. , 2008, "Update National Feed-in Schemes: The Netherlands," Prepared for the Feed-in Cooperation, The Hague, The Netherlands: Ministry of Economic Affairs, Energy and Sustainability.

Vázquez, Carlos, Michel Rivier, Ignacio J. Pérez-Arriaga, 2002, "A Market Approach to Long-Term Security of Supply," *IEEE Transactions on Power Systems*, Vol. 17, No. 2.

Wchweppe, F. , M. Caramanis, R. Tabors, R. Bohn, 1988, *Spot Pricing of Electricity*, Boston: Kluwer Academic.

Weare, C. , 2003, *The California Electricity Crisis: Causes and Policy Options*, San Francisco: Public Policy Institute of California.

Weiss, L. W. , Edited by A. Phillips, 1975, "Antitrust in the Electric Power

Industry," *Promoting Competition in Regulated Markets*, Washington, D. C.: Brookings Institution.

Willems, Bert, 2002, "Modeling Cournot Competition in an Electricity Market with Transmission Constraints," *Energy Journal*, Vol. 23, No. 3.

Williamson, O., 1975, *Markets and Hierarchies: Analysis and Antitrust Implications*, New York: Free Press.

Williamson, O., 1985, *The Economic Institutions of Capitalism*, New York: Free Press.

Wilson, R., 2002, "Architecture of Power Markets," *Econometrica*, Vol. 70, No. 4.

Wolak, Frank A., Robert H. Patrick, 1996, *Industry Structure and Regulation in the England and Wales Electricity Market*, *Pricing and Regulatory Innovations under Increasing Competition*, M. A. Crew, Boston, MA: Springer US.

Wolfram, C. D., 1999, "Measuring Duopoly Power in the British Electricity Spot Market," *American Economic Review*, Vol. 89, No. 4.

Woolf, F., 2003, *Global Transmission Expansion: Recipes for Success*, Penn Well Corporation.

Yihsu, C., B. F. Hobbs, 2005, "An Oligopolistic Power Market Model with Tradable NO_x Permits," *IEEE Transactions on Power Systems*, Vol. 20, No. 1.

Zhang Y. -F., D. Parker, C. Kirkpatrick, 2005, "Competition, Regulation and Privatisationof Electricity Generation in Developing Countries: Does the Sequencing of the Reforms Matter?" *Quarterly Review of Economics and Finance*, Vol. 54, No. 2-3.

后　记

完成本书的过程，恰如推进中国电改的过程一样，愿望美好但现实骨感。长久以来，我就有个想法，把自己学习、思考、研究电力相关议题的成果整理成著作展示出来。毕竟著作对一个学者而言是非常重要的，所以我并未打算以汇编的形式来完成。然而，受限于个人的时间、精力和条件，最终还是不得不做出妥协。所以，对本书有所期待的读者，还请以包容指导的态度来看。

对于过去的众多研究成果，有一些是发表了的，有一些是尘封已久的，甚至有一些已经忘记了。之所以会有"庋藏"，或许跟个人研究习惯有关。文章的发表往往并非我的第一目标——除非有考核要求，而且我更容易被新问题、新想法所吸引，在时间、精力和条件的约束下，有限的个人"资源"自然要放到对现实的跟踪分析和理论的挖掘创新上。实际上，我从研究本身获得的回报要比研究成果带来的收益多得多。

当然，通过成果的形式与更多读者进行交流，对研究工作肯定具有促进作用。在这一过程中，我也对一些问题有了新的理解和思考。

到本书出版之际，中国新一轮电改已推进了8年，我们对电力体制、电力市场、电力监管的理解是否能够适应百年未有之大变局下的变革要求？对此，恐怕还要仔细分析。不可否认，电改成绩不小，但问题仍多。比如，电网企业到底应如何定位和确定功能？调度和交易的关系应如何处理？这些问题会从根本上决定市场的边界、体系、设计和监管的政策选择，且在认识和政策层面上都存在激烈争论。再比如，我们过早放开零售侧绝非好的起始选择，实际上，聚焦批发市场再加上《国家发展改革委关于进一步深化燃煤发电上网电价市场化改革的通知》的部分内容，足以搭建起批零关系的合理框架，但遗憾的是，认识滞后于政策。比如，增量配网改革从一开始就面临定位和目标"先天不足"、路径和措施"后天缺陷"的问题，着实令人惋惜。无论如何，新一轮电改普及的电力市场化理念无疑奠定了我们继续前进的良好基础。

同时，新的挑战也在不断出现。在新发展理念指引下，中国电力行业的高质量发展必然要肩负更多期望。然而，提高效率、绿色转型、安全保障的多元目标似乎成为困扰政策选择的"难题"，如何看待这些难题同样值得深思。或许我们首先需要具备更宽广的视野，把握电改的战略意义和推进方向。电力行业内部的技术进步与能源领域、其他行业的技术进步，特别是ICT和数字技术的进步的联系正愈发紧密。电力已不再单单作为能量来源支持经济增长，未来更要通过深度电气化、融合数字化引领经济社会变革。尽管未来充满不确定性，但完全可以确信，一条具有中国特色的电力市场化改革之路将是中国经济高质量发展的先导。

凡此种种，都在转化为中国不断推进电力体制改革的诉求，这对电力经济学的研究提出了更高要求。作为一位深耕电改领域的学者，我无疑感受到了更大的责任感和使命感；同时，作为一名经济学家，于纷繁复杂的经济现象背后探寻规律，也是乐趣所在。

搁笔之前，我要向一直关心、支持我的各位师长、同仁、朋友表示衷心的感谢。首先是指引我关注电力经济学研究的导师张昕竹先生，他敏锐、博识，是我长久以来的榜样，激励我保持学习的状态。感谢我在中国社会科学院工作期间的各位师长，特别是史丹老师，她任职财经战略研究院期间是我延续电力市场研究并拓展相关领域的关键时期，她的视野和包容让我受益匪浅，当然我们的合作从未中断。感谢中国人民大学应用经济学院院长郑新业老师和华北电力大学国家能源发展战略研究院执行院长王鹏老师为推荐本书立项而给予的支持，两位老师于我而言均亦兄亦师亦友。同时，我很高兴能够在研究电改进程中结识专业、热情、执着的同道中人，他们来自不同领域，有的来自高校，有的来自政府部门，有的来自企业，有的来自研究机构，我从他们那里了解、学习了很多新内容，请原谅我无法列出一份长名单，但心意不变，衷心感谢。最后，我要特别感谢社会科学文献出版社的恽薇老师，感谢她对我的理解、包容和帮助，由衷感谢孔庆梅老师严谨的工作态度和高效的工作能力，她的耐心仔细是本书质量的保证。如果仍有纰漏也完全是个人之误，没有他们就不会有本书的顺利出版。

冯永晟

2023 年 3 月 22 日

图书在版编目（CIP）数据

中国电力体制改革研究：理论与政策／冯永晟著
. --北京：社会科学文献出版社，2023.5
ISBN 978-7-5228-1824-5

Ⅰ.①中… Ⅱ.①冯… Ⅲ.①电力体制改革-研究-
中国 Ⅳ.①F426.61

中国国家版本馆 CIP 数据核字（2023）第 085944 号

中国电力体制改革研究：理论与政策

著　　者／冯永晟

出 版 人／王利民
组稿编辑／恽　薇
责任编辑／孔庆梅
责任印制／王京美

出　　版／社会科学文献出版社·经济与管理分社（010）59367226
　　　　　　地址：北京市北三环中路甲 29 号院华龙大厦　邮编：100029
　　　　　　网址：www.ssap.com.cn
发　　行／社会科学文献出版社（010）59367028
印　　装／三河市龙林印务有限公司

规　　格／开 本：787mm×1092mm　1/16
　　　　　　印 张：21.5　字 数：329 千字
版　　次／2023 年 5 月第 1 版　2023 年 5 月第 1 次印刷
书　　号／ISBN 978-7-5228-1824-5
定　　价／128.00 元

读者服务电话：4008918866